江苏联合职业技术学院院本教材
经学院教材审定委员会审定通过

职业教育汽车类专业一体化教材

汽　车　钣　金

主　编　张启森　周　云
副主编　蔡　祥　李明殊
参　编　王　婷　司马青松　朱　枫　宫晋强
主　审　冯培林

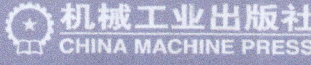

本书是根据汽车维修行业高素质技术技能型人才培养的需要，以能力标准为基础编写的，主要内容包括钣金常用工具及设备的使用和操作，汽车车身结构及材料认知，汽车钣金手工成形及放样展开工艺，车身焊接与切割技术，典型车身板件的拆装与调整，车身检验、测量与修复，共六个项目。

　　本书内容新颖全面、图文并茂，可以作为职业教育汽车类专业学生的教学用书，也可以作为职业技能培训和相关人员的参考用书。

　　为方便教学，本书配有电子课件，凡选用本书作为授课教材的老师均可登录 www.cmpedu.com 注册、免费下载，或来电咨询：010-88379201。

图书在版编目（CIP）数据

汽车钣金/张启森，周云主编．—北京：机械工业出版社，2017.10（2024.1重印）

职业教育汽车类专业一体化教材

ISBN 978-7-111-58325-7

Ⅰ．①汽… Ⅱ．①张…②周… Ⅲ．①汽车－钣金工－职业教育－教材 Ⅳ．①U472.4

中国版本图书馆 CIP 数据核字（2017）第 253803 号

机械工业出版社（北京市百万庄大街22号　邮政编码100037）
策划编辑：师　哲　责任编辑：师　哲　张丹丹
责任校对：王明欣　封面设计：路恩中
责任印制：单爱军
北京虎彩文化传播有限公司印刷
2024年1月第1版第7次印刷
184mm×260mm・13.5 印张・323 千字
标准书号：ISBN 978-7-111-58325-7
定价：39.80元

电话服务　　　　　　　　　网络服务
客服电话：010-88361066　　机　工　官　网：www.cmpbook.com
　　　　　010-88379833　　机　工　官　博：weibo.com/cmp1952
　　　　　010-68326294　　金　书　网：www.golden-book.com
封底无防伪标均为盗版　　　机工教育服务网：www.cmpedu.com

前　言

随着汽车的逐步普及，社会对汽车类人才的需求日益增长，对从业人员的要求不断提高，这就对相应的职业教育提出了更高、更新的要求。为了更好地满足社会对汽车类人才的需求，本书以实用、够用为准则，全面落实"以就业为导向、以素质为基础、以能力为本位"的职业教育办学指导思想，开发设计了理实一体化的课程教学项目，引领学习者在完成任务的同时，领悟汽车车身维修的工作原理，为可持续发展服务，促进综合职业能力的形成。

本书在编写中努力贯彻教学改革的有关精神，严格落实新教学标准的要求，努力体现以下特色：

1）项目引领，任务展开。通过项目引领，任务展开，激发学习者的学习兴趣。以任务目标、任务描述、知识储备、任务实施、检测评价和课后测评为步骤，符合人的认知规律。教材图文并茂、形象直观，内容环环相扣，使学习者愿意学习、乐于学习。

2）内容整合，奠定基础。学习任务的选取是在充分调研的基础上，对相应的项目进行知识、技能的整合，提炼出满足要求的知识点和技能点，突出以知识为目标，以实践为载体，以学习能力的培养为核心，为后续专业课的学习服务。

3）取材合理，难易适中。教材内容紧密联系实际，将技能点、知识点进行有效融合，以国家职业技能标准为依据，注重对学生操作规范化、职业化的素质培养；满足应知应会的知识技能要求，符合专业培养目标和职业能力的基本要求，难易程度恰当，适合职业院校学生的学习需求。

4）配套课件，助教助学。本书配套教学资源，突出以实践为载体，以知识学习为目标，易于教学组织、教学实施与教学评价，旨在提高课程教学效果。

本书建议学时为 90 学时，具体学时分配见下表：

项　目	名　称	建议学时
项目一	钣金常用工具及设备的使用和操作	8
项目二	汽车车身结构及材料认知	8
项目三	汽车钣金手工成形及放样展开工艺	20
项目四	车身焊接与切割技术	20
项目五	典型车身板件的拆装与调整	20
项目六	车身检验、测量与修复	14
总　计		90

本书由无锡汽车工程学校张启森、周云担任主编，蔡祥、李明殊担任副主编，参与编写的还有王婷、司马青松、朱枫和官晋强，全书由广西交通技师学院冯培林担任主审。具体分工为：张启森编写了项目一，朱枫编写了项目二，蔡祥编写了项目三，李明殊、官晋强共同编写了项目四，王婷、司马青松共同编写了项目五，周云编写了项目六。全书由张启森负责统稿。

冯培林审阅了本书，并提出了许多修改意见。此外，在编写过程中，得到了无锡汽车工程学校、部分汽车维修企业、汽车教学设备企业等单位的大力支持，在此一并表示衷心的感谢。编写过程中参考了大量的文献资料，在此向文献资料的作者致以诚挚的谢意。

由于编者水平有限，书中难免有错误和不妥之处，恳请广大读者批评指正。

编　者

目　录

前　言
项目一　钣金常用工具及设备的使用和操作 1
　　任务一　手工工具的使用和操作 1
　　任务二　动力工具的使用和操作 13
　　任务三　气动设备的使用和操作 21
　　任务四　液压设备的使用和操作 26
项目二　汽车车身结构及材料认知 33
　　任务一　承载式车身结构认知 33
　　任务二　非承载式车身结构认知 43
　　任务三　汽车钣金常用的金属材料认知及使用 48
　　任务四　汽车钣金常用的非金属材料认知及使用 54
项目三　汽车钣金手工成形及放样展开工艺 61
　　任务一　弯曲及拱曲 61
　　任务二　放边与收边 69
　　任务三　卷边与咬缝 73
　　任务四　制筋和拔缘 79
　　任务五　放样图样展开 83
项目四　车身焊接与切割技术 93
　　任务一　气体保护焊 93
　　任务二　氧乙炔焊 107
　　任务三　焊条电弧焊 114
　　任务四　电阻点焊 126
项目五　典型车身板件的拆装与调整 136
　　任务一　保险杠的拆装与调整 136
　　任务二　翼子板的拆装与调整 146
　　任务三　车门的拆装与调整 152
　　任务四　发动机舱盖的拆装与调整 162
　　任务五　车用玻璃的拆装与更换 169
项目六　车身检验、测量与修复 176
　　任务一　车身检验 176
　　任务二　车身测量 184
　　任务三　车身校正 196
参考文献 207

项目一
钣金常用工具及设备的使用和操作

钣金常用工具及设备的使用在汽车钣金修理中非常重要,即通过常用工具及设备完成车身修理、调整和更换等技术工艺,所以它们对完成汽车车身维修操作起着重要的作用。本项目主要围绕钣金常用工具及设备的使用和操作进行学习和训练。

任务一　手工工具的使用和操作

任务目标

知识目标	1)知道钣金常用工具及设备的分类及功用 2)知道各类钣金常用工具的使用注意事项及应用场合
技能目标	能正确操作各种钣金常用工具

任务描述

汽车钣金手工工具在车身维修中应用广泛,其使用得合理与否直接影响着修理效率的高低,是汽车车身维修的前提条件,只有正确和安全地使用钣金修理工具,掌握作业技巧,才能顺利地完成相应的钣金修理工作。本项目主要围绕汽车钣金常用手工工具的操作使用进行学习和训练。

知识储备

正确选择和使用汽车车身维修工具,对于提高维修效率、保障设备完整和人身安全有着十分重要的作用。

一、常用手工工具分类

手工工具在汽车修理中运用非常广泛，主要包括扳手、锤子、垫铁、旋具、钳子和剪刀等，如图1-1所示。

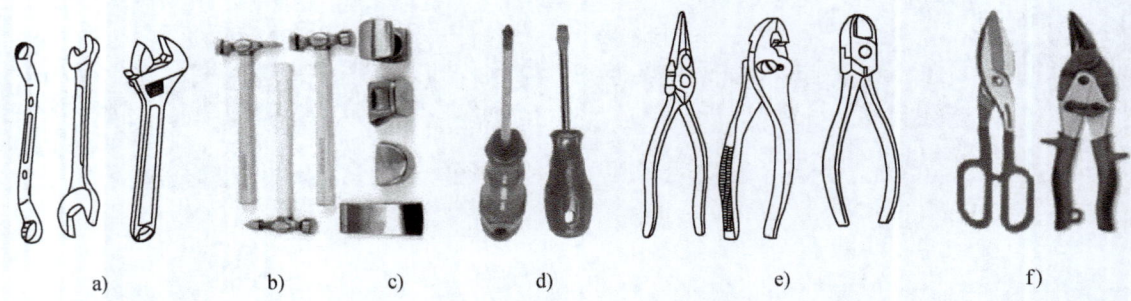

图1-1 常用手工工具分类
a）扳手 b）锤子 c）垫铁 d）旋具 e）钳子 f）剪刀

二、各种手工工具的功用及应用场合

1. 扳手

在汽车修理中为拆下和更换螺栓、螺母或拆下零件，通常使用梅花扳手、呆扳手或成套套筒扳手。如果由于工作空间和维修条件有限制，可灵活选择扳手类型，进行维修操作。

（1）分类 汽车车身维修常用扳手类型主要有梅花扳手、呆扳手、套筒扳手和活扳手等（图1-2）。

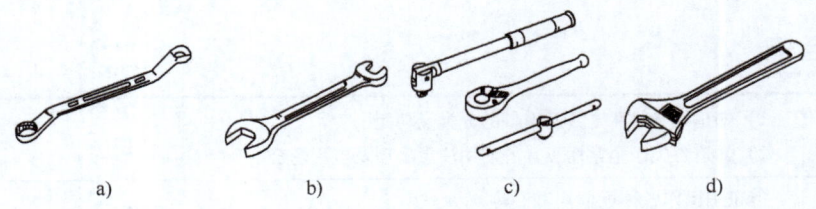

图1-2 常用扳手类型
a）梅花扳手 b）呆扳手 c）套筒扳手 d）活扳手

（2）功用及应用场合

1）梅花扳手。

①功用：梅花扳手的工作部位呈花环状，套住螺母扳转可使六角受力均匀。梅花扳手适应性强，扳转力大，适用于拆装所处空间狭小的螺栓、螺母。对标准规格的螺栓、螺母均可使用梅花扳手拆装，特别是螺栓、螺母需用较大力矩拆装时，应使用梅花扳手。

②使用要求：使用时，应轻力扳转，大拇指抵住扳头；当重力扳转时，四指与拇指应上下握紧扳手手柄，往身边扳转。扳转时，不准在梅花扳手上任意加套管或锤击。禁止使用

内孔磨损过甚的梅花扳手。不能将梅花扳手当撬棒使用。禁止用水或酸、碱液清洗扳手，应用煤油或柴油清洗后再涂上一层薄润滑脂保管。

2）呆扳手。

① 功用：适用于拆装所处空间狭小的标准规格的螺栓、螺母。特别是螺栓、螺母需用较大力矩拆装时，应尽量使用梅花扳手。

② 使用要求：使用要求与梅花扳手相同，使用时注意受力方向，禁止使用开口处磨损过甚的呆扳手，以免损坏螺栓、螺母的六角。

3）套筒扳手。

① 功用：套筒扳手由一套尺寸不同的套筒和一根弓形的快速摇柄组成，对标准规格的螺栓、螺母均可使用。套筒扳手既适合一般部位螺栓、螺母的拆装，也适合处于深凹部位和隐蔽狭小部位螺栓、螺母的拆装。与接杆配合，可加快拆装速度和提高拆装质量。

② 使用要求：使用时根据螺栓、螺母的尺寸选好套筒，套在快速摇柄的方形端头上（视需要与长接杆或短接杆配合使用），再将套筒套住螺栓、螺母，转动快速摇柄进行拆装。用棘轮手柄扳转时，不准拆装过紧的螺栓、螺母，以免损坏棘轮手柄。拆装时，握快速摇柄的手切勿摇晃，以免套筒滑出或损坏螺栓、螺母的六角。禁止用锤子将套筒击入变形的六角螺栓、螺母进行拆装，以免损坏套筒。禁止使用内孔磨损过甚的套筒。工具用毕，应清洗油污，妥善放置。

4）活扳手。

① 功用：活扳手由固定和可调两部分组成，扳手的开度大小可以调整。活扳手一般用于不同尺寸螺栓、螺母的拆装。

② 使用要求：当使用活扳手时，应根据螺栓、螺母的尺寸先调好活扳手的开口，使之与螺栓、螺母的六角一致。扳转时，应使固定部分承受拉力，以免损坏活动部分。扳转时，不准在活扳手的手柄上随意加套管或锤击。禁止将活扳手当锤子使用。

2. 锤子

锤子可通过敲击来拆卸和更换零件，并且根据声音来测试螺栓的松紧度。使用类型取决于应用条件或材料。

（1）分类　根据锤击需要，锤头可以采用各种材料，如橡胶锤、木锤和铜锤等。

根据锤击部位不同，可分为球头销锤、塑料锤和检修用锤等。

根据车身维修场合可分为扁头锤、捅锤、拱锤、中间锤、平头锤、鹤嘴锤和橡胶锤（图1-3）等。

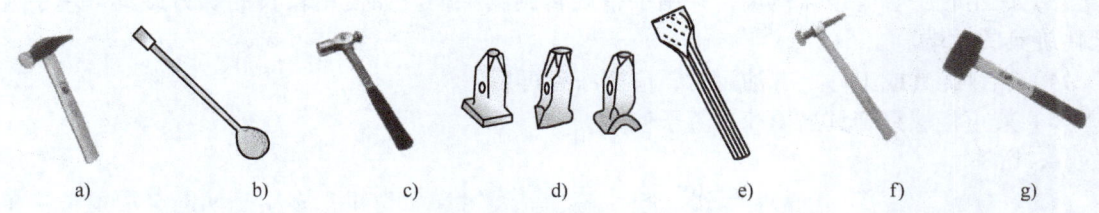

图1-3　钣金锤类型

a）扁头锤　b）捅锤　c）拱锤　d）中间锤　e）平头锤　f）鹤嘴锤　g）橡胶锤

（2）功用及应用场合

1）扁头锤。主要用于敲击平面，也可以敲击较深的凹陷和边缘拐角，如图1-3a所示。

2）捅锤。主要用于直捅敲击弧形构件，也可以横击，还可以当撬具和垫铁使用，如图1-3b所示。

3）拱锤。主要用于圆弧形工件的整形和制作，如整修或配制小型车的轴端盖等，如图1-3c所示。

4）中间锤。为了使工件避免直接锤击而使用中间锤，如图1-3d所示。

5）平头锤。主要用于修整箱形角等部位，如图1-3e所示。

6）鹤嘴锤。主要用于消除工件表面的小凹坑，如图1-3f所示。

（3）使用要求

1）使用时，应握紧锤柄的有效部位，锤落线应与锤柄的轴线保持相切，否则锤头易脱锤而影响安全。

2）锤击时，眼睛应盯住锤柄的下端，以免击偏。

3）禁止用锤子直接锤击机件，以免损坏机件。

4）禁止使用锤柄断裂或锤头松动的锤子，以免锤头脱落伤人。

3. 旋具

旋具用于拆卸和更换螺钉，有木柄和塑料柄之分。木柄螺钉旋具又分为普通式和穿心式两种，穿心式能承受较大的扭矩，并可在尾部做适当的敲击。塑料柄螺钉旋具具有良好的绝缘性能，适于电工使用。

（1）分类　旋具主要有一字螺钉旋具和十字螺钉旋具两种类型，如图1-4所示。

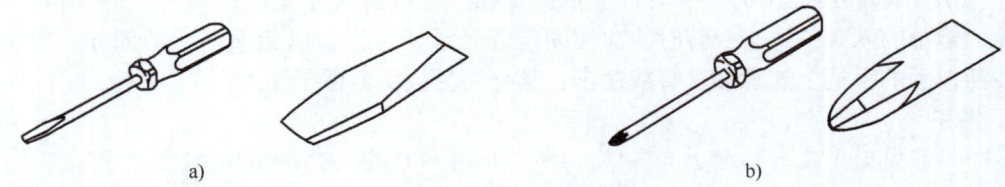

图1-4　常用旋具类型

a）一字螺钉旋具　b）十字螺钉旋具

（2）使用要求

1）应根据螺钉形状、大小选用合适的螺钉旋具。

2）使用时螺钉旋具不可偏斜，扭转的同时施加一定压力，以免旋具滑脱和损坏螺纹。

3）使用时手心应顶住柄端，并用手指旋转旋具手柄。如使用较长的螺钉旋具，左手应把住旋具的前端。

4）螺钉旋具或工件上有油污时，应擦净后再用。

5）禁止将螺钉旋具当撬棒或錾子使用。

4. 钳子

（1）分类　钳子可分为尖嘴钳、鲤鱼钳、剪线钳和大力钳，多用于切断金属丝，夹持或弯曲小零件（图1-5）。

汽车钣金维修中广泛使用大力钳，主要用于夹持零件进行铆接、焊接、钻孔和磨削等加工，其特点是钳口可以锁紧并产生很大的夹紧力，使被夹紧零件不会松脱，而且钳口有很多档可调节位置，供夹紧不同厚度零件使用，另外也可作为扳手使用，如图 1-6 所示。

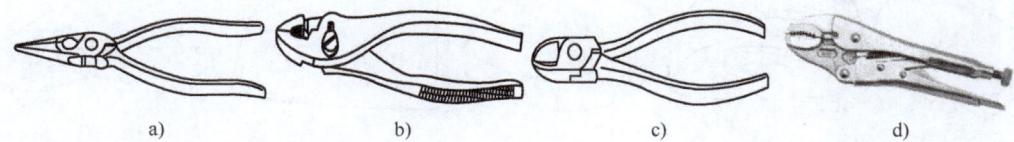

图 1-5　常用钳子类型
a）尖嘴钳　b）鲤鱼钳　c）剪线钳　d）大力钳

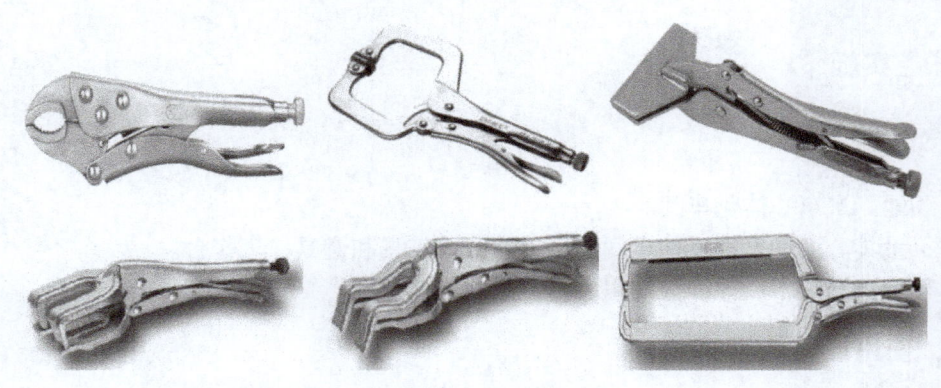

图 1-6　大力钳

（2）使用要求
1）使用时，先擦净油污。根据需要选用钳子类型。
2）禁止将钳子当扳手、撬棒或锤子使用。
3）不准用锤子击打钳子。
4）禁止用钳子夹持高温机件。

5. 剪刀

剪刀分为手剪刀和台式剪刀，一般用于某种条件下单件生产或半成品的修整工作（图 1-7）。

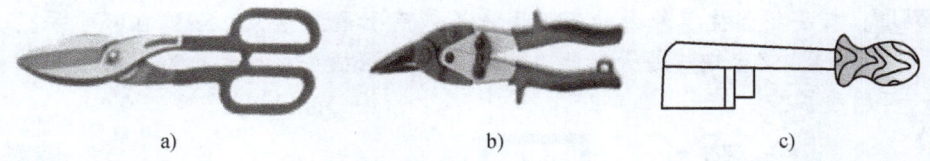

图 1-7　常用剪刀类型
a）手剪刀　b）弯剪刀　c）台式剪刀

6. 垫铁

垫铁是一种手持的铁砧，与锤子配合进行钣金修理作业，也称为衬铁。

垫铁分为通用垫铁、低隆起垫铁、足跟形垫铁、足尖形垫铁和卷边垫铁等形状，如图 1-8 所示。

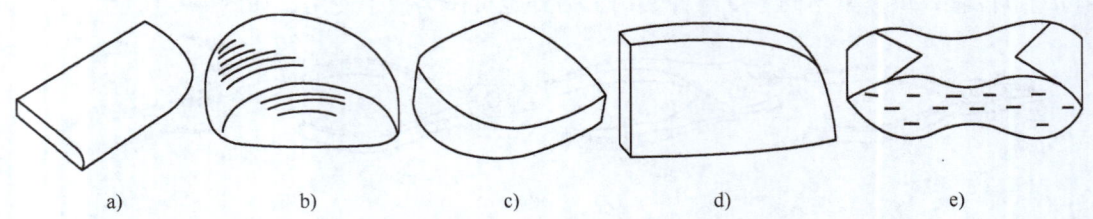

图 1-8 各种类型垫铁

a）通用垫铁 b）低隆起垫铁 c）足跟形垫铁 d）足尖形垫铁 e）卷边垫铁

任务实施

一、实施准备

1）场地。汽车一体化车间。
2）工量具。工具车和零件车、常用拆装维修工具和量具、工作台。
3）耗材。润滑脂、棉纱等常用耗材，汽油。

二、使用操作

1. 操作和安全知识

1）使用和操作常用手工工具前，需穿工作服，远离油污。
2）场地附近应配有灭火器，不能有易燃、易爆物品。
3）禁止将钳子当扳手、撬棒或锤子使用。

2. 各种扳手工具的操作

（1）呆扳手 呆扳手用在不能使用成套套筒扳手或梅花扳手拆除或更换螺栓、螺母的位置。扳手钳口以一定角度与手柄相连，这意味着通过转动呆扳手，可在有限空间中进一步旋转，即可拧松螺栓或螺母。为防止相对的零件也转动，如在拧松一根螺栓时，可用两个呆扳手。

注意事项： 扳手不能提供较大转矩，因此不能用于最终拧紧。不能在扳手手柄上接套管（图1-9），这会造成超大转矩，损坏螺栓或呆扳手。如果被空间限制无法拉动工具，可用手掌推它。

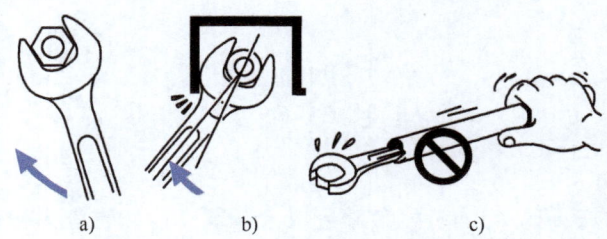

图 1-9 呆扳手的操作使用

a）呆扳手正确操作 b）呆扳手错误操作 c）扳手手柄套套管的错误操作

（2）梅花扳手　梅花扳手用在补充拧紧和类似操作中，可以对螺栓和螺母施加大扭矩拧紧或拧松操作。由于扳手钳口是双六角形的，所以可容易地装配螺栓和螺母，并可施加大扭矩操作，如图 1-10 所示。

图 1-10　梅花扳手的操作使用

（3）成套套筒扳手　套筒扳手的用途在于它能旋转螺栓、螺母而不需要重新调整，就可以迅速转动螺栓和螺母。套筒扳手可以根据所装的手柄不同组合以实现各种方式工作，世达套筒组合如图 1-11 所示。

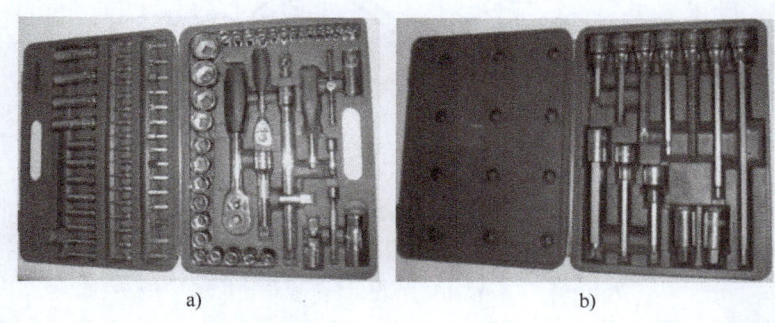

图 1-11　世达套筒组合

a）世达套筒 86 件组合　b）世达接杆组合

这种工具根据工作条件装上不同手柄和套筒后，利用一套套筒扳手夹持住螺栓或螺母，可以很轻松地将其拆卸、装复或更换，各附件实图如图 1-12 所示。

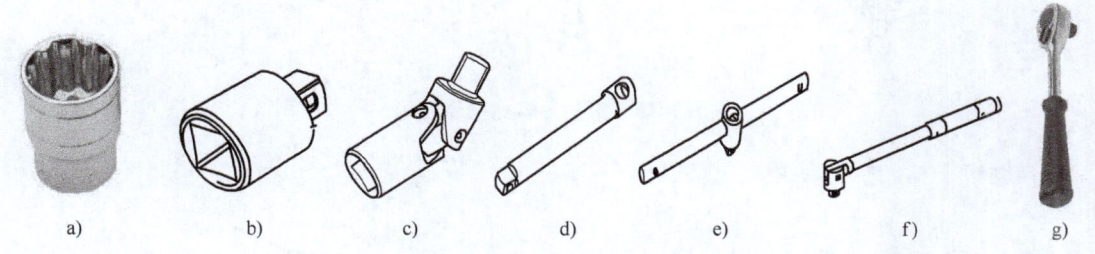

图 1-12　套筒组合各附件图

a）套筒　b）套筒接合器　c）万向节　d）加长杆　e）滑动手柄　f）旋转手柄　g）棘轮手柄

1）套筒的组合使用。根据受力部位的形状和位置，选择合适的套筒和接杆进行组合使用，如图 1-13 所示。

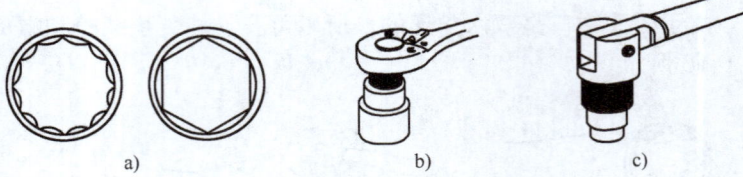

图 1-13 套筒的使用
a）双六角和六角套筒截面 b）大尺寸套筒 c）小尺寸套筒

2) 万向节的组合使用（图 1-14）。

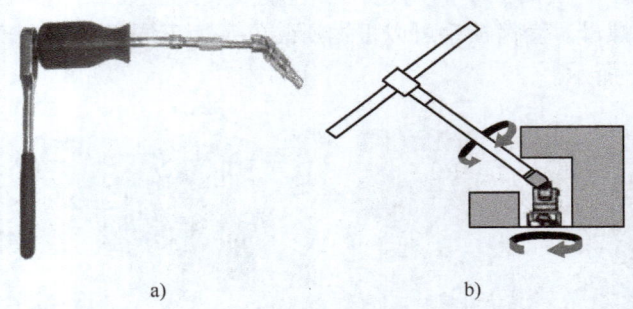

图 1-14 万向节的组合使用
a）万向节的组合实物图 b）万向节组合拆卸特殊部位示意图

3) 滑动手柄的操作使用（图 1-15）。

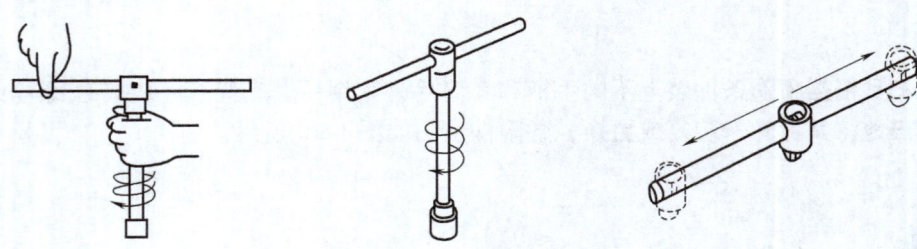

图 1-15 滑动手柄的操作使用

4) 旋转手柄的操作使用（图 1-16）。

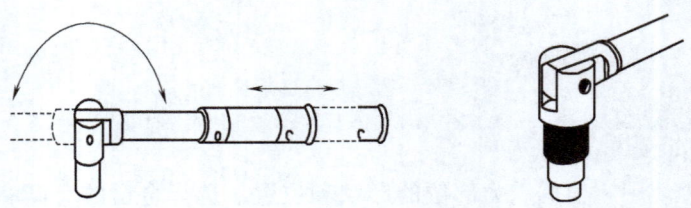

图 1-16 旋转手柄的操作使用

5) 棘轮手柄的操作使用（图1-17）。

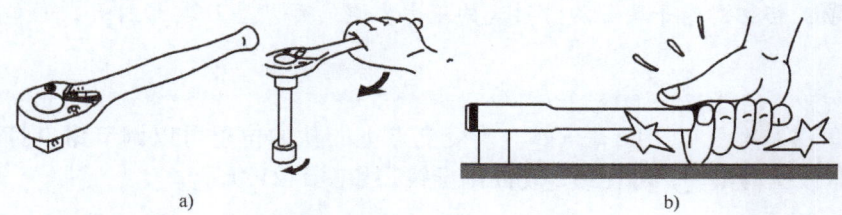

图1-17 棘轮手柄的操作使用
a) 棘轮手柄的正确操作 b) 棘轮手柄的错误操作

3. 各种锤子的操作（图1-18）

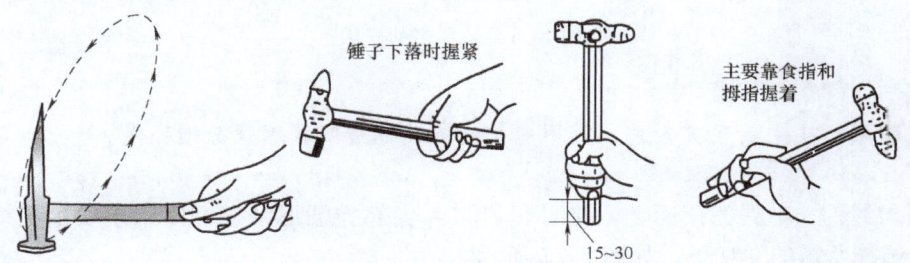

图1-18 锤子的操作姿势

4. 各种旋具的操作（图1-19）

旋具用于拆卸和更换螺钉。分正负型号，取决于尖部的形状。
1) 使用尺寸合适的螺钉旋具，与螺钉槽大小适合。
2) 保持螺钉旋具与螺钉尾端成直线，边用力边转动。

注意事项：切勿用鲤鱼钳或其他工具过度施加扭矩，这可能会刮削螺钉的凹槽或损坏螺钉旋具尖头。

图1-19 各种旋具的操作

5. 各种钳子的操作

（1）尖嘴钳 尖嘴钳用在密封的空间里操作或夹紧小零件。钳子是长而细的，包括一个朝向颈部的刀片，可以切割细导线或从电线上去掉绝缘层，如图1-20所示。

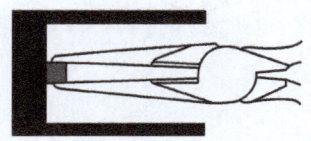  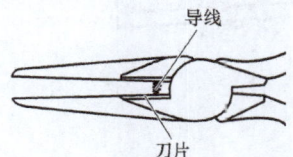

图1-20 尖嘴钳的应用场合

注意事项：切勿对钳子头部施加过大的压力。它们可以呈 U 字形打开，不能用作精密工作。

（2）**鲤鱼钳** 鲤鱼钳用以夹东西。改变支点上的孔的位置可以调节钳口打开的程度，可用钳口夹紧或拉动零件，可在颈部切断细导线，如图 1-21 所示。

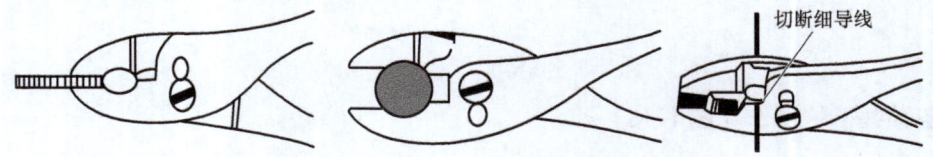

图 1-21 鲤鱼钳的应用

注意事项：在用钳子夹紧前，需用防护布或其他防护罩遮盖易损坏件。

（3）**剪线钳** 剪线钳用于切割细导线。刀片尖部为圆形，它可以用于切割细线，或者从线束中选择所需的线切下，如图 1-22 所示。

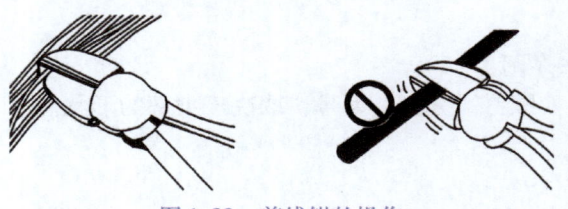

图 1-22 剪线钳的操作

注意事项：不能用于切割硬的或粗的线，这样做会损坏刀片。

6. 各种剪刀的操作

手工剪切方法如下：

（1）**直线的剪切方法** 如图 1-23 所示，当剪切短料直线时，被剪去的那部分，一般都放在剪刀的右面。

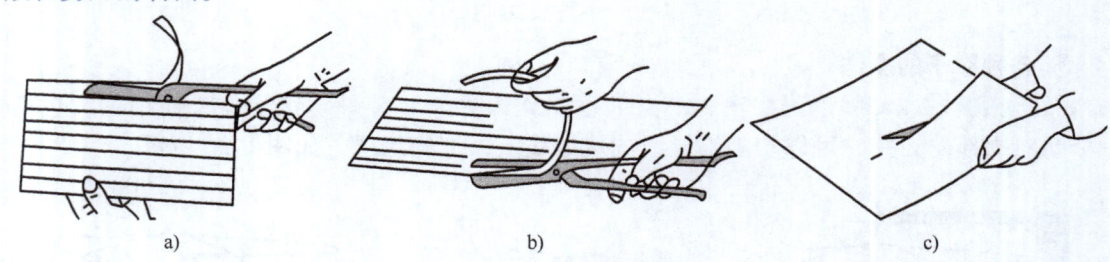

图 1-23 剪刀的直线剪切方法
a）剪短料 b）剪长料 c）剪切板料

（2）外圆的剪切方法 如图1-24a所示，剪切外圆应从左边下剪，按顺时针方向剪切，边料会随着剪刀的移动而向上卷起。若边料较宽时，可采取剪直线的方法。

（3）内圆的剪切方法 如图1-24b所示，当剪切内圆时，应从右边下剪，按逆时针方向剪切，边料会随着剪刀的移动而向上卷起。

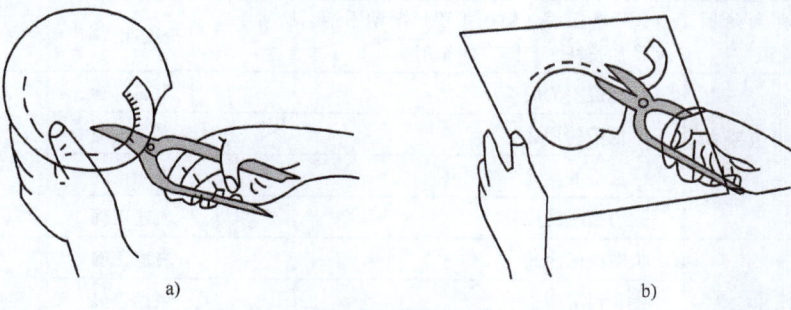

图1-24 剪刀的内、外圆剪切方法
a）剪刀的外圆剪切方法 b）剪刀的内圆剪切方法

（4）厚料的剪切方法 如图1-25所示，当剪切较厚板料时，可将剪刀夹在台虎钳上，在上柄套上一根管子，右手握住管子，左手拿住板料进行剪切。也可由两人操作，一人敲，一人持剪刀和板料，这样敲击也可剪切较厚板料。

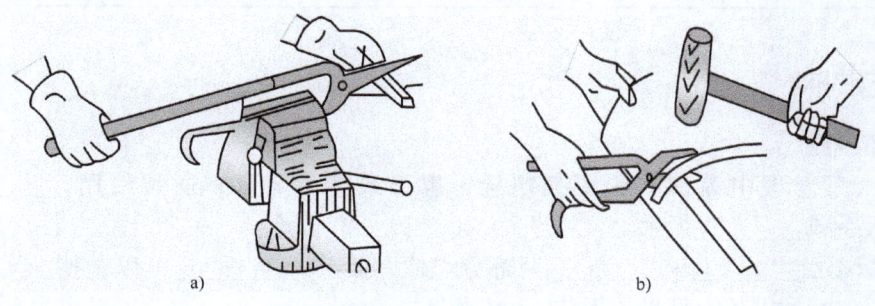

图1-25 厚料的剪切方法
a）在台虎钳上用剪刀剪切厚料 b）用敲击法剪切厚料

7. 垫铁的操作

用垫铁法修整可分为正托和偏托两种方式（图1-26）。偏托法是直接用垫铁抵住最大凹陷处，使用木锤或尼龙锤敲击凹陷周围产生的隆起变形，即"深入浅出"地由最大凹凸变形处开始敲平，如图1-26b所示。

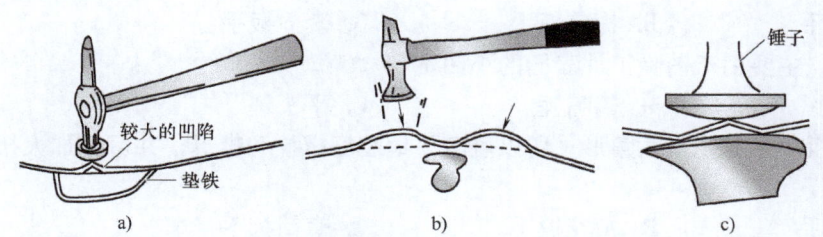

图1-26 垫铁法修整
a）用垫铁修复较大的凹陷 b）偏托法修复凹陷 c）正托法修复凹陷

> 汽车钣金

当局部凹凸变形被修平至一定程度时,应改用图 1-26c 所示的正托法进一步敲平。

检测评价

序 号	作业项目	考核内容	评分细则	分　值	得　分
1	成套套筒扳手的认识	说出各扳手（棘轮扳手、滑动手柄、旋转手柄、加长杆、套筒）的作用	表述正确	30分	
2	常用扳手的认识	梅花扳手的用途	表述正确	40分	
		呆扳手的用途	表述正确		
		活扳手的用途	表述正确		
		扭力扳手的用途	表述正确		
3	钳子和螺钉旋具的认识	尖嘴钳的用途	表述正确	30分	
		鲤鱼钳的用途	表述正确		
		剪线钳的用途	表述正确		
		螺钉旋具的用途	表述正确		
		直剪刀的使用	表述正确		
		垫铁的使用	表述正确		
		合　计		100分	

课后测评

一、填空题

1. 在汽车修理中为拆下和更换螺栓、螺母或拆下零件,通常使用_____扳手、_____扳手或_____扳手。

2. 活扳手由_____和_____两部分组成,扳手的_____可以调整。活扳手一般用于_____尺寸螺栓、螺母的拆装。

3. 旋具用于拆卸和更换螺钉,有_____柄和_____柄之分,_____柄螺钉旋具又分为普通式和穿心式两种,_____能承受较大的扭矩,并可在尾部做适当的敲击。

4. 根据锤击需要,锤头可以采用各种材料,如_____、_____和_____等。

5. 用垫铁法修整可分为_____和_____两种方式。

二、选择题

1. _____适应性强,扳转力大,适用于拆装所处空间狭小的螺栓、螺母。　　　　（　）
   A. 呆扳手　　　　B. 梅花扳手　　　　C. 套筒扳手

2. _____主要用于消除工件表面的小凹坑。　　　　（　）
   A. 扁头锤　　　　B. 鹤嘴锤　　　　C. 平头锤

3. 由于扳手钳口是双六角形,所以可容易地装配螺栓和螺母,并可施加大扭矩操作。
   　　　　（　）
   A. 呆扳手　　　　B. 梅花扳手　　　　C. 套筒扳手

4. _____的用途在于它能旋转螺栓、螺母而不需要重新调整。　　　　（　）
   A. 呆扳手　　　　B. 梅花扳手　　　　C. 套筒扳手

三、简答题

1. 简述厚料的剪切方法。
2. 何为正托和偏托？

任务二 动力工具的使用和操作

任务目标

知识目标	1）知道动力工具的类型、性能、功用及应用场合 2）熟悉钣金动力工具的使用和操作工艺方法 3）遵守操作规程和安全规范，保证质量
技能目标	1）能使用和操作钣金维修常用的动力工具 2）会运用钣金动力工具进行汽车车身维修操作

任务描述

动力工具的使用在汽车车身维修中越来越广泛，它们的使用不仅提高了工作效率，而且提高了维修质量和精度，改进了传统的手工工艺和操作方法。只有正确和安全地使用动力工具，掌握作业技巧，才能顺利地完成相应的钣金修理工作。本任务主要围绕动力工具的操作使用进行学习和训练。

知识储备

一、空气压缩机

1. 功用

空气压缩机（图1-27）是气源装置中的主体，它是将原动机（通常是电动机）的机械能转换成气体压力能的装置，是压缩空气的气压发生装置。

2. 种类

空气压缩机按工作原理可分为容积式压缩机、往复式压缩机和离心式压缩机。

现在常用的空气压缩机有活塞式空气压缩机、螺杆式空气压缩机、离心式空气压缩机以及滑片式空气压缩机、涡旋式空气压缩机。

图1-27 常用的空气压缩机

3. 特点

由电动机直接驱动压缩机，使曲轴产生旋转运动，带动连杆使活塞产生往复运动，引起气缸容积变化。由于气缸内压力的变化，通过进气阀使空气经过空气滤清器（消声器）进入气缸，在压缩行程中，由于气缸容积的缩小，压缩空气经过排气阀的作用，经排气管和单向阀（止回阀）进入储气罐，当排气压力达到额定压力0.7MPa时，由压力开关控制而自动停机。当储气罐压力降至0.5～0.6MPa时，压力开关自动连接启动。

4. 应用场合

气动工具,如凿岩机、风镐和气动扳手等;仪表控制及自动化装置,如加工中心的刀具更换等;车辆制动,门窗启闭;食品、制药工业,利用压缩空气搅拌浆液;大型船用柴油机的起动、风洞试验、地下通道换气、金属冶炼、油井压裂、轮胎充气等。

二、台钻

1. 功用

台钻是指主要用钻头在工件上加工孔的机床,如图1-28所示。可钻通孔、不通孔,更换特殊刀具,可扩、锪孔,铰孔或进行攻螺纹等加工。

图1-28 常用的台钻

2. 特点

台钻是可安放在作业台上,主轴垂直布置的小型钻床。通常钻头旋转为主运动,钻头轴向移动为进给运动。钻床结构简单,加工精度相对较低。

3. 应用场合

台钻可对零件进行钻孔、扩孔、铰孔、锪平面和攻螺纹等加工。

三、手电钻

手电钻只是单单地凭靠电动机带动传动齿轮加大钻头转动的力量,使钻头在金属和木材等物质上做刮削形式洞穿(图1-29)。

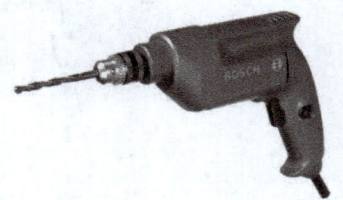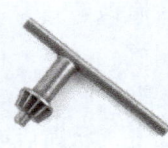

图1-29 手电钻

1. 功用

手电钻就是以交流电源或直流电源为动力的钻孔工具。

2. 结构

手电钻由钻夹头、输出轴、齿轮、转子、定子、机壳、开关和电缆线组成。

3. 应用

1）在进行钻孔时，要确定钻孔位置下方无电、油、气和水管线。
2）转孔时不宜用力过大过猛，以防止过载；当转速明显降低时，应立即把稳，减少施加的压力；当突然停止转动时，必须立即切断电源。
3）当安装钻头时，不允许用锤子或其他金属物品敲击，应用钻头钥匙上紧或取下。
4）打孔时要双手紧握电钻，尽量不要单手操作，保持正确操作姿势。
5）较小的工件被钻孔前必须先固定，以确保作业过程中不跟转。
6）手电钻的外壳风口必须保持畅通，注意防止切屑等杂物进入壳内。

四、砂轮机

砂轮机是用来刃磨各种刀具和工具的常用设备（图1-30）。

图1-30　砂轮机

1. 结构

砂轮机主要是由基座、砂轮、电动机或其他动力源、托架、防护罩和给水器等组成的。

2. 分类

砂轮机分为立式砂轮机和盘式砂轮机。

3. 应用

1）打磨用砂轮片只能用于打磨，不能用于切割材料，而且只能使用研磨面，不能使用背面。
2）切割用砂轮片是按照尺寸、中心孔径和厚度分类。
3）切割用砂轮片也只能用于切割，不能用于研磨，并且只能使用边缘。

任务实施

一、实施准备

1）场地。汽车一体化车间。
2）工量具。工具车和零件车、常用动力工具和量具、工作台。
3）耗材。润滑脂、棉纱等常用耗材、汽油。

二、操作和安全知识

1）操作动力工具设备前，需穿工作服，远离油污。

2）场地附近应配有灭火器，不能有易燃、易爆物品。

三、空气压缩机的操作

1. 使用前检查

1）检查各部分螺钉或螺母有无松动现象。
2）传动带的松紧是否适度。
3）管路是否正常。
4）润滑油面是否适当。
5）电线及电器开关是否合乎规定，接线是否正确。
6）电源的电压是否正确。
7）压缩机带轮是否可轻易用手转动（检查时需停机）。
8）检查所有的阀是否均处于合适的位置及正确的启闭状态。
9）检查系统并除去其内的外来异物。
10）打开并再次关闭储气罐下部的排污阀。
11）若系统设备检修后重新启动时，应除去所有为安全维护而安装的维修附件及维修用标志牌。

2. 使用操作

1）接通电源。
2）接通气管并打开气阀（图1-31）。

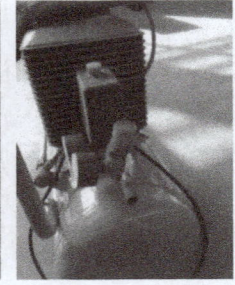

图1-31　空气压缩机气阀

3）根据所需气量，调整压力表。
4）用完之后，将气泵里的压力进行泄压（图1-32）。

图1-32　空气压缩机泄压阀

3. 安全注意事项

1) 电源接线必须正确。需确保插座上有搭铁保护。
2) 保持压缩机周围干净整洁，避免接触灰尘、碎屑和油漆。
3) 维修压缩机之前需拔下插头，切断电源。
4) 在装卸管件时，必须将压力调为零，以免高压空气对人体伤害。
5) 定期进行日保养、周保养和月保养。

四、台钻的操作和维护

1. 台钻的操作（图 1-33）

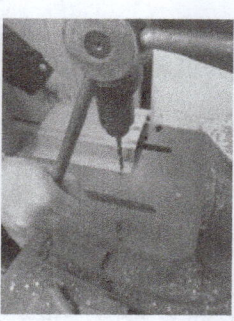

图 1-33　台钻的操作

1) 操作人员操作前必须熟悉机器的性能、用途及操作注意事项，未经过培训严禁单独上机操作。
2) 操作人员操作时要穿合适的衣服，不准戴手套。操作前先启动吸尘系统。
3) 开机前先检查电路牌上的电压和频率是否与电源一致。机床电源插头、插座上的各触脚应可靠，无松动和接触不良现象。电线要远离高温、油腻和尖锐边缘，机床要搭铁，切勿用力猛拉插座上的电源线。当发生事故时，应立即切断电源，再进行维修。
4) 机床在工作或检修时，工作场地周围要装上防护罩。保持工作区内干净整洁，不要在杂乱、潮湿、微弱光线和易燃易爆的场所使用机床。操作者头发不宜过长，以免操作时卷入。
5) 定期保养机器，保持钻头锐度，切削时注意添加切削液。
6) 使用前，认真检查易损部件，以便及时修理或更换。当钻孔径较大的孔时，应用低速进行切削。机器工作前必须锁紧应该锁紧的手柄，工件应夹紧可靠。下班前必须把机器周围的木屑清理干净，电动机上不准积存木屑，并做好设备的日常保养工作。

2. 台钻的维护

1) 操作前要穿紧身防护服，袖口扣紧，上衣下摆不能敞开，严禁戴手套，不得在开动的台钻旁穿穿、脱衣服，或围布于身上，防止机器绞伤。必须戴好安全帽，辫子应放入帽内，不得穿裙子、拖鞋。
2) 开机前应检查台钻传动是否正常，工具、电气、安全防护装置和切削液挡水板是否完好，钻床上保险块、挡块不准拆除，并按加工情况调整使用。摇臂钻床在夹校或校正工件时，摇臂必须移离工件并升高,停机,必须用压板压紧或夹住工作物,以免回转甩出伤人。

3)钻床床面上不要放其他东西,换钻头、夹具及装卸工件时需停机进行。带有毛刺和不清洁的锥柄,不允许装入主轴锥孔,装卸钻头要用楔铁,严禁用锤子敲打。钻小的工件时,要用台虎钳,钳紧后再钻。严禁用手停住转动着的钻头。

4)当薄板、大型或长形的工件竖着钻孔时,必须压牢,严禁用手扶着加工,工件钻通孔时应减压慢速,防止损伤平台。

5)台钻开动后,严禁戴手套操作,清除铁屑要用刷子,禁止用嘴吹。钻床及摇臂转动范围内,不准堆放物品,应保持清洁。工作完毕后,应切断电源,卸下钻头,主轴箱必须靠近端部,将横臂下降到立柱的下部边端,并停机,以防止发生意外。同时清理工具,做好机床保养工作。

五、手电钻的操作和维护

1. 手电钻的操作(图1-34)

1)在金属材料上钻孔应首先在被钻位置处冲打样冲眼。

2)在钻较大孔眼时,预先用小钻头钻穿,然后再使用大钻头钻孔。

3)如需长时间在金属上进行钻孔时,可采取一定的冷却措施,以保持钻头的锋利。

4)钻孔时产生的钻屑严禁用手直接清理,应用专用工具清屑。

2. 手电钻的使用防护

1)当面部朝上作业时,要戴上防护面罩。在生铁铸件上钻孔要戴好防护眼镜,以保护眼睛。

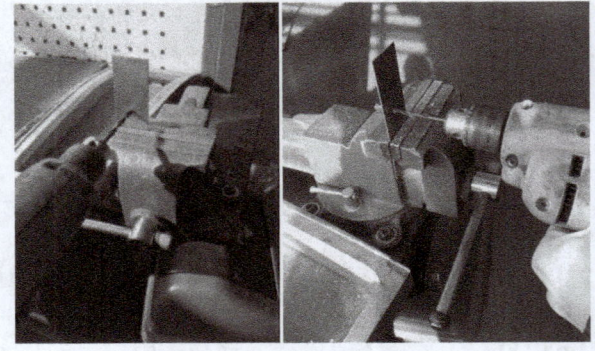

图1-34 手电钻的操作

2)钻头夹持器应妥善安装。

3)作业时钻头处在灼热状态,应注意不要灼伤肌肤。

4)钻 $\phi 12mm$ 以上的孔时应使用有侧柄手电钻。

5)站在梯子上工作或高处作业应做好防止高处坠落措施,梯子应由地面人员扶持。

3. 作业前注意事项

1)确认现场所接电源与电钻铭牌相符,并接有漏电保护器。

2)钻头与夹持器应适配,并妥善安装。

3)确认电钻上开关接通锁扣状态,否则插头插入电源插座时电钻将突然转动,从而可能导致人员伤害危险。

4)若作业场所在远离电源的地点需延伸线缆时,应使用容量足够的延伸线缆。延伸线缆如通过人行过道应高架或做好防止线缆被碾压损坏的措施。

5)必须扎紧袖口、裤管,扣好衣扣,围巾必须系在上衣内,严禁围巾和衣服的线头等外露,以防绞伤。

六、砂轮机的操作和维护

1. 砂轮机的操作（图1-35）

1）新装砂轮必须先试转30~40min，然后检查砂轮及轴承等转动是否平稳，有无振动与其他不良现象。

2）应定期检查砂轮有无裂纹，螺纹两端是否锁紧。

3）砂轮机必须备有防护罩，不允许随便取下。

4）砂轮与搁架之间保持适当距离，防止刃磨时磨件带入缝隙，挤碎砂轮。

5）砂轮启动后需待速度稳定后方可磨削，操作者应站在侧面，不能站在砂轮片的旋转平面方向，以免万一砂轮碎裂伤人。

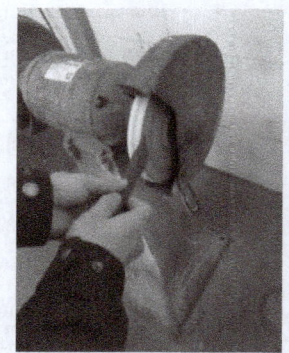

图1-35 砂轮机的操作

6）勿用砂轮的两侧磨削工件，禁止两人同时使用一块砂轮进行磨削。

7）不要在砂轮机上磨又重又大的工件，不得用过大的力压紧砂轮来进行磨削。

8）手指不可接触砂轮，防止磨掉手指或伤人。

9）砂轮机连续工作时间最好不要超过10min，以免过载烧坏电动机。

10）砂轮机不应磨木料、石头及砖和瓦等物。

2. 砂轮机的维护

1）砂轮机安装必须牢固可靠，托架平面要平整。转动中不应有明显的振动现象。更换砂轮，必须检查砂轮本身有无裂纹、缺陷及线速度是否合适，安装时夹紧力应适中，不得重力敲打。砂轮与防护罩的间隔大于5mm，砂轮与磨刀托架距离应控制在低于砂轮中心3~5mm为宜。砂轮不圆、有裂纹和磨削剩余部分不足25mm时不准使用。

2）砂轮机不准装倒顺开关，旋转方向禁止对着主要通道。使用前应先检查设备是否完好无损，水管要盛满水，盘动砂轮是否卡死或损坏，启动后，待运转正常，方可使用。

3）作业时应戴好专用防护面罩，衣袖扣要扣好，不许戴手套或用棉纱等包着工件，不许两人同时使用一个砂轮，要站在砂轮机两侧，不可正对砂轮。砂轮更换后，应空转3~5min，视其运行的均匀、平衡情况后再决定是否使用。砂轮启动后，运行到正常速度后方可进行磨削作业。

4）使用砂轮机磨削，操作者必须戴上防护眼镜，站在砂轮一侧（约45°）进行操作，严禁面对砂轮机操作。当磨削工件时，要注意把握工件，不得用力过猛或磨削笨重工件，避免产生撞击、滑移造成砂轮伤手或砂轮破裂现象。当使用较薄形砂轮磨削时，禁止使用侧面磨削。

5）使用砂轮时工件应左右缓慢移动，避免砂轮产生凹槽现象。必须定期对砂轮机进行检查及维修保养工作，确保设备的安全运行。合金刀具不得在普通砂轮上磨削；反之，合金砂轮上不许磨削普通刀具。

6）作业完毕应拉下开关，砂轮机停下后，将设备及环境卫生清理干净后方能离开。

汽车钣金

检测评价

序 号	作业项目	考核内容	评分细则	分 值	得 分
1	空气压缩机	空气压缩机的用途	说错扣5分	25分	
		空气压缩机的应用场合	说错扣5分		
		空气压缩机的使用操作	操作占15分		
2	台钻	台钻的用途	说错扣5分	25分	
		台钻的应用场合	说错扣5分		
		台钻的使用操作	操作占15分		
3	手电钻	手电钻的用途	说错扣5分	25分	
		手电钻的应用场合	说错扣5分		
		手电钻的使用操作	操作占15分		
4	砂轮机	砂轮机的用途	说错扣5分	25分	
		砂轮机的应用场合	说错扣5分		
		砂轮机的使用操作	操作占15分		
合 计				100分	

课后测评

一、填空题

1. 空气压缩机按工作原理可分为_____压缩机、_____压缩机和_____压缩机。

2. 台钻是指主要用_____在工件上加工孔的机床，可_____、_____，更换特殊刀具，可_____、_____孔，_____孔或进行_____等加工。

3. 手电钻由_____、_____、_____、_____、_____、_____和电缆线组成。

4. 砂轮机分为_____砂轮机和_____砂轮机。

二、选择题

1. _____是气源装置中的主体，它是将原动机（通常是电动机）的机械能转换成气体压力能的装置，是压缩空气的气压发生装置。　　　　　　　　　　　　　　　（　　）

　　A. 砂轮机　　　　　B. 空气压缩机　　　　　C. 台钻

2. _____主要是由基座、砂轮、电动机或其他动力源、托架、防护罩和给水器等组成的。　　　　　　　　　　　　　　　　　　　　　　　　　　　　　　　　（　　）

　　A. 砂轮机　　　　　B. 空气压缩机　　　　　C. 台钻

3. 切割用的_____不仅能用于切割，还能用于研磨。　　　　　　　　　　　（　　）

　　A. 摩擦片　　　　　B. 砂轮片　　　　　　　C. 切割片

4. 新装砂轮必须先试转_____，然后检查砂轮及轴承等转动是否平稳，有无振动与其

他不良现象。　　　　　　　　　　　　　　　　　　　　　　　　　　　　(　　)

A. 10～20min　　　B. 20～30min　　　C. 30～40min

三、简答题

1. 简述台钻与手电钻的区别及应用场合。
2. 简述空气压缩机的使用注意事项。
3. 简述气动打磨机的认识及使用操作。

任务三　气动设备的使用和操作

任务目标

知识目标	1）知道气动扳手的特点和应用场合 2）能进行气动扳手的选用和使用操作
技能目标	会正确使用气动工具对汽车及各零部件进行拆装

任务描述

气动设备通过供气阀手柄的操作以及调整调节阀可以很简单地进行使用，转速范围上能提供更多级别的选择，在同样输出功率的情况下，气动工具与电动工具相比小型轻量，更适合长时间工作，而不会出现发热现象，即使空气压缩机发生超负荷现象，气动工具仅仅是停止转动，一旦超负荷现象解除，则重新恢复正常运转。各类气动设备工具的操作，在汽车维修中应用广泛。能正确利用各类气动工具进行拆卸、装复、调整和维修，尤为重要，它们维持着汽车的安全性能和使用性能，保证了汽车具有较高的强度和华丽的外表，提高了汽车的安全性，保证了汽车的正常行驶，所以它们的正确使用对汽车的使用性能和安全性能起着重要的作用。本任务主要围绕汽车维修气动设备的选用和使用进行学习和训练。

知识储备

一、气动扳手

气动扳手又称为风动扳手，主要利用压缩空气来完成对螺栓、螺母的拧紧。

1. 分类

气动扳手一般分为两类，一类是常规性也就是很普通的冲击扳手，另一类是脉冲气动扳手，两者的区别是，前者不能定扭矩，而后者可以。气动扭矩扳手就属于后者，如图1-36所示。

图1-36　气动扭矩扳手

2. 应用场合

气动扳手被广泛应用在许多行业，如汽车修理、重型设备维修和产品装配。在汽车维修中主要用于汽车中螺栓、螺母的拧紧与拧松。

二、气动打磨机

1. 分类

气动打磨机主要用于刮去旧涂层及除锈、漆面抛光。常见的气动打磨机有盘式打磨机和带式打磨机两种，如图 1-37 所示。

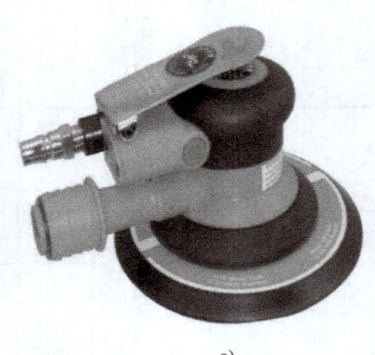

a)

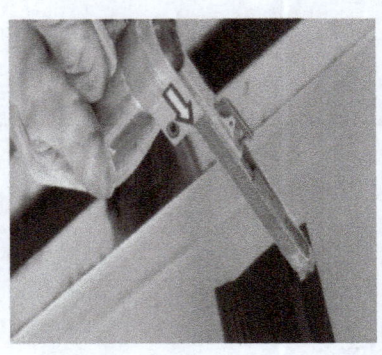

b)

图 1-37　气动打磨机
a）盘式打磨机　b）带式打磨机

2. 应用场合

气动打磨机有多种外形结构，适合各种角度操作，体积小、转速高、研磨效率高、噪声低、振动小，具有强力的吸尘效果，长时间使用不疲劳。打磨机可以去除成品的毛刺，对成品表面进行抛光处理、净化处理和锈蚀处理，操作简便。

对于汽车车身修复来说，带式打磨机主要应用于钣金缝、边角除漆、除锈、除焊点以及死角位置打磨。而盘式打磨机主要用于刮去旧涂层和除锈等。盘式打磨机打磨时用的砂轮片粒度为 F60、F80 或 F120 等，一般常用的是 F80。

三、气动锯

1. 分类

气动锯以压缩空气为动力。气动锯锯条只有一端装在锯身上实现锯削作业，由于没有锯弓限制，切割缝可以无限延长。气动锯具有切割效率高、使用方便、对构件损坏程度小等许多优点。气动锯主要由锯体、气管接口、气动开关和刀片等部分组成，如图 1-38 所示。

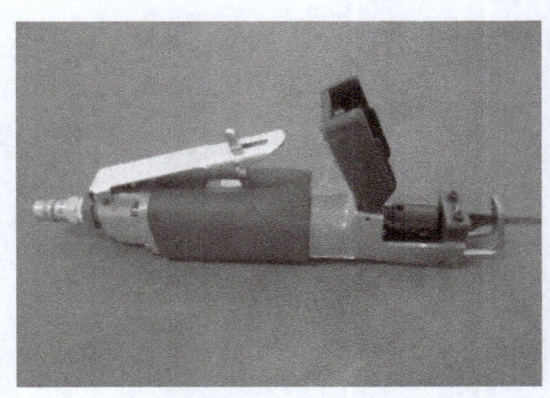

图 1-38　气动锯

2. 应用场合

在气动锯上安装使用的一种锯切锯条具有三种不同的尾端接口，根据不同的气动锯配备不同的气动锯锯条，气动锯锯条与其他的气动工具一样，是利用气泵或者气缸中的气源作为驱动力替代手工工具的人力，操作方便、效率高。

气动锯在汽车车身维修中广泛应用，尤其在汽车钣金切割方面优势明显，用量很大。气动锯锯条的材质大多数为双金属，也有硬质合金，齿形有波浪齿和侧切齿。

任务实施

一、实施准备

1）场地。汽车一体化车间。
2）工量具。工具车和零件车、常用气动工具、工作台。
3）耗材。润滑脂、棉纱等常用耗材、汽油。

二、气动扳手的使用和注意事项

使用时，气动扳手转轴及配件保持距离，不要穿戴肥大的衣服及首饰。扎好头发、围巾和领带等易缠绕物。

1. 气动扳手的使用

一只手拿着气管接头，另一只手拿着气动扳手把接头上的圆环向下拉，然后插上接头上的圆环，只有处于下拉状态才能接上，拔掉的时候也需要把圆环向下拉。套筒有不同的规格，只要对应插上就可以了（图1-39）。

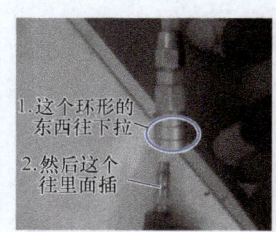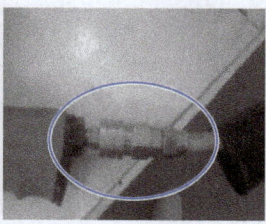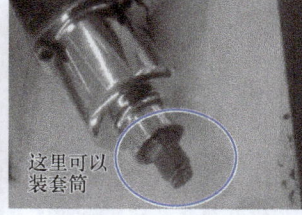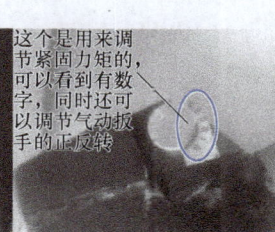

图1-39 气动扳手接头图

红圈中的是一个旋钮，同时也可以按动，通过旋动可以调节紧固力矩。

2. 注意事项

1）使用前检查工具有无异常，气压是否正常，管子缠绕情况。
2）使用中如果发现冲击次数少，或有二次冲击等现象，应该立即停机检查。

三、气动打磨机的使用和注意事项

1. 气动打磨机的使用

（1）起始部位的打磨（图1-40） 起始打磨时，砂轮与金属表面形成100°～200°的夹角，在金属受损的边缘先进行打磨。打磨时的压力以手掌压住砂轮为宜，不要压力过大或过小。

(2) 严重部位的打磨（图1-41） 受损最严重的部位，盘式打磨机打磨不到的，应该使用带式打磨机进行打磨，再将盘式打磨机与带式打磨机结合使用。

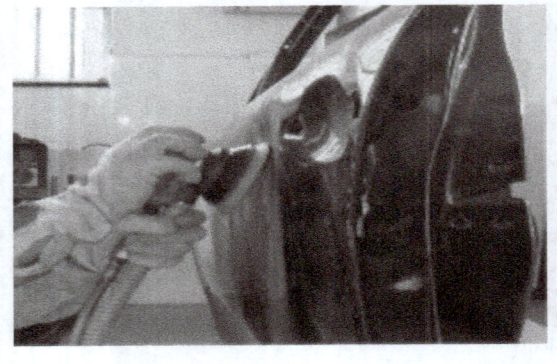

图1-40 起始部位的打磨

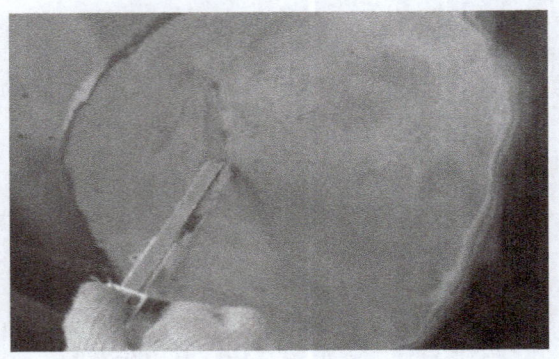

图1-41 严重部位的打磨

(3) 中间部位的打磨（图1-42） 中间部位打磨使砂轮与金属表面完全接触，利用砂纸的大接触面来进行快速打磨。

(4) 清洁 每次打磨后要对打磨好的板件进行清洁，用气枪对着板件进行45°斜角清洁（图1-43），边清洁边用布进行擦拭。

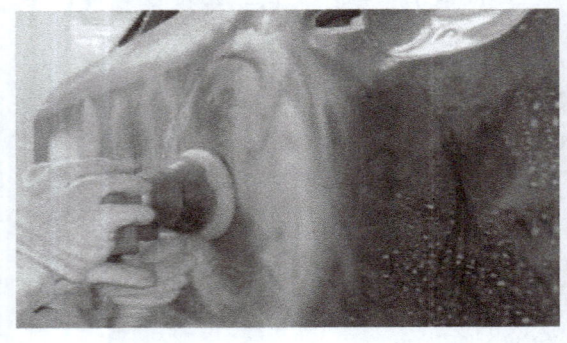

图1-42 中间部位的打磨

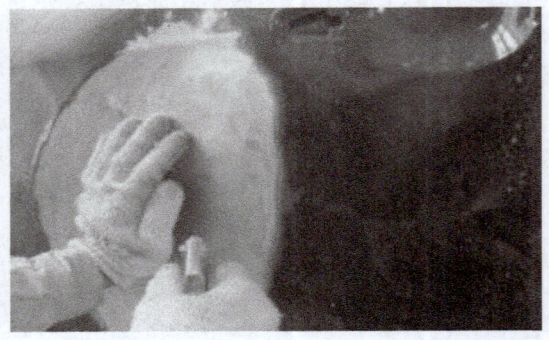

图1-43 清洁

2. 注意事项

1) 打磨操作要佩戴好防护用具。
2) 打磨机转速非常高，使用时一定要牢牢地握持住，以免脱手产生危险。
3) 打磨时的压力以手掌压住砂轮为宜，不要压力过大或过小。
4) 气动打磨机打磨的时候要合理地选用粗细不同的砂纸。
5) 打磨一段时间后注意零部件的清洁。

项目一　钣金常用工具及设备的使用和操作

检测评价

序号	作业项目	考核内容	评分细则	分值	得分
1	气动扳手	气动扳手的用途	说错扣 10 分	35 分	
		气动扳手的应用场合	说错扣 10 分		
		气动扳手的使用操作	操作占 15 分		
2	气动打磨机	气动打磨机的用途	说错扣 10 分	35 分	
		气动打磨机的应用场合	说错扣 10 分		
		气动打磨机的使用操作	操作占 15 分		
3	气动锯	气动锯的用途	说错扣 5 分	30 分	
		气动锯的应用场合	说错扣 5 分		
		气动锯的使用操作	操作占 20 分		
合　计				100 分	

课后测评

一、填空题

1. 气动扳手又称为_____。
2. 气动扳手一般分为_____和_____。
3. 气动打磨机主要用于_____及_____、_____。
4. 常见的用于汽车车身修复的气动打磨机有_____和_____两类。
5. 盘式打磨机打磨时用的砂轮片粒度为_____、_____和_____。

二、选择题

1. _____是气动工具的优点。　　　　　　　　　　　　　　　　　　　　　　　(　　)
   A. 重量大　　　　B. 省力　　　　C. 噪声大　　　　D. 体积大
2. _____是气动工具容易出现问题的地方。　　　　　　　　　　　　　　　　　(　　)
   A. 接头连接不牢靠　　　　　　　B. 接头磨损
   C. 气管损坏　　　　　　　　　　D. 其他选项都是
3. 气动扳手的拧紧力矩通过_____来控制。　　　　　　　　　　　　　　　　　(　　)
   A. 压缩机的工作时间　　　　　　B. 压缩机的气压
   C. 压缩机储气筒的大小　　　　　D. 气动扳手上的调节器
4. 压缩空气中含有_____会造成气动扳手运转不良。　　　　　　　　　　　　　(　　)
   A. 氢气　　　　B. 水分　　　　C. 氧气　　　　D. 氮气
5. 气动扳手使用_____套筒。　　　　　　　　　　　　　　　　　　　　　　　(　　)
   A. 6 角　　　　B. 6 星　　　　C. 12 角　　　　D. 12 星
6. 打磨金属时佩戴的防护用品有_____。　　　　　　　　　　　　　　　　　　(　　)

● 汽车钣金

A. 防尘口罩　　　B. 防护手套　　　C. 防护面罩　　　D. 耳罩

三、简答题
1. 简述气动扳手的分类及应用场合。
2. 简述气动打磨机的使用操作及注意事项。

任务四　液压设备的使用和操作

任务目标

知识目标	1）知道液压设备的类型、性能、功用及应用场合 2）知道钣金液压设备的使用和操作方法
技能目标	1）能使用和操作钣金维修常用的液压设备 2）会运用钣金液压设备进行汽车车身维修操作 3）遵守操作规程和安全规范，保证质量

任务描述

液压设备在汽车车身维修中应用广泛，其使用得合理与否直接影响着修理效率的高低；它们不仅提高了工作效率，同时提高了维修质量和精度，改进了传统的手工工艺和操作方法，只有正确和安全地使用液压设备，掌握作业技巧，才能顺利地完成相应的钣金修理工作。本任务主要围绕液压设备的操作使用进行学习和训练。

知识储备

1. 车身校正仪

车身修复不只是为了恢复外形，更重要的是尽最大的努力使整个车身壳体恢复到撞击前的状态，以保证修复过的汽车不因为车身修复而出现"二次事故"；这些必须应用先进的设备，进行规范作业，严把质量关，以满足车身维修作业高标准、高质量的要求。

车身校正仪是指通过一定的外力将因事故损坏或疲劳损坏的部位修复到车辆出厂时技术标准"状态"的仪器，如图1-44所示。

（1）功用　汽车由于受到碰撞、追尾和倾覆等，引起车身和骨架变形，车身校正仪是通过拉伸和尺寸测量而恢复其原始性能、形状和尺寸的先进设备。

（2）结构　车身校正仪主要由梁身、塔柱、二次举升装置、测量组尺和液压泵等组成（图1-45）。

当利用车身校正仪进行车身维修时，还配备了钣金维修常用工具，如小夹钳、剪式夹钳、C形夹钳、下拉装置、箱式夹钳、快速拉板、链条缩短器、深拉钩、迷你夹钳、扁嘴夹钳、尼龙拉带、链条连接器、构造圆钢钩体拉环、直角万向夹钳、掌形夹钳、单链耙、避震盘、链条钩板、大弯钩和长链条等（图1-46）。

（3）应用场合　车身和骨架变形。

图 1-44　车身校正仪

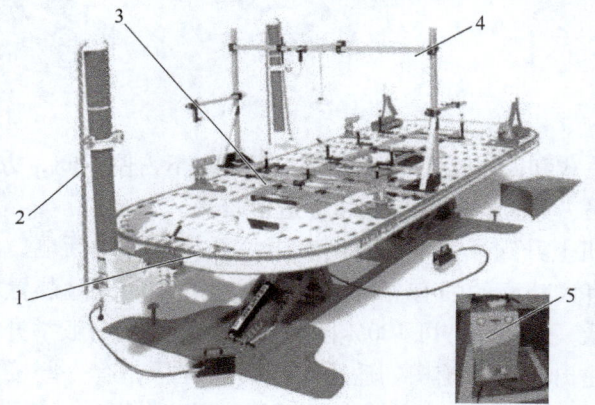

图 1-45　车身校正仪的组成

1—梁身　2—塔柱　3—二次举升装置　4—测量组尺　5—液压泵

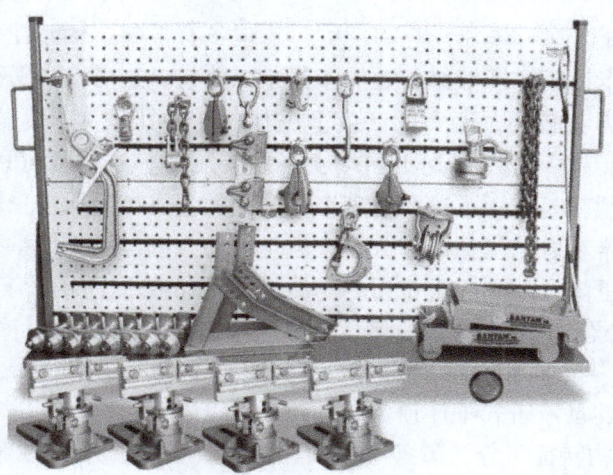

图 1-46　车身校正仪附件

2. 举升机

(1) 功用　举升机可以将整车提升到一定高度，便于修理作业。举升机在汽车维修养护中发挥着至关重要的作用，无论整车大修，还是小修保养，都离不开它。在不同规模的维修养护企业中，无论是维修多种车型的综合类修理厂，还是经营范围单一的汽车维修店，几乎都配备有举升机。当汽车维护或修理时，无须地上挖槽，减小空间，使用举升机将汽车等机动车辆升高到一定高度，方便维修维护人员对车辆的检修。

(2) 种类　举升机主要分为双柱式、四柱式和剪式三大类型，如图1-47所示。现在使用的举升机大多数是液压式的。

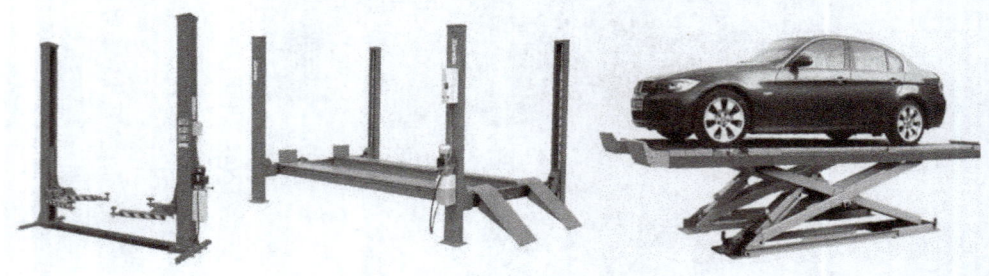

图1-47　举升机

剪式举升机比双柱式和四柱式举升机更好，因为它不占用空间，方便使用，不足之处则是补油平衡要求很严格，而且需配备控制箱，造价较贵。

(3) 特点　举升机上升到最大举升高度时限位开关会自动断电，自动切断液压泵里的油压回路。举升机带有大功率的强有力电动机、安全可靠的保险装置和液压式二次举升装置，实用性好，噪声低，振动小，可100%防止液压缸漏油。一般举升能力达到3.5t。

(4) 应用场合　举升机无须挖槽，适用于任何修理厂，有一些楼板上不适合安装双柱式举升机以及普通四柱式举升机，而剪式举升机与楼板接触面广，这样可以安装在任何可以开车的楼板上面，解决客户场地问题。

3. 千斤顶

千斤顶分为机械千斤顶和液压千斤顶两种，原理各有不同。从原理上来说，液压千斤顶所基于的原理为帕斯卡原理，即液体各处的压强是一致的，这样，在平衡的系统中，比较小的活塞上面施加的压力比较小，而大的活塞上施加的压力比较大，这样能够保持液体的静止。所以通过液体的传递，可以得到不同端上不同的压力，这样就可以达到一个变换的目的。常见的液压千斤顶就是利用了这个原理来传递力的。机械千斤顶采用机械原理，以往复扳动手柄、拨爪，即推动棘轮间隙回转，小锥齿轮带动大锥齿轮，使举重螺杆旋转，从而使升降套筒获得起升或下降，达到起重拉力的功能，但不如液压千斤顶简易。

(1) 功用　千斤顶是一种最常用、最简单的起重工具，按照其工作原理可以分为机械丝杠式和液压式两种，按照所能顶起的质量可以分为3000kg、5000kg和9000kg等多种规格，目前，广泛使用的是液压式千斤顶。

(2) 种类　按结构特征可分为齿条千斤顶、螺旋（机械）千斤顶和液压（油压）千斤顶三种。

按其他方式可分为分离式千斤顶、卧式千斤顶、爪式千斤顶、同步千斤顶、一体式千斤顶和电动千斤顶等，如图 1-48 所示。

a)

b)

c)

图 1-48 千斤顶
a) 卧式千斤顶 b) 爪式千斤顶 c) 同步千斤顶

任务实施

一、实施准备

1）场地。汽车一体化车间。
2）工量具。工具车和液压设备、工作台。
3）耗材。润滑脂、液压油、抹布等常用耗材。

二、车身校正仪的使用操作

1）当维修车辆时，汽车必须挂空档且驻车制动必须拉下，以防车辆滑动。
2）在升起或下降工作平台时，一定注意不要压着所有的工具、液压管路和空气管路等。液压油管保持完整，不得有任何形式的损伤，不允许使用火烤。
3）时刻注意检查液压系统的密封性，如果密封不严，立刻维修或更换。
4）在拉伸操作前，碰撞事故车必须夹紧牢固，不允许在事故车的拉伸过程中出现滑动。
5）钣金工具附件必须牢固夹紧在车身表面上，保证拉伸过程中不会脱落。
6）在拉伸过程中，不允许使用液压千斤顶作为汽车的支撑，不允许操作人员在车底下工作。
7）当升降平台操作时，人员不允许站在车的后面，当车开上或开下平台时，一定要有人在旁边协助指导方向。在拉伸过程中，不允许站在张力的链条和拉伸钣金工具后面。
8）在使用链条前，必须保证链条没有扭曲、弯折和打结，链条应定期检查有无刻痕，凹槽是否扭曲或弯曲拉长以及附件有无损坏。

三、举升机的使用操作

1. 双柱式举升机的使用操作

（1）上升时的操作

1）合上电源开关。
2）按"上升"按钮。当上升到合适位置后，扳动挂钩手柄脱离手柄锁扣，使挂钩挂入立柱挂钩内。在上升的过程中应能同时听到钢丝绳及链条断裂保护装置挂钩挂入沟槽的响声。
3）在上升到合适的工作高度时，应再升高 15cm 左右，之后扳动放油阀手柄，使平台下降，这时四立柱的钢丝绳及链条断裂保护装置挂钩挂入沟槽。平台挂牢后，人员才能进入举升机下方进行工作。

(2) 下降时的操作
1）先检查挂钩是否挂入，确认其处于挂入状态。
2）按"上升"按钮，使平台上行约5cm。
3）扳动挂钩手柄，使钢丝绳及链条断裂保护装置脱离挂钩槽。
4）扳动放油阀手柄，使平台下降。

(3) 副梁机构的使用
1）按"上升"按钮使平台升至合适的高度。
2）扳动副梁挂钩手柄，使挂钩分别挂入四个立柱槽内。
3）调整好副梁的宽度，使其能平稳地支撑汽车底部。
4）扳动放油阀手柄，使平台下降至支撑四个轮悬空，再将举升平台的挂钩挂入四个立柱槽内。
5）车辆维修完毕。按"上升"按钮，分别脱开"举升平台挂钩"和"副梁挂钩"，确定完全脱开四个立柱后，扳动放油阀手柄使举升平台下降。

2. 剪式举升机的使用操作

剪式举升机由于无立柱，下降后整个维修区域无任何障碍物，因而视野开阔，节省空间，是比较受欢迎的机型。目前单剪子母式是其主流机型，已成为除四柱机以外另一种四轮定位专用举升机。双剪式由于其体积较小，在一些快修店、汽车美容店较受欢迎。但是由于剪式机技术难度较大，因而其制造成本大于其他机型，市场价格也比其他机型高，这也限制了它的发展空间。

剪式举升机必须有以下安全保险装置：液压系统过载保护及锁定、举升机机械锁止装置、两边同步系统，如果缺少任何一项都是不安全的。

1）使用前应清除举升机附近妨碍作业的器具及杂物，并检查操作手柄是否正常。
2）操作机构灵敏有效，液压系统不允许有爬行现象。
3）支车时，四个支角应在同一平面上，调整支角胶垫高度使其接触车辆底盘支撑部位。
4）支车时，车辆不可支得过高，支起后四个托架要锁紧。
5）待举升车辆驶入后，应将举升机支撑块调整移动对正该车型规定的举升点。
6）举升时人员应离开车辆，当举升到需要高度时，必须插入保险锁销，并确保安全可靠才可开始车底作业。
7）除低保及小修项目外，其他烦琐笨重作业，不得在举升机上操作修理。
8）举升机不得频繁起落。
9）支车时举升要稳，降落要慢。
10）有人作业时严禁升降举升机。
11）发现操作机构不灵，电动机不同步，托架不平或液压部分漏油，及时报修，不得带病操作。
12）作业完毕应清除杂物，打扫举升机周围以保持场地整洁。
13）定期（半年）排除举升机液压缸积水，并检查油量，油量不足应及时加注相同牌号的液压油。同时应检查润滑、举升机传动齿轮及链条。

四、千斤顶的使用操作

1. 支车
1）拧紧千斤顶的油压开关。

项目一　钣金常用工具及设备的使用和操作

2）将千斤顶垂直置于车底支车部位。
3）调节千斤顶螺杆，使顶面接近支车点。
4）缓慢压动手柄，逐渐支起车辆。

2. 放下车辆

落下时应缓缓松开油压开关，使车辆缓缓落下。

3. 使用注意事项

1）使用前必须检查各部分是否正常。
2）使用时应严格遵守主要参数中的规定，切忌超高超载，否则当起重高度或起重吨位超过规定时，液压缸顶部会发生严重漏油。重物重心要选择适中，合理选择千斤顶的着力点，底面要垫平，同时要考虑到地面软硬条件，是否要衬垫坚韧的木材，放置是否平稳，以免负重下陷或倾斜。
3）支车前，应用三角挡块将车轮塞好，以防汽车滑动发生危险。
4）支车时，地面要硬实可靠。在松软的地面上支车，千斤顶底座下应垫厚木板，不可垫石块或水泥板。千斤顶的顶柱与被支顶的端面应保持垂直，以防滑脱发生危险。千斤顶举升后应将车辆架好，使支顶卸荷，才可进行车下作业。千斤顶举起的工件未架好前不允许用锤子击打，以免损坏千斤顶。
5）千斤顶液压油不可用制动液或其他油液代替。如需几台千斤顶同时起重时，除应正确安放千斤顶外，还应使用多顶分流阀，且每台千斤顶的负荷应均衡，注意保持起升速度同步。还必须考虑因重量不均地面可能下陷的情况，防止被举重物产生倾斜而发生危险。
6）分离式千斤顶是弹簧复位结构，起重完后，即可快速取出，但不可用连接的软管来拉动千斤顶。
7）因千斤顶起重行程较小，用户使用时千万不要超过额定行程，以免损坏千斤顶。
8）使用过程中应避免千斤顶剧烈振动，不适宜在有酸碱、腐蚀性气体的工作场所使用，用户要根据使用情况定期检查和保养。

 检测评价

序　号	作业项目	考核内容	评分细则	分　　值	得　分
1	车身校正仪	车身校正仪的用途	说错扣5分	50分	
		车身校正仪的应用场合	说错扣5分		
		车身校正仪的使用操作	操作占40分		
2	举升机	举升机的用途	说错扣5分	25分	
		举升机的应用场合	说错扣5分		
		举升机的使用操作	操作占15分		
3	千斤顶	千斤顶的用途	说错扣5分	25分	
		千斤顶的应用场合	说错扣5分		
		千斤顶的使用操作	操作占15分		
合　计				100分	

课后测评

一、填空题

1. 车身校正仪主要由_____、_____、_____、测量组尺和_____等组成。

2. 举升机主要分为_____、_____和_____三大类型。现在使用的举升机大多数是_____的。

3. 千斤顶按结构特征可分为_____千斤顶、_____千斤顶和_____千斤顶。

4. 定期（半年）排除举升机液压缸_____，并检查_____，_____应及时加注相同_____的液压油。同时应检查_____、_____及链条。

二、选择题

1. 车身修复后不只是为了恢复外形，更重要的是尽最大的努力使整个车身壳体恢复到撞击_____的状态，以保证修复过的汽车不因为车身修复而出现"二次事故"。（   ）

   A. 前　　　　　B. 时　　　　　C. 后

2. _____举升机的优点是不占用空间，方便使用，不足之处则是补油平衡要求很严格，而且需配备控制箱，造价较贵。（   ）

   A. 柱式　　　　B. 剪式　　　　C. 移动式

3. _____是弹簧复位结构，起重完后，即可快速取出，但不可用连接的软管来拉动千斤顶。（   ）

   A. 分离式千斤顶　　B. 卧式千斤顶　　C. 爪式千斤顶

三、简答题

1. 简述车身校正仪的组成及应用场合。
2. 简述举升机的使用操作流程。
3. 举升机的使用注意事项有哪些？

项目二
汽车车身结构及材料认知

汽车车身结构和材料是保证汽车整体运行和使用的重要指标，相关维修人员需对汽车车身结构和材料有一定的了解。本项目围绕车身结构、车身构件及汽车上各种常见材料的知识点展开介绍，并进行认识操作训练。

任务一　承载式车身结构认知

任务目标

知识目标	1）掌握常见轿车承载式车身的结构形式 2）熟悉轿车承载式车身相关构件的组成及相互间的位置关系
技能目标	会进行轿车承载式车身各部件的拆装和调整

任务描述

前车身是汽车车身的重要组成部分，其翼子板、保险杠和发动机舱盖等属于轿车前车身的主要部件，也是汽车车身维修的主要内容之一。在进行车身维修工作时，要求能够正确地拆装车身结构件，对车身的结构、车身构件的组成及相互位置关系等知识熟练掌握。本任务主要围绕前车身部件结构认知与拆装进行学习和训练。

知识储备

一、常见轿车车身的结构形式和组成

1. 车身的结构形式

（1）按车身承载方式 按承载方式不同，车身可分为承载式车身、半承载式车身和非承载式车身，如图2-1所示，半承载式车身结构介于非承载式车身和承载式车身两者之间。

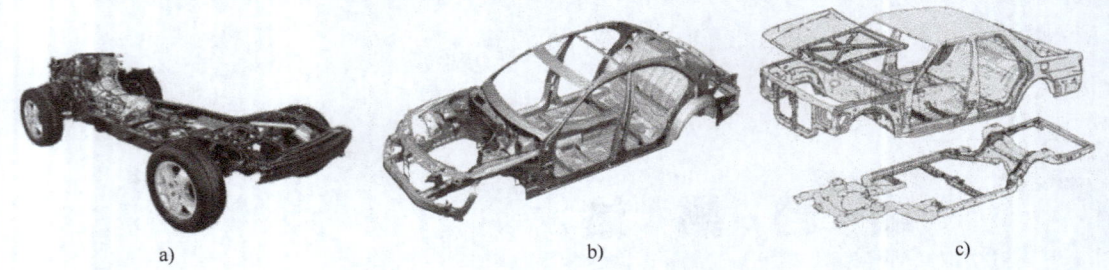

图2-1 车身按承载方式分类
a）非承载式车身 b）承载式车身 c）半承载式车身

（2）按车身形状或车顶形式 按车身形状和车顶形式不同，汽车可分为普通轿车、活顶轿车、硬顶轿车、舱背式轿车、旅行轿车、厢式车和SUV多功能车等，如图2-2所示。

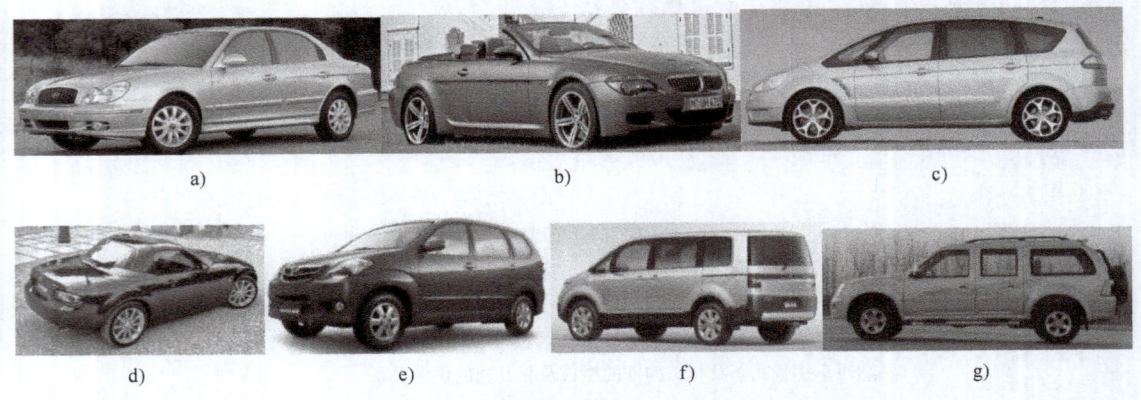

图2-2 按车身形状或车顶形式分类
a）普通轿车 b）活顶轿车 c）旅行轿车 d）硬顶轿车 e）舱背式轿车 f）厢式车 g）SUV多功能车

2. 轿车车身的组成

轿车车身可分为前车身、中间车身和后车身三部分，主要由发动机舱盖、前柱、中柱、顶盖、行李箱盖、翼子板和车门等部件组成。轿车车身基本组成如图2-3所示。

二、轿车车身相关构件

1. 轿车前车身相关构件

轿车前车身主要由前翼子板、发动机舱盖及前保险杠等组成。轿车前车身构成如图2-4所示。车辆发生碰撞、倾翻等交通事故，车身因直接承受撞击力而造成不同程度的损伤，同

项目二　汽车车身结构及材料认知

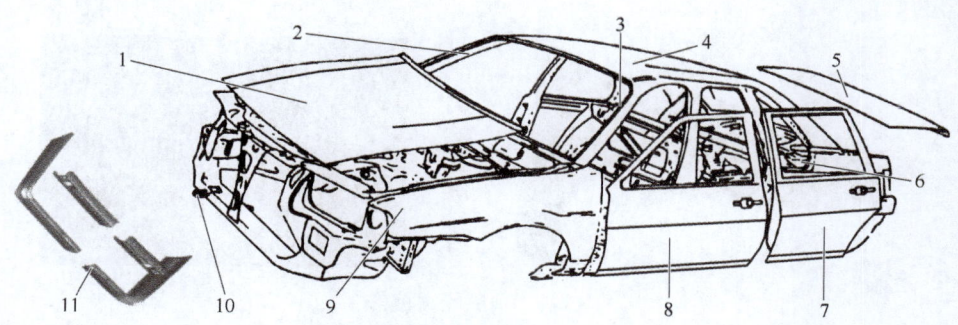

图 2-3　轿车车身基本组成

1—发动机舱盖　2—前柱　3—中柱　4—顶盖　5—行李箱盖　6—后翼子板　7—后车门
8—前车门　9—前翼子板　10—前围板　11—保险杠

时由于波及、诱发和惯性的作用，发动机和底盘各总成也存在着受损伤的可能。且由于结构的原因，发动机和底盘各总成的损伤往往不直观，当汽车受到正向冲击时，前车身能有效地吸收冲击能量，因此，前车身应具有足够的强度和合适的刚度。

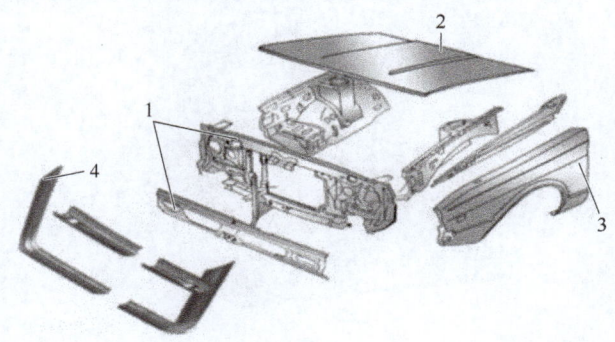

图 2-4　轿车前车身构成

1—前围板　2—发动机舱盖　3—前翼子板　4—前保险杠

（1）前保险杠　前保险杠位于车辆的最前端，是车身外部装饰体，起到装饰和防护的作用。典型外装式前保险杠结构如图 2-5 所示。

当汽车受到前部撞击时，经常会发生前保险杠凹陷、划痕、撞飞、塑料件脱落、前照灯和保险杠连接处损伤以及波及其他部件的损伤等状况，为了防止硬碰撞造成司乘人员的身体受伤，一般厂家的前保险杠都由非金属面罩和金属加强筋相连而成，能更好地起到保护作用。

（2）前翼子板　翼子板是遮盖车轮的车身外板，是车身非常重要的结构件，普通轿车的前翼子板（图 2-6）主要由前翼子板外板、前翼子板内板及翼子板防擦装饰条等组成，部分轿车还装有翼子板装饰条。

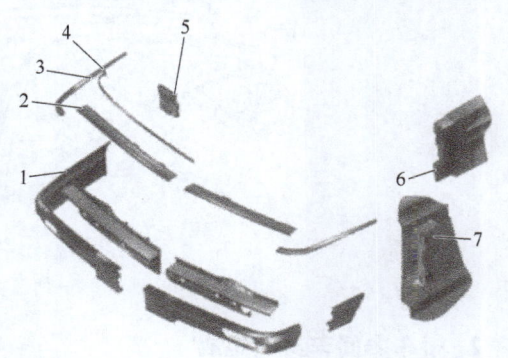

图 2-5　典型外装式前保险杠结构

1—前保险杠面罩　2—中装饰条　3—右角装饰条
4—密封条　5—前保险杠支架　6—固定卡座　7—保险杠卡座

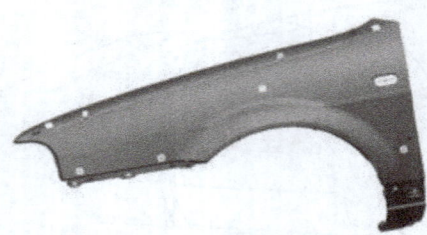

图 2-6　前翼子板结构

（3）发动机舱盖　发动机舱盖位于车辆前上部，是发动机舱的维护盖板。轿车的发动机舱盖主要由发动机舱盖铰链、发动机舱盖支撑杆、发动机舱盖锁和发动机舱盖锁开启拉索等部件组成，如图 2-7 所示。

发动机舱盖包含了外板、内板和加强梁，并于内板和外板的四周施加折边以取代焊接。发动机舱盖内、外板分离如图 2-8 所示。

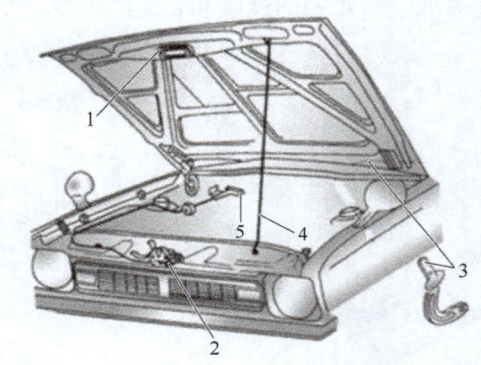

图 2-7　发动机舱盖的结构

1—锁头　2—锁座　3—铰链　4—支撑杆　5—发动机舱盖锁开启拉索

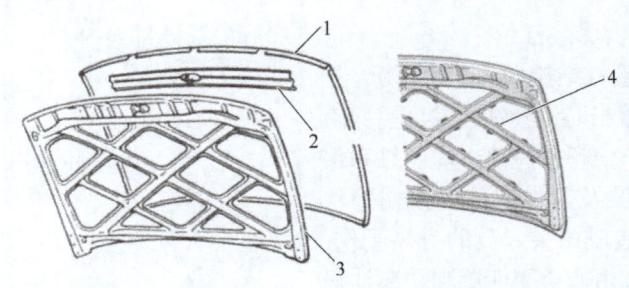

图 2-8　发动机舱盖内、外板分离

1—外板　2—加强梁　3—内板　4—隔音胶

2. 轿车中间车身的组成

轿车中间车身主要由底板、门槛板、立柱、车门和车顶等结构件组成（图 2-9），把它们焊接在一起构成乘客舱，为乘员提供安全、舒适的乘坐空间，在行驶和事故中可以有效保护乘员安全。

中间车身是整个车身的主体，也是整车的骨架。中间车身的立柱起着支撑车顶和风窗的

项目二 汽车车身结构及材料认知

作用,一般下部做得粗大,上部的截面尺寸设计需要考虑驾驶视野而缩小。立柱包括前柱、中柱与后柱三种。

图 2-9 中间车身结构(一)
1—车前门 2—车后门 3—车顶 4—车身底板 5—前柱 6—门槛板 7—中柱 8—后柱

(1) 立柱、门槛板和底板 如图 2-10 所示,立柱和门槛板是构成车身侧框架的钣金结构件,是车身非常重要的支撑件,如轿车、吉普车等车型的侧框架一般由前、中、后门框及门槛等构成一个框架结构,用来固定车门、支撑车顶和固定车身蒙皮等。

车身底板是乘客舱底部的主要结构,通常是一整块冲压成形的大钢板。车身底板是全车焊接的基础件,是与各大总成连接的重要构件。它承受和传递汽车质量、地面反作用力和牵引力等各种交变冲击力,因此对强度要求很高。

门槛板是装在车门框底部的加强梁。它通常焊接在底板和立柱上,由内、外板件组成,对汽车底板和车身侧面具有加强作用,在侧面碰撞时能够对乘客进行保护,通常与中柱连接。

图 2-10 中间车身结构(二)
1—车身底板 2—前柱 3—车顶
4—后柱 5—中柱 6—门槛板

(2) 车顶和天窗 车顶板是乘客舱顶部的盖板,通常焊接在立柱上。车顶板上可以装备天窗、换气窗或天线等,如图 2-11 所示。车顶主要由车顶板、车顶内衬和横梁(可能有前横梁、后横梁和加强筋)等组成,有的车型还备有车顶行李架。

图 2-11 车顶和天窗结构图

(3) 车门 车门通常由门皮、门内骨架、门板和内饰等部件组成,门皮、骨架和门板通常用点焊或粘接的方式接合在一起。为加强侧面抗碰撞强度,门内通常还设有防撞杆。车

37

门上通常装有车窗玻璃、玻璃升降器、门锁及相关电控装置、按钮和开关等。车门通过铰链与门柱相连,车门铰链通过螺栓或焊接方式固定在立柱和门框上。

1)车门的类型。车门主要可分为旋转式车门、推拉式车门、折叠式车门和上掀式车门等几类。

图 2-12 所示为旋转式车门,它是轿车、货车上使用的最为常见的一种车门类型。

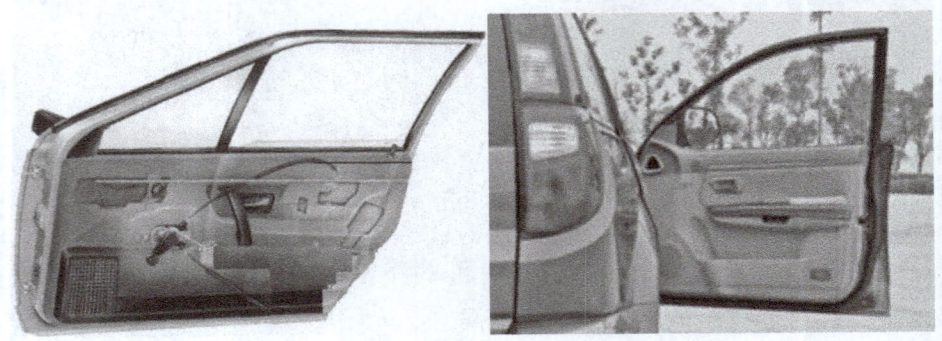

图 2-12　旋转式车门

推拉式车门仅仅适用于面包车、客车和部分厢式货车,它的支撑与滑动主要依靠安装在车门上、中、下的三个滑轨及与之配合的滚柱,如图 2-13 所示。

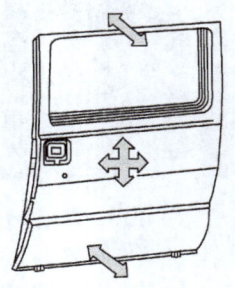

图 2-13　推拉式车门

折叠式车门广泛用于大、中型客车乘客门。启动方式普遍采用气动,如城市客车和长途客车等,如图 2-14 所示。

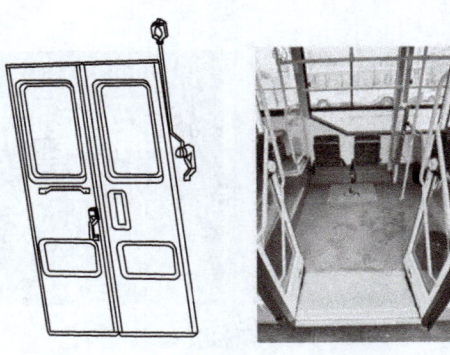

图 2-14　折叠式车门

上掀式车门广泛用于轿车、轻型商用汽车和救护车等的后门,便于装卸行李和物品等,如图 2-15 所示。

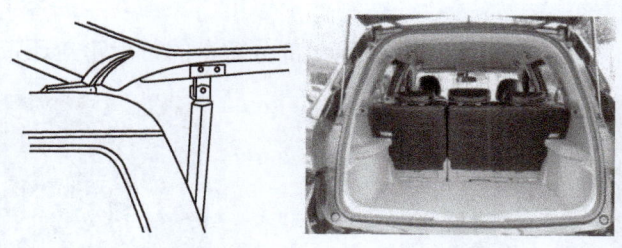

图 2-15 上掀式车门

2)车门的结构组成。车门及附件主要包括车门板、车门内饰板、车门密封条、车门铰链和车门锁总成等(图 2-16)。

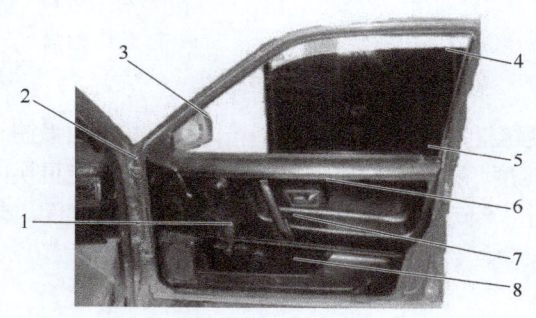

图 2-16 车门的结构组成
1—前车门摇窗机 2—前车门铰链 3—后视镜 4—车门玻璃 5—门锁锁定按钮
6—内拉手 7—内扶手 8—车门内饰板

3. 常见轿车后车身结构形式

轿车后车身是用于放置物品的部分,可以说是中间车身侧体的延长部分。后车身的很多构件与前车身相似,如纵梁、后减振器塔座、后翼子板、行李箱盖和后保险杠等,三厢式汽车的乘客室与行李箱是分开的,如图 2-17a 所示,而两厢式汽车的行李箱与乘客室合二为一,如图 2-17b 所示。

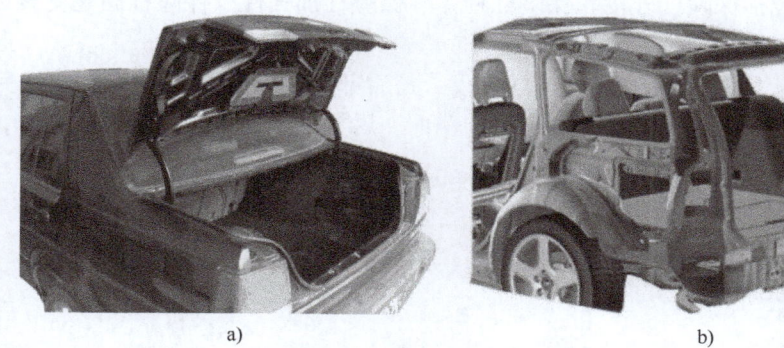

a) b)

图 2-17 后车身结构图
a)三厢式后车身 b)两厢式后车身

汽车钣金

轿车后车身主要由行李箱、行李箱盖、后保险杠和后翼子板等部件组成。汽车后车身零件结构如图 2-18 所示。

（1）行李箱和行李箱盖　轿车的行李箱盖主要由行李箱锁、行李箱盖板、行李箱铰链和行李箱密封条等零件组成，如图 2-19 所示，部分轿车的行李箱盖还带有车型品牌标识等。

图 2-18　汽车后车身零件结构　　　　　　　图 2-19　三厢式轿车行李箱和行李箱盖
1—行李箱盖　2—行李箱　3—后保险杠　4—后翼子板　　　1—行李箱盖锁　2—行李箱盖板　3—行李箱铰链
　　　　　　　　　　　　　　　　　　　　　　4—行李箱密封条　5—车型品牌标识

为了提高行李箱盖的强度和吸能效果，在行李箱内板上装有加强筋。行李箱盖的内外板件结构形式加大了钣金维修的难度，如果在事故中严重损坏，一般只能更换内外板件。行李箱盖以铰接方式连接在上部后盖板上。行李箱盖上通常留有安装后牌照的位置，有时还安装部分尾灯。

（2）后保险杠　后保险杠位于车身的尾部，起到装饰和防护车辆后部零件的作用，如图 2-20 所示。

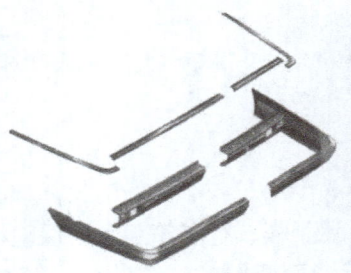 

图 2-20　后保险杠的结构

后保险杠主要包括保险杠外皮、保险杠杠体、保险杠加强件、保险杠固定支架以及保险杠装饰条等。

（3）后翼子板　后翼子板又称为后侧围板，是后部车身两侧的大块板件，从后车门向后一直延伸到后保险杠位置，构成后段车身的侧面。后翼子板通常以焊接方式固定，是后段车身中的重要构件。

任务实施

一、实施准备

1）场地。汽车一体化车间。
2）工量具。整车车辆若干。

二、车身结构认知

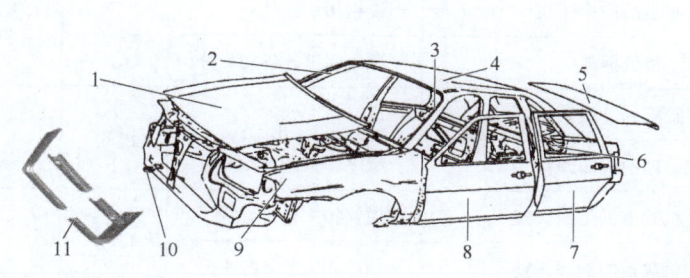

常见轿车车身总体结构组成
1—发动机舱盖
2—前柱
3—中柱
4—顶盖
5—行李箱盖
6—后翼子板
7—后车门
8—前车门
9—前翼子板
10—前围板
11—保险杠

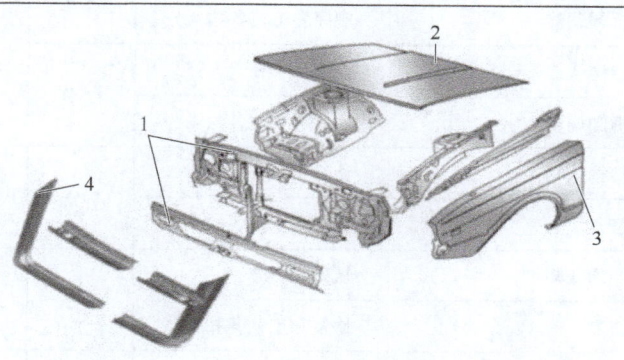

轿车前车身的组成
1—前围板
2—发动机舱盖
3—前翼子板
4—前保险杠

轿车中间车身的组成
1—车身底板
2—前柱
3—车顶
4—后柱
5—中柱
6—门槛板

常见轿车后车身的组成
1—行李箱盖
2—行李箱
3—后保险杠
4—后翼子板

检测评价

序号	作业项目	考核内容	评分细则	分值	得分
1	前翼子板的结构认知和拆装	前翼子板的结构认知	说错扣4分	12分	
		前翼子板的拆卸	顺序和工艺各扣4分		
2	前保险杠的结构认知和拆装	前保险杠的结构认知	说错扣4分	12分	
		前保险杠的拆卸调整	顺序和工艺各扣4分		
3	发动机舱盖的结构认知和拆装	发动机舱盖的结构认知	说错扣4分	12分	
		发动机舱盖的拆卸调整	顺序和工艺各扣4分		
4	车门的结构认知和拆装	车门的结构认知	说错扣4分	12分	
		车门的拆卸调整	顺序和工艺各扣4分		
5	立柱的结构认知和拆装	立柱的结构认知	说错扣4分	12分	
		立柱的拆卸调整	顺序和工艺各扣4分		
6	底板的结构认知和维修	底板的结构认知	认知扣3分	9分	
		底板的修复	修复和工艺各扣3分		
7	门槛的结构认知和维修	门槛的结构认知	认知扣3分	9分	
		门槛的修复	修复和工艺各扣3分		
8	行李箱盖的结构认知和拆装	行李箱盖的结构认知	说错扣3分	11分	
		行李箱盖的拆卸调整	顺序和工艺各扣4分		
9	后翼子板的结构认知和拆装	后翼子板的拆卸调整	说错扣3分	11分	
		后翼子板的修复	顺序和工艺各扣4分		
	合　计			100分	

课后测评

一、填空题

1. 车身按承载方式不同可分为_____、_____和_____。
2. 轿车车身可分为_____、_____和_____三部分，主要由_____、前柱、_____、_____、行李箱盖、_____和_____等部件组成。
3. 当汽车受到正向冲击时，_____能有效地吸收_____，因此，_____应具有足够的_____和合适的_____。
4. 轿车的发动机舱盖主要由_____、_____、_____和_____等部件组成。

5. 车门主要可分为_____车门、_____车门、_____车门和_____车门等几类。

二、选择题

1. 轿车_____主要由前翼子板、发动机舱盖及前保险杠等组成。（   ）
   A. 前车身　　　B. 中间车身　　　C. 后车身　　　D. 顶车身
2. 轿车_____主要由底板、门槛板、立柱、车门和车顶等结构件组成。（   ）
   A. 前车身　　　B. 中间车身　　　C. 后车身　　　D. 顶车身
3. 轿车_____主要由行李箱、行李箱盖、后保险杠和后翼子板等部件组成。（   ）
   A. 前车身　　　B. 中间车身　　　C. 后车身　　　D. 顶车身
4. _____位于车身的尾部，起到装饰和防护车辆后部零件的作用。（   ）
   A. 前保险杠　　B. 门槛板　　　C. 立柱　　　D. 后保险杠
5. _____通常由门皮、门内骨架、门板和内饰等部件组成。（   ）
   A. 翼子板　　　B. 车门　　　C. 保险杠　　　D. 行李箱盖

三、简答题

1. 简述保险杠拆装与调整的流程。
2. 简述发动机舱盖拆装注意事项。
3. 简述行李箱盖的安装与调整。

任务二　非承载式车身结构认知

任务目标

知识目标	熟悉轿车后车身相关构件的组成及相互间的位置关系
技能目标	会进行轿车后车身各部件的拆装和调整

任务描述

车身和汽车上所有主要零部件都固定安装在车架上，因此，车架必须有足够的强度承受汽车运行时的各种载荷，甚至在发生碰撞时，仍能保持汽车其他部件的正常位置。

知识储备

非承载式车身又称为车架式车身，其典型特征是在车身下面有一个车架结构，车身壳体通过螺栓安装在车架上，发动机、变速器和悬架等大总成也安装在这个车架上。这些大总成的重量和地面冲击力主要由高强度的车架承载，而不是直接作用在车身上。在发生碰撞事故时，碰撞力可能会先作用在车架上，然后再向车身传递。为了降低路面噪声，缓冲振动，提高舒适性，往往在车架与车身之间、车架与发动机和变速器之间安装一些橡胶衬垫。当前，非承载式车身在轿车上已很少应用，而主要用在一些 SUV、大客车和载货汽车上，如图 2-21 所示。

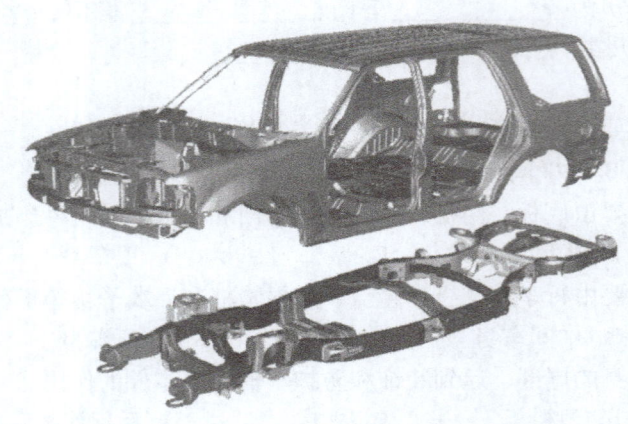

图 2-21 非承载式车身

车架通常是由高强度槽钢或箱型构件制成的,上面固定了一些横梁、支架和拉杆,用于安装汽车底盘部件,横梁、支架和拉杆通常是焊接、铆接或用螺栓联接到车架纵梁上的。

一、非承载式车身结构特点

1)车架式车身结构(图 2-22)的承载能力通常比承载式车身高,因此车架式车身主要应用在 SUV、载货汽车、大客车和大货车上。

2)采用车架式车身的车辆离地间隙相对较大一些,而且车身底板下面有厚重的车架保护着,因此适用于越野车。

3)车架有吸收路面振动的作用,而且车身与车架之间通常安装了一些橡胶衬垫,因此乘坐起来更加平稳、安静和舒适。

4)在发生碰撞事故时,大部分碰撞能量将由车架吸收,因此可有效保护乘员安全,车身损伤相对较小一些。

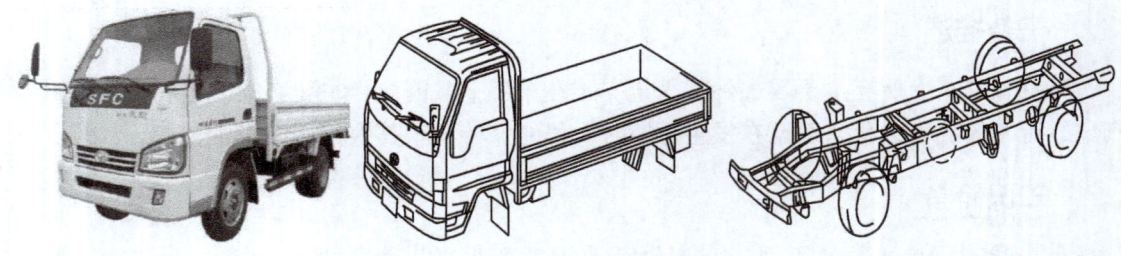

图 2-22 车架式车身结构

二、非承载式车身分类

车架式车身有梯形车架、X 形车架、脊背式车架、框式车架和桁架式车架等形式。

1. 梯形车架

梯形车架也叫作边梁式车架(图 2-23)。

项目二　汽车车身结构及材料认知

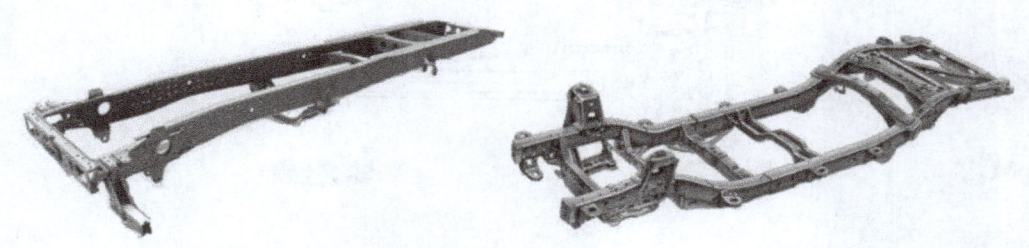

图 2-23　梯形车架

梯形车架由两根位于两边的纵梁和若干根横梁组成，用铆接法或焊接法将纵梁与横梁连接成坚固的刚性构架。

梯形车架的特点是强度好，由于舒适性差，现在在轿车上基本不用，但在载货车辆上是最常见的车架类型。

2. X 形车架

X 形车架是在脊背式车架基础上改进而来的。其中间窄、刚性好，可以提高车架的扭转刚度，对于短而宽的车架，效果尤为显著，一般只用于轿车车架，如图 2-24 所示。

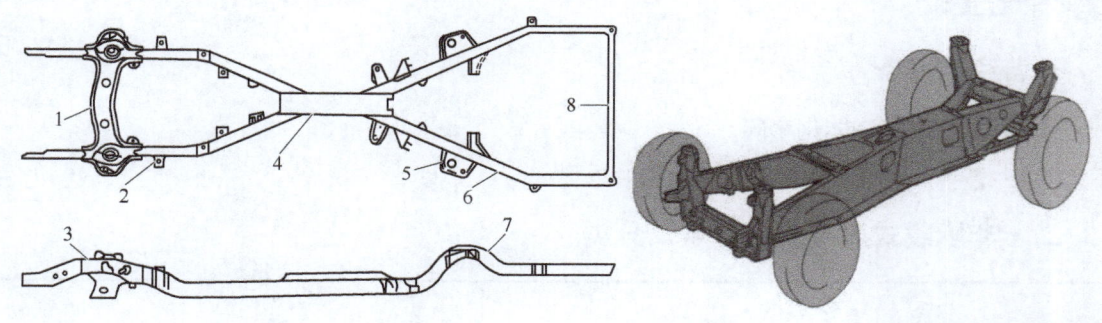

图 2-24　X 形车架

1—前横梁　2、5—车身托架　3—前上弯车架　4—管状中心段　6—纵梁　7—后上弯车架　8—后横梁

由于这种车架中间窄、前后宽、侧面保护性不强，具有较高的抗扭曲性，现在已经基本不再使用。

3. 脊背式车架

脊背式车架（图 2-25）最大的特征是一根位于中央贯穿前后的纵梁，传动轴和管路是封闭在中间大梁中的，中间大梁构成车辆的主干。

4. 框式车架

框式车架的纵梁在其最大宽度处支撑着车身，在车身受到侧向冲击时可为乘客提供保护，受到侧向冲击安全性好。

目前所使用的大多数车架都是框式车架（图 2-26）。

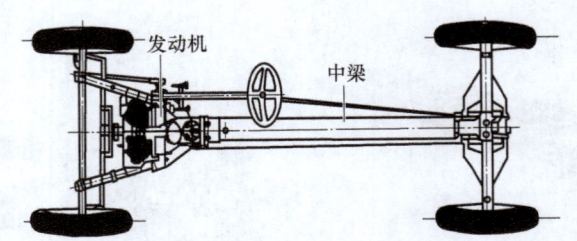

图 2-25 脊背式车架

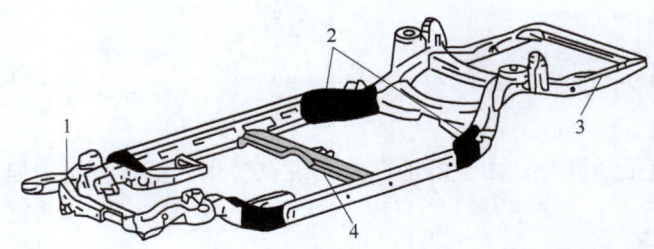

图 2-26 框式车架

1—前车架梁 2—扭力箱 3—后车架梁 4—中车架梁

任务实施

一、实施准备

1）场地。汽车一体化车间。
2）工量具。各类车身若干。

二、非承载式车身结构特点及分类

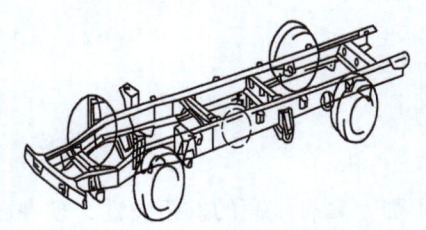	非承载式车身结构特点 1. 承载能力通常比承载式车身高 2. 车身的车辆离地间隙相对大 3. 车架有吸收路面振动的作用 4. 发生事故，车架吸能，可有效保护乘员
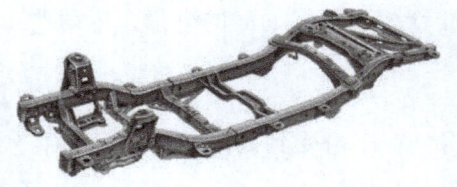	非承载式分类 1. 梯形车架 也叫边梁式车架。特点是强度好，由于舒适性差，现在轿车上基本不用，但在载货车辆上是最常见的车架类型

（续）

	**2. X形车架** X形车架是在脊背式车架基础上改进而来的。由于这种车架中间窄、前后宽、侧面保护性不强，具有较高的抗扭曲性，现在已经基本不再使用
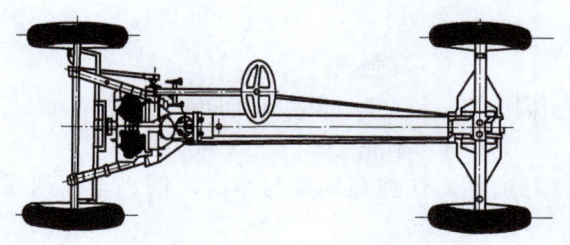	**3. 脊背式车架** 脊背式车架最大的特征是一根位于中央贯穿前后的纵梁，传动轴和管路是封闭在中间大梁中的，中间大梁构成车辆的主干
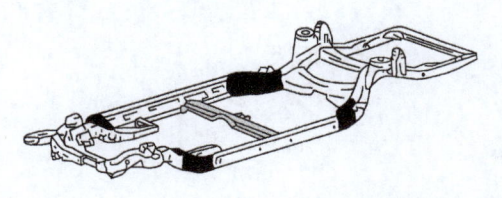	**4. 框式车架** 框式车架的纵梁在其最大宽度处支撑着车身，在车身受到侧向冲击时可为乘客提供保护，受到侧向冲击安全性好

检测评价

序号	作业项目	考核内容	评分细则	分值	得分
1	梯形车架认知	特点	表述清楚	15分	
		应用场合	分析到位	15分	
2	X形车架认知	特点	表述清楚	15分	
		应用场合	分析到位	15分	
3	框式车架认知	特点	表述清楚	20分	
		应用场合	分析到位	20分	
		合计		100分	

课后测评

一、填空题

1. 车架式车身有_____、_____、_____、_____

和_____等形式。

2. 车架必须有足够的_____承受汽车运行时的各种_____，甚至在发生碰撞时，仍能保持汽车其他部件的_____。

3. 在发生碰撞事故时，大部分碰撞能量将由_____吸收，因此可_____，车身损伤相对较小一些。

4. _____的纵梁在其最大宽度处支撑着车身，在车身受到_____冲击时可为乘客提供保护，受到侧向冲击_____。

二、选择题

1. 大总成的重量和地面冲击力主要由_____的车架承载，而不是直接作用在车身上。（　　）

   A. 低强度　　　　　B. 中强度　　　　　C. 高强度

2. 在发生碰撞事故时，碰撞力可能会先作用在_____上，然后再向车身传递。（　　）

   A. 车身　　　　　　B. 车架　　　　　　C. 车底

3. 为了降低路面噪声，缓冲振动，提高舒适性，往往在车架与车身之间、车架与发动机和变速器之间安装一些橡胶_____。（　　）

   A. 塑料　　　　　　B. 衬垫　　　　　　C. 泡沫

4. _____中间窄、刚性好，可以提高车架的扭转刚度，对于短而宽的车架，效果尤为显著，一般只用于轿车车架。（　　）

   A. 梯形车架　　　　B. X形车架　　　　C. 框式车架

三、简答题

1. 简述非承载式车身的结构特点。
2. 简述框式车架的特点。

任务三　汽车钣金常用的金属材料认知及使用

任务目标

知识目标	1）了解汽车上常用的金属材料 2）掌握汽车上常用金属材料的识别
技能目标	能识别汽车常用的金属材料。

任务描述

汽车车身由于外形、安全性能的要求不同，广泛采用金属材料，这些材料具有较好的使用性、工艺性和经济性。通过本任务学习，要求学生能理解汽车上常用金属材料的相关内容，掌握汽车上常用金属材料的识别。

知识储备

汽车钣金常用的金属材料分为黑色金属和有色金属两大类。其中黑色金属约占汽车车身钣金材料90%以上，其他材料仅占不到10%。黑色金属即铁碳合金，按含碳量高低的不同可分为低碳钢、中碳钢和高碳钢三类，按材料的断面形状可分为板材、型钢、管材和线材四类，有色金属包括铜及铜合金、铝及铝合金等。

一、黑色金属

1. 板材

板材按其厚度不同可分为薄钢板和厚钢板两类。通常薄钢板是指厚度在4mm以下的钢板，按其材料性质又分为普通薄钢板和镀层薄钢板两种；而在4mm以上的钢板属于厚钢板。按轧制方法分为热轧钢板和冷轧钢板两类，热轧钢板是指在800℃以上的高温下轧制的钢板；冷轧钢板是指由热轧钢板经过酸洗后冷轧变薄，并经过退火处理得到的钢板。

（1）普通薄钢板　这类板材是经冷轧或热轧获得的，冷轧薄钢板具有较好的塑性和韧性，适宜弯曲拉伸，不易断裂；而热轧薄钢板塑性和强度适中，但延伸性差，容易开裂。

（2）镀层薄钢板　镀层薄钢板是在冷轧或热轧薄钢板的表面镀一层有色金属膜而成，按镀层材料不同又可分为镀锌薄钢板、镀锡薄钢板和镀铅薄钢板等。

镀锌薄钢板具有耐蚀性好及表面美观的特征：其表面发白，分平光和花纹两种。镀锡薄钢板也称为马口铁，表面电镀一层锡，呈银白色。这两种镀层板耐蚀性能好，表面美观，对人体无毒害作用，可以制作一些日用器具。镀铅薄钢板也叫作白铅板，耐蚀性能极强，最适合做一些耐酸容器，如汽车燃油箱（图2-27）和储油器等。但因铅有毒，不适合制作食品容器及经常与人体接触的器具。

2. 型钢

型钢有很多种类，汽车上最常用的是槽钢。槽钢可分为热轧槽钢、热轧轻型槽钢和普通低合金结构钢轻型槽钢三大类，槽钢的断面形状如图2-28所示。槽钢常用在汽车梁、柱及车辆底盘中等。

图2-27　镀铅薄钢板汽车燃油箱

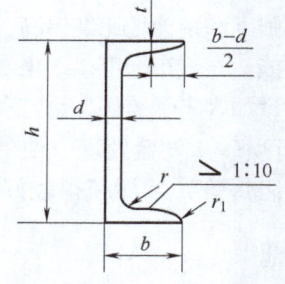

图2-28　槽钢的断面形状

二、有色金属

有色金属板材是指除钢铁材料以外的其他金属及其合金的板材，外观上大都有不同的色泽，其物理、化学及力学性能各异。有色金属板材和黑色金属板材一样，都是汽车钣金构件中不可缺少的材料，主要有铜板和铝板两大类。

1. 铜板类

常用的铜板类钣金材料主要是薄铜板，它又可分为冷轧纯铜板和冷轧铜合金板两种。

（1）**纯铜薄板**　纯铜薄板的外表颜色呈紫红色，又称为紫铜板。纯铜薄板具有良好的导电性、导热性、耐蚀性和塑性，但抗拉强度较低，适于压力加工。在汽车上主要用于制作气缸垫、进（排）气歧管垫片、轴承垫片和制动管、散热气管等，如图2-29所示。

（2）**铜合金薄板**　铜合金薄板主要指黄铜板，它塑性较好，比纯铜强度高，价格低廉，适于各种成形加工和手工制作的各种钣金零件，纯铜和黄铜焊接性好，可进行气焊和钎焊操作。在汽车上主要用于制作散热器和暖风散热管等，如图2-30所示。

图2-29　纯铜薄板气缸垫

图2-30　铜合金薄板汽车散热器

2. 铝板类

汽车上常用的铝板有纯铝板和铝合金板两种。

（1）**纯铝板**　纯铝板外表呈银白色，如图2-31所示。其熔点低、密度小，具有良好的塑性、导电性、导热性和耐蚀性。在汽车上主要用于制作耐腐蚀容器、油桶和各种形状的拉伸件和弯曲件。但纯铝板抗拉强度较低，不宜制作大载荷构件。

（2）**铝合金板**　铝合金板是在纯铝中加入硅、锰、铜、镁等合金元素轧制而成的，可分为防锈板、硬铝板和一般板等。其强度和耐蚀性比纯铝高，并保持了高塑性等原有的良好性能，在汽车上可以用来制作较重要的拉伸件和各种钣金件，如客车覆盖件、铆钉和装饰件等。

图2-31　纯铝板

铝材可进行喷砂、发蓝处理，使外观更美观。但它的焊接性较差，只能采用特定的工艺（如氩弧焊、电阻焊等）才能获得较好的焊接效果。

任务实施

一、实施准备

1）场地。汽车一体化车间。

2）工量具。工具车、汽车常用的金属材料、工作台。

3）耗材。润滑脂、液压油、抹布等常用耗材。

二、黑色金属的认知

1. 碳钢

碳钢因其冶炼方便、加工容易、价格便宜，性能可以满足一般工程使用要求，所以是汽车工业用材的主体，如图2-32所示。

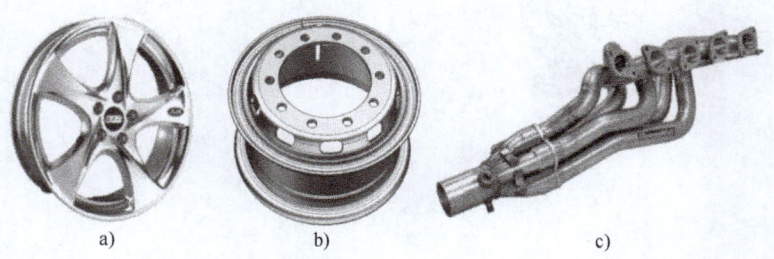

图2-32　各类碳钢
a）轮辐　b）轮辋　c）消声器

2. 合金钢

在碳钢的基础上，为了获得某种特定的性能，有目的地加入一种或多种元素的钢，加入的元素称为合金元素，如图2-33所示。

3. 铸铁

铸铁的抗拉强度、塑性和韧度远不如钢。当铸铁承受压缩载荷时，具有较高的抗压强度，如图2-34所示。

图2-33　合金钢

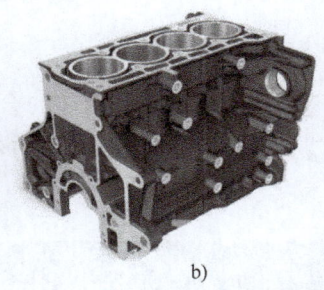

图2-34　铸铁
a）飞轮　b）缸体

三、有色金属的认知

1. 铝合金

汽车用铝合金密度小，耐蚀性好，加工性好，能进行表面处理，导热（电）性能好，强度高，低温性能好，反射性强，无磁性，无毒，容易再生。发动机的活塞和部分连杆等用铝合金制成，如图 2-35 所示。

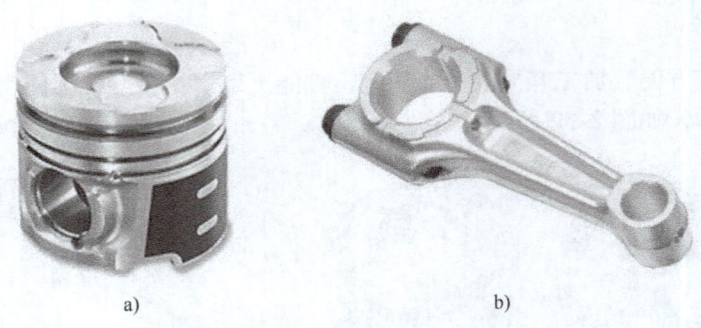

图 2-35　铝合金
a）活塞　b）连杆

2. 铜合金

铜合金是在纯铜中加入相关元素，可分为黄铜、青铜和白铜，如图 2-36 所示。

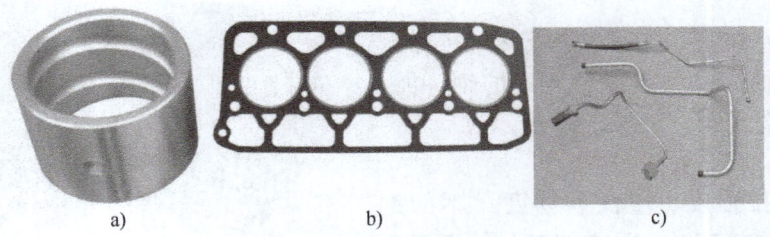

图 2-36　铜合金
a）转向节衬套　b）气缸垫　c）铜制油管

3. 镁合金

镁合金是以镁为基加入其他元素组成的合金。镁合金具有密度小、比强度高、散热好、消振性好和承受大等特点，如图 2-37 所示，气门室罩盖和汽车轮毂均采用镁合金制成。

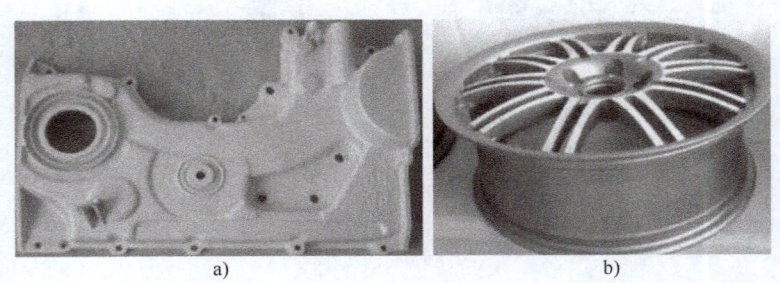

图 2-37　镁合金
a）气门室罩盖　b）汽车轮毂

项目二 汽车车身结构及材料认知

检测评价

考核内容	评分细则	分　值	得　分
识别汽车上常用的金属材料	位置正确	40 分	
	识别正确	60 分	
合　计		100 分	

课后测评

一、填空题

1. 汽车车身由于外形、_____的要求不同，广泛采用金属材料，这些材料具有较好的_____性、_____性和_____性。
2. 汽车钣金常用的金属材料分为_____金属和_____金属两大类。
3. 黑色金属板材按其厚度不同可分为_____钢板和_____钢板两类。
4. 黑色金属即_____，按_____高低的不同可分为_____碳钢、_____碳钢和_____碳钢三类，按材料的断面形状可分为_____、_____、_____和_____四类。
5. 纯铜薄板的外表颜色呈_____色，又称为紫铜板。纯铜薄板具有良好的_____性、_____性、_____性和塑性，但_____较低，适于压力加工。

二、选择题

1. _____具有较好的塑性和韧性，适宜弯曲拉伸，不易断裂；而热轧薄钢板塑性和强度适中，但延伸性差，容易开裂。　　　　　　　　　　　　　　　　　　（　　）
   A. 冷轧薄钢板　　　　　　B. 热轧薄钢板　　　　　　C. 镀锌薄钢板
2. _____具有耐蚀性好及表面美观的特征。　　　　　　　　　　　　　（　　）
   A. 冷轧薄钢板　　　　　　B. 热轧薄钢板　　　　　　C. 镀锌薄钢板
3. _____主要指黄铜板，它塑性较好，比纯铜强度高，价格低廉，适于各种成形加工和手工制作各种钣金零件。　　　　　　　　　　　　　　　　　　　　（　　）
   A. 冷轧薄钢板　　　　　　B. 铜合金薄板　　　　　　C. 镀锌薄钢板
4. _____外表呈银白色，其熔点低、密度小，具有良好的塑性、导电性、导热性和耐蚀性。　　　　　　　　　　　　　　　　　　　　　　　　　　　　　（　　）
   A. 纯铝板　　　　　　　　B. 铝合金板　　　　　　　C. 合金铝板

三、简答题

1. 简述黑色金属的分类及在汽车上的应用。
2. 简述有色金属板材的分类及应用。
3. 简述铝合金板的特点及在汽车上的应用。

任务四　汽车钣金常用的非金属材料认知及使用

任务目标

知识目标	1）了解汽车上常用的非金属材料 2）掌握汽车上常用非金属材料的识别
技能目标	能识别汽车常用的非金属材料

任务描述

在汽车的结构材料中，除了金属材料外，为了减轻车身的自身重量，一些非金属材料也越来越多地使用到车身上。通过本任务学习，要求学生能理解汽车上常用非金属材料的相关内容，掌握汽车上常用非金属材料的识别。

知识储备

汽车上非金属材料的种类很多，主要包括塑料、橡胶和玻璃等几大类。

一、塑料

1. 塑料的种类

塑料的种类很多，目前，被广泛运用于汽车的主要是热固性塑料和热塑性塑料两大类（图2-38、图2-39）。

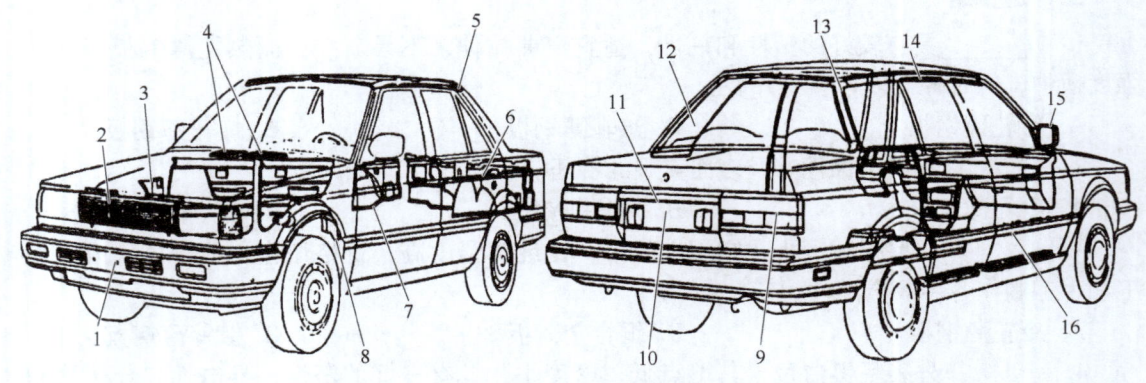

图2-38　现代汽车外部塑料件

1—前保险杠外皮（PP或PUR）　2—散热器格栅（ABS）　3—前围侧板面层（PP）　4—前围上盖板格栅面层（AAS）
5—后窗贴边（PP）　6—行李箱面层（PP）　7—后车轮罩覆盖层（PP）　8—前翼子板防护层（PE）
9—后组合灯镜面（PMMA）　10—后板面层（ABS）　11—行李箱盖面层（ABS）　12—后立柱面层（PP）
13—风窗立柱覆盖层（PP）　14—上风窗贴边（PP）　15—后视镜（PP或ABS）　16—车门防护条（PVC）

（1）热固性塑料　热固性塑料以液体的形式存在，在加热和使用催化剂或紫外线的照射下，它会发生化学反应，固化后一次成型，如再次加热或使用催化剂，这种树脂本身不再

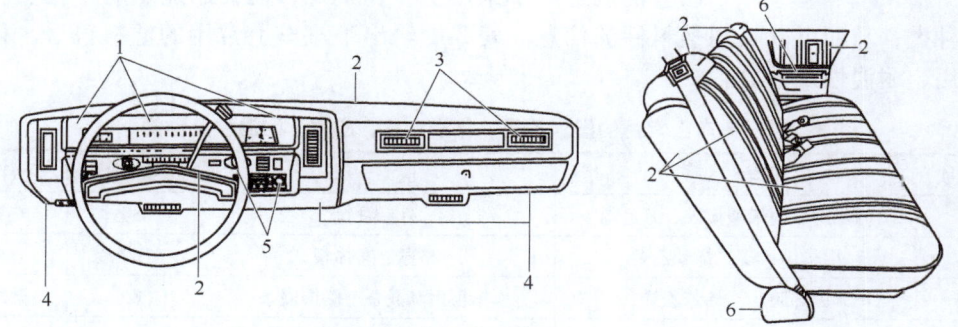

图 2-39 现代汽车内部装备常用塑料件
1—ABS 2—乙烯树脂 3—ABS 或聚丙烯 4—聚丙烯或金属 5—镀铬 ABS 6—聚丙烯

熔化或溶解，也不再变形。这类塑料耐热性好，但力学性能较差，不能进行焊接。但可用黏结剂进行黏合，因而热固性塑料在汽车上的使用较少。

（2）热塑性塑料 热塑性塑料是最为常见的树脂，当树脂受热后会发生软化，冷却时树脂会固化。这种塑料可以多次重复加热软化再成型，反复塑制，其化学成分不会发生变化。这种树脂的性能与蜡烛类似。热塑性塑料成型方便，力学性能较好，但耐热性较差，容易变形，可以进行焊接。

2. 塑料的特性

塑料具有以下几种特性：

1）重量轻。
2）防振动和噪声性能好。
3）传热困难，不积累热量。
4）不导电。
5）在热量和压力下易成型。
6）透明和半透明，可以着想要的颜色。
7）弯曲性小。
8）受热伸长，大约是金属的 2~20 倍。
9）吸收水或溶剂时性能和尺寸变化（易受水、油、氧和溶剂影响）。

3. 塑料鉴别方法

由于塑料有热固性和热塑性两类，因此在对塑料件进行修理前，首先应鉴别所修塑料件的类别。具体方法如下：

（1）采用国际鉴别符号 ISO 识别码 ISO 识别码一般都模压在塑料件背面的一个椭圆形区域内，目前绝大多数汽车制造厂都使用这种识别码。用这种方法比较规范，但识别时比较麻烦，通常要把零件拆下来才能看到。图 2-40 所示为轮胎罩内装饰板塑料件识别码。

图 2-40 轮胎罩内装饰板塑料件识别码

（2）查阅车身修理手册　有的制造厂不采用 ISO 识别码，但在制造手册中说明所使用的塑料种类，从而可以查到塑件的信息。表 2-1 给出了汽车上常用的塑料符号、化学名称、应用、耐温性及种类。

表 2-1　汽车上常用的塑料符号、化学名称、应用、耐温性及种类

符　　号	化学名称	应　　　用	耐温性/℃	塑料种类
AAS	丙烯腈、丙烯酸橡胶、苯乙烯	外后视镜	80	热塑性
ABS	丙烯腈、丁二烯苯乙烯	格栅、车体板	80	热塑性
AES	丙烯腈、乙烯苯乙烯	车顶雨滴嵌条、侧饰嵌条	80	热塑性
PC	聚碳酸酯	前照灯、格栅、仪表板	160	热塑性
PE	聚乙烯	阻流板、内装饰板	80	热塑性
PMMA	聚甲基丙烯酸甲酯有机玻璃	后组合灯	80	热塑性
PP	聚丙烯	保险杠	80	热塑性
PUR	热固性聚氨酯	保险杠	80	热固性
PVC	聚氯乙烯	内装饰板、软垫板	80	热塑性
TSOPTPO	超级聚烯烃	保险杠	80	热塑性
TPU	热塑性聚氨酯	大的侧保险嵌条、前翼子板、挡泥板	80	热塑性

（3）试焊试验　对一些既没有 ISO 识别码，又无法在手册中查到塑料件的类型，可采用试焊试验。试焊时可试用几种焊条，在待修零件的隐蔽部位或损伤处进行试焊，如图 2-41 所示。由于焊条均采用颜色编码，若其中有一种能够粘着，那么通过焊条的颜色即可鉴别出母材的材料类型。也可以在同类型损坏的塑料件上切下一块，然后用这块塑料作为焊条进行焊接。

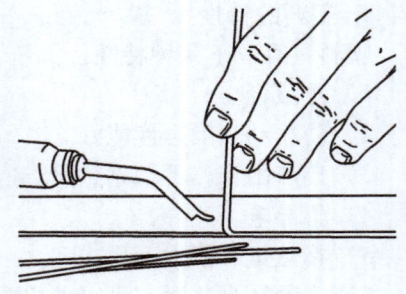

图 2-41　试焊试验

（4）漂浮试验　从塑料件上剪切一块塑料，放到一桶水中，看它是漂浮水面还是沉入水底。如果浮在水面，就是热塑性塑料；如果沉在水底，就是热固性塑料。

二、橡胶

为了减振、防止灰尘侵入车厢，在车身许多部位都使用了橡胶制品，如橡胶密封垫、橡胶密封条、风扇传动带和汽车轮胎等。橡胶是一种有机高分子材料，具有弹性大、热可塑性好等特点。如汽车车门上的密封条与车门门框紧密贴合，可防水、防灰尘，起到密封作用，如图 2-42 所示。

三、玻璃

目前，汽车上使用的玻璃都是安全玻璃，主要有钢化玻璃、局部钢化玻璃和层压安全玻璃三类。

1. 钢化玻璃

钢化玻璃一般不作为前风窗玻璃，主要用于其他车窗玻璃，这是因为钢化玻璃在受撞破

裂后,形成的玻璃碎片会很小且呈现粒状结构。玻璃表面形成许多细密的条纹,阻碍驾驶人的视线,如图 2-43 所示。

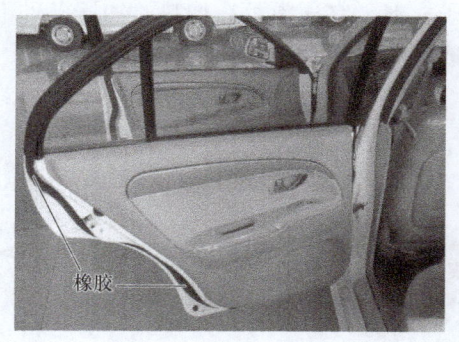

图 2-42　车门橡胶条

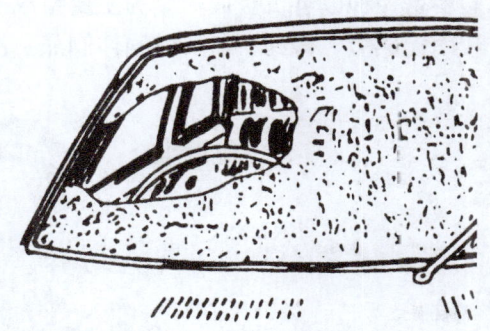

图 2-43　钢化玻璃

2. 局部钢化玻璃

为了防止钢化玻璃碎裂时产生裂纹,在玻璃加工上采用特殊的处理工艺,即将玻璃部分进行淬火处理,由此就产生了局部钢化玻璃,如图 2-44 所示。所谓局部钢化玻璃是通过加工,使同一块玻璃的各个部位获得不同的冷却程度,即在驾驶人主视线范围内不做淬火处理,其余部分则与钢化玻璃处理相同,从而避免了当玻璃破裂时对驾驶人视线的阻碍。

3. 层压安全玻璃

层压安全玻璃适用于所有的汽车车窗,它是在两块或三块薄玻璃板中间夹入一层透明塑料薄膜组合而成,塑料薄膜透明不妨碍视线。当这种玻璃受到冲击时,破碎的玻璃利用塑料膜能够粘连在一起防止伤人。层压安全玻璃的破碎情况如图 2-45 所示。

图 2-44　局部钢化玻璃

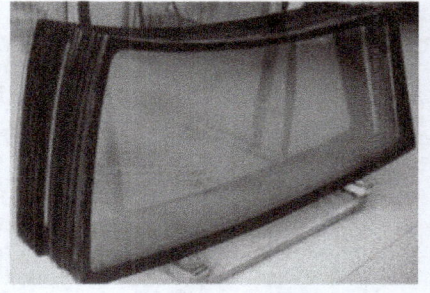

图 2-45　层压安全玻璃的破碎情况

任务实施

一、实施准备

1)场地。汽车一体化车间。
2)工量具。工具车、汽车常用的非金属材料、工作台。
3)耗材。润滑脂、液压油、抹布等常用耗材。

二、塑料件的认知

塑料是一种以有机合成树脂为主要组成的高分子材料，它通常可在加热、加压条件下被塑造或固化成型，得到所需要的固体制品。汽车总成相关塑料部件如图 2-46 所示。

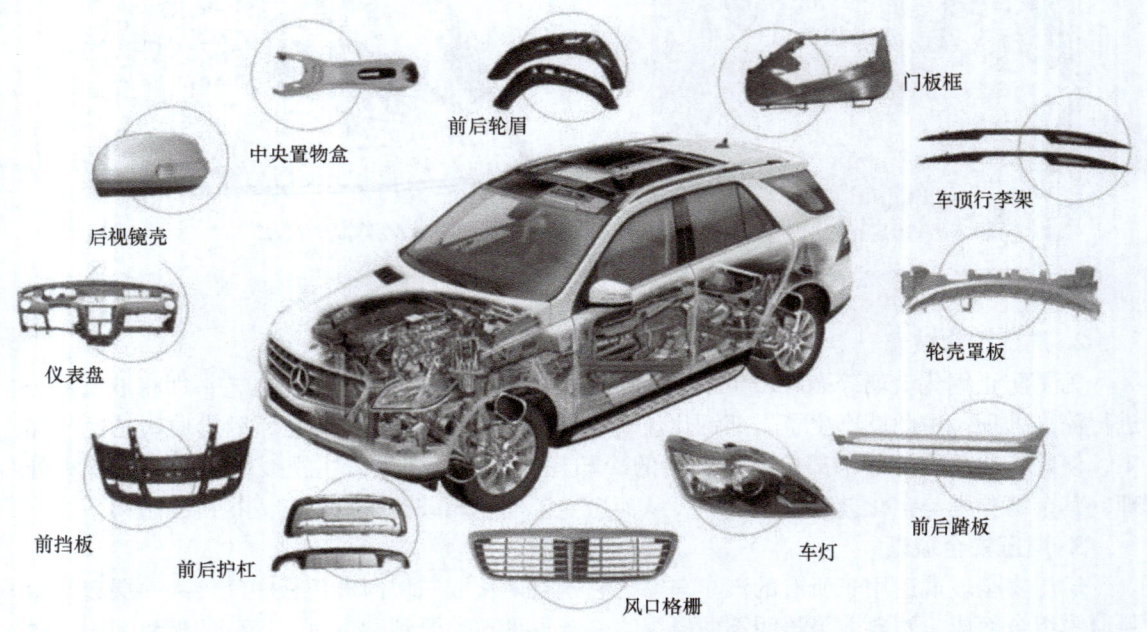

图 2-46　汽车总成相关塑料部件

三、橡胶件的认知

车用的橡胶材料有天然橡胶、合成橡胶和再生胶。橡胶材料在汽车上应用广泛，如汽车轮胎、减振元件和油封等，如图 2-47 所示。

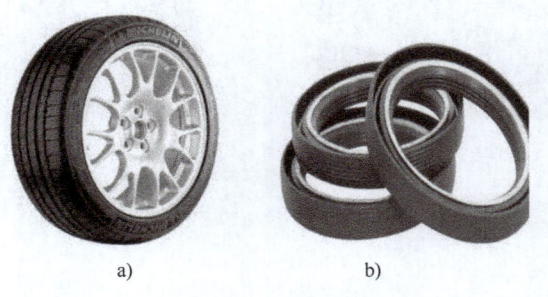

图 2-47　车用橡胶件
a) 汽车轮胎　b) 油封

四、玻璃件的认知

汽车玻璃主要起到防护作用，可分为夹层玻璃、钢化玻璃和区域钢化玻璃，能承受较强的冲击力，如图 2-48 所示。

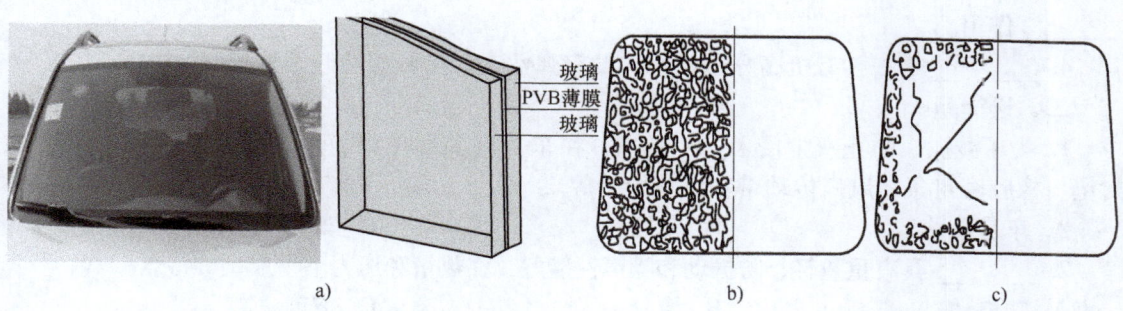

图 2-48 车用玻璃类型
a) 夹层玻璃　b) 钢化玻璃　c) 区域钢化玻璃

根据所在的位置分为前风窗玻璃、侧窗玻璃、后风窗玻璃和天窗玻璃等类型，如图 2-49 所示。

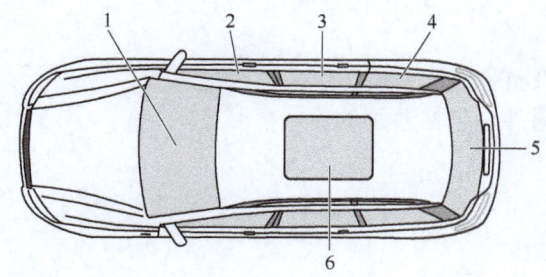

图 2-49 按车用玻璃所在的位置分类
1—前风窗玻璃　2—前车窗玻璃　3—后车窗玻璃　4—三角窗玻璃　5—后风窗玻璃　6—天窗玻璃

检测评价

序　号	考核内容	评分细则	分　值	得　分
1	识别汽车上常用的非金属材料	位置正确	20 分	
		识别正确	30 分	
2	鉴别塑料部件的种类	方法正确	20 分	
		结论正确	30 分	
合　计			100 分	

课后测评

一、填空题

1. 塑料的种类很多，被广泛运用于汽车的主要是_____塑料和_____塑料两大类。
2. 汽车上使用的玻璃都是安全玻璃，主要有_____玻璃、_____玻璃和_____玻璃三类。

3. 汽车车门上的密封条与车门门框紧密贴合，可_____、防_____，起到_____作用。

4. _____是一种有机高分子材料，具有弹性大、热可塑性好等特点。

二、选择题

1. 为了减振、防止灰尘侵入_____，在车身许多部位都使用了橡胶制品，如橡胶密封垫、橡胶密封条、风扇传动带和汽车轮胎等。（   ）
   A. 车身　　　　　　　　B. 车厢　　　　　　　　C. 车底

2. _____具有重量轻、防振动和噪声性能好，在热量和压力下易成型等特点。（   ）
   A. 塑料　　　　　　　　B. 橡胶　　　　　　　　C. 玻璃

3. 当_____受到冲击时，破碎的玻璃利用塑料膜能够粘连在一起防止伤人。（   ）
   A. 层压玻璃　　　　　　B. 钢化玻璃　　　　　　C. 局部钢化玻璃

4. 为了防止钢化玻璃碎裂时产生裂纹，在玻璃加工上采用特殊的处理工艺，即将玻璃部分进行淬火处理，由此就产生了_____。（   ）
   A. 层压玻璃　　　　　　B. 钢化玻璃　　　　　　C. 局部钢化玻璃

三、简答题

1. 简述塑料的分类及特性。
2. 进行修理前，塑料件是怎样鉴别的？

项目三

汽车钣金手工成形及放样展开工艺

项目描述

手工成形是采用必要的各种各样的工具，通过简单的胎型，手工操作将材料加工成所需要的形状。随着生产规模的不断扩大和科学技术的进步，大多数的成形工艺是通过机械成形来完成的，手工成形往往只作为补充加工或修整工作。但在汽车钣金维修作业中，经常遇到一些残损或需要重新制作镶补的钣金件，特别是车辆碰撞及翻车造成的损伤，这些零部件的成形多靠手工操作来完成。

任务一　弯曲及拱曲

任务目标

知识目标	1）知道弯曲和拱曲的原理及应用场合 2）熟练掌握弯曲和拱曲的操作工艺方法
技能目标	1）能正确进行弯曲和拱曲操作 2）会将弯曲及拱曲在车身上进行运用

任务描述

手工弯曲和拱曲是指用手工操作将金属材料沿直线或曲线弯曲成一定角度或弧度的工艺过程。手工弯曲是汽车钣金维修最基本的操作方法之一。弯曲在汽车维修中占有较大的比重，如发动机舱盖、翼子板和汽车保险杠等零部件的制作过程中都有弯曲工艺。

知识储备

一、弯曲

1. 定义

弯曲指用手工操作将金属材料沿直线或曲线弯曲成一定角度或弧度的工艺过程。

2. 弯曲变形的特点

1）变形区域是圆角部分，平直区域基本不变形。变形区域的内层受压缩，外层受拉伸，而中性层长度基本不变，如图 3-1 所示。

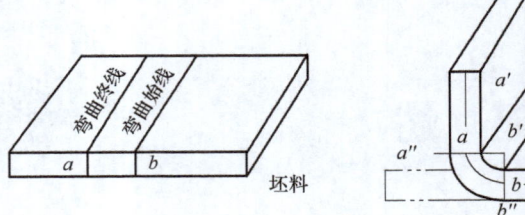

图 3-1　工件弯曲变形示意图

2）最小弯曲半径 $R_{\min}$。定义：指弯曲零部件的内弯曲半径所允许的最小值，与材料、热处理、弯曲线与纤维方向的夹角有关系。

影响因素：材料的塑性、材料的热处理方式、弯曲变形的程度和弯曲线方向。

3）弯曲件的回弹。定义：当弯曲零部件从模具中被取出后由于弹性变形的恢复，使工件产生角度和弯曲半径变化的现象，如图 3-2 所示。

板料弯曲是钣金成形基本操作工艺，弯曲形式一般有两种，即角形弯折和弧形弯曲。

3. 角形弯折

角形弯折是指板料角形弯折后出现平直的棱角。弯折前，板料根据零件形状划线下料，并在弯折处划出折弯线，一般折弯线划在折角内侧。

如果零件尺寸不大，折弯工作可在台虎钳上进行。将板料夹持在台虎钳上，使折弯线恰好与

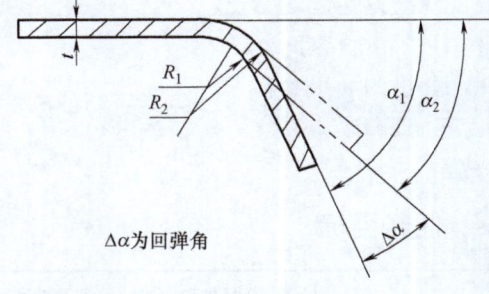

图 3-2　工件弯曲回弹示意图

钳口衬铁对齐，夹持力度合适。当弯折工件在钳口以上较长或板料较薄时，应用左手压住工件上部，用木锤在靠近弯曲部位轻轻敲打，如图 3-3 所示。如果敲打板料上方，易使板料翘曲变形。

若板料在钳口以上部分较短，可用硬木垫在弯角处，再用力敲打硬木，如图 3-4 所示。

如果钳口宽度较零件宽度小，可借助夹持工具完成，如图 3-5 所示。

当弯成各种形状工件时，可借助木垫或金属垫等作为辅助工具。

（1）弯 S 形件　其操作顺序如图 3-6 所示。依划线夹持板料，弯成 α 角，然后将方衬垫垫入 α 角，再弯折 β 角。

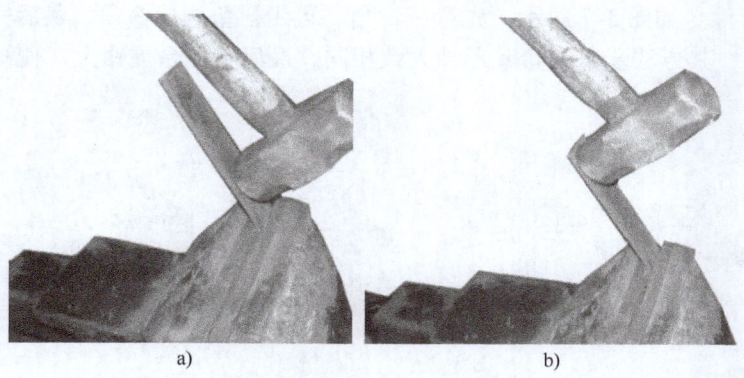

图 3-3 当弯折工件在钳口以上较长或板料较薄时的弯折操作
a)弯折正确操作 b)弯折错误操作

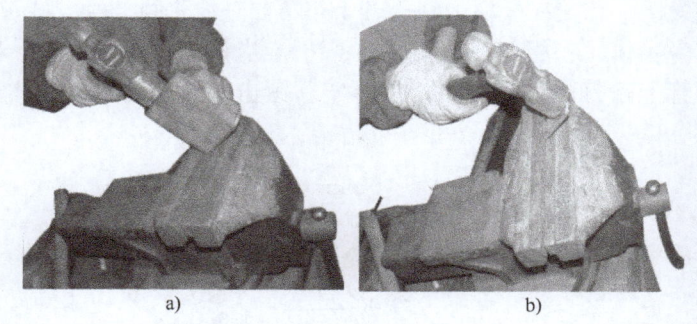

图 3-4 当弯折工件在钳口以上较短时的弯折操作
a)弯折正确操作 b)弯折错误操作

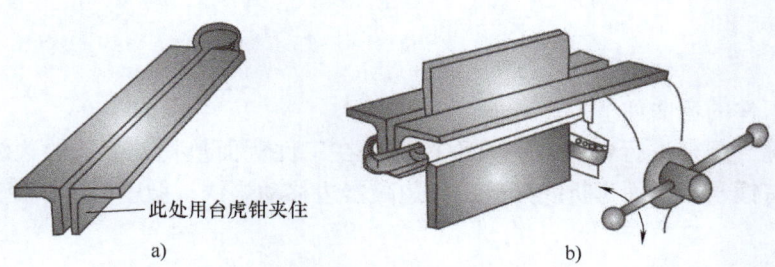

图 3-5 当弯折工件在钳口上宽度较长时的弯折操作
a)弯折正确操作 b)弯折错误操作

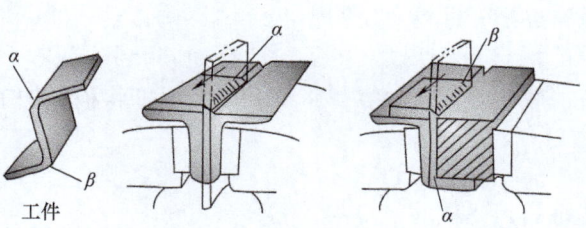

图 3-6 弯 S 形件操作

（2）弯 n 形件 如图 3-7 所示，先弯成 α 角，再用衬垫弯成 β 角，最后完成 θ 角。当弯曲封闭的盒子时，其方法步骤与弯 n 形件大致相同，最后夹在台虎钳上，使缺口朝上，再向内弯折成形。

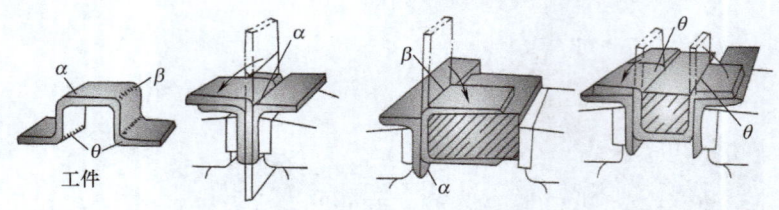

图 3-7　弯 n 形件操作

4. 弧形弯曲

以圆柱面弯曲为例，首先在板料上划出若干与弯曲轴线平行的等分线，作为弯曲时的基准线，后用槽钢作为胎模，将板料从外端向内弯折。当钢板边缘接触时，将对接缝焊接几点。将零件在圆钢管上敲打成形，再将接缝焊牢。锤击时，应尽量使用木锤，以防板料变形，如图 3-8 所示。

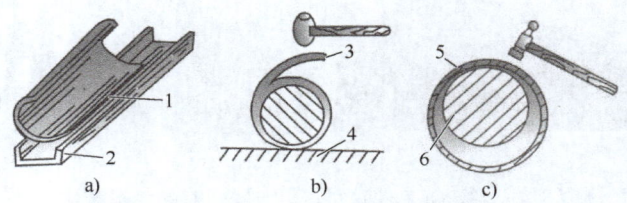

图 3-8　弧形弯曲操作
a) 在槽钢上弯曲　b) 在铁砧上弯曲　c) 在圆钢上弯曲
1、3、5—坯料　2—槽钢　4—铁砧　6—圆钢

复杂形状工件的弯曲如下：

用垫铁和锤子配合进行弯曲，一只手持垫铁在工件背面垫托，垫铁的边缘要对准弯折线，另一只手持锤子从正面弯折线处敲击，边敲击边移动垫铁，循序渐进，使工件边缘逐渐形成弯曲。

二、拱曲

拱曲是将板料用手工锤击成凸凹曲面的零件，通过板料周边起皱向里收，中间打薄向外拉，这样反复进行使板料逐渐变形得到所需形状。

1. 定义

把较薄金属板料锤击成凹面形状的零件，称为拱曲，即将板料加工成凸凹曲面形状零件的加工方法。

2. 分类

拱曲主要可分为热拱曲和冷拱曲。

热拱曲的基本原理是利用金属热胀冷缩的性质，利用冷却过程中内应力的变化，实现拱形件的成形。

冷拱曲的基本原理是，使板料的边缘起皱向里收，将中间打薄向外延展，如此交替反复操作，使板料在锤击过程中逐渐变形，在不使板料被撕裂的前提下，成形为所需的拱形件。

(1) 顶杆冷拱曲　冷拱曲的原理：通过将板材的周边起皱向里收缩，将板材的中间部位展开打薄向外拉，如此反复，使板材逐渐成凸凹的零件。主要用于制作拱曲深度较大的零件，采用顶杆和锤子敲击，零件材料应该具有较好的塑性，如图3-9所示。

拱曲的操作方法如下：

1) 拱曲时选用弧形锤头、长把锤子。锤击时击打点要稠密均匀，锤击力要均匀适度。把板料放在顶杆上，左手按住板料，右手沿着板料的边缘进行锤击，同时左手要不断进行旋转。

2) 锤击一圈后，锤击点向板料的中心移动一个锤痕的位置，直至锤击完整个板料后再一次从外向内进行锤击。

3) 在锤击过程中，板料的周围会产生很多褶皱，使板料的边缘因增厚而向内弯曲，此时，再用木锤轻而均匀地锤击板料中部，使其伸展拱曲。这时要运用收边的方法将褶皱消除。如果拱曲深度较大可能会产生硬化现象，要进行退火处理。

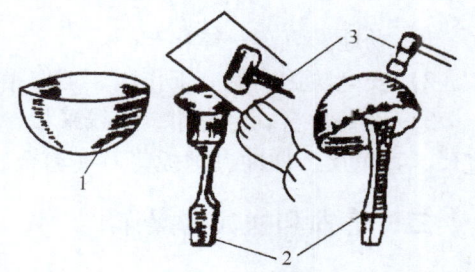

图3-9　顶杆冷拱曲操作示意图
1—零件　2—顶杆　3—锤子

4) 修整。如果拱曲深度较大不能在平面上进行修复，一般选择在顶杆上进行修整。

注意事项：

1) 拱曲时，首先将板材的边缘制出褶皱，然后在顶杆上将边缘的褶皱敲平，使板料的边缘因增厚而向内弯曲，此时，再用木锤轻而均匀地锤击板料中部，使其伸展拱曲。

2) 应边锤击边旋转坯料，根据目测随时调整锤击部位和锤击力度，以保证表面光滑、均匀。

3) 当锤击坯料中心部位时，不能集中在一点锤击，以防止坯料中心伸展过度而凸起。凸起的部位严禁再敲击，而应锤击凸起周围部位，使坯料均匀伸展，消除凸起。

4) 依次收边锤击中部，并配合中间的样板检查，使拱曲达到要求。考虑到修光时产生的回弹变形，拱曲度应稍大些。

5) 用平锤在圆杆顶上将拱曲成形好的零件进行修光，然后按要求划线，并切除多余材料，锉光边缘。

(2) 胎模手工拱曲

1) 尺寸大、拱曲深度较浅的零件可直接在胎模上拱曲。

2) 将坯料压紧在胎模上，用锤子从边缘开始逐渐向中心部位锤击。

3) 拱曲时锤击应轻且均匀，保持整个加工表面均匀伸展形成凸起形状并可防止被拉裂。为使坯料伸展得快，在拱曲时可垫橡胶板、软木和沙袋进行坯料伸展，使表面质量良好。

4) 在拱曲过程中，不应操之过急，应分几次使坯料逐渐下凹，直至坯料完全贴合胎模为止。

汽车钣金

5）在胎模上进行较深的拱曲时，随着锤击进行，制件的周边将出现褶皱。此时应停止锤击中部，将制作皱缩的边缘贴近砧座，敲平褶皱。褶皱敲平后，再继续对中部锤击拱曲。

任务实施

一、实施准备

1）场地。汽车一体化车间。
2）安全防护用品。工作服、工作帽、工作鞋、手套、防护眼镜、耳塞。
3）设备材料。台虎钳、划线平板、钣金平台、方箱；1mm 厚铁板、方木块；划针、钢直尺、直角尺、样冲、钢板剪刀（剪金属）、橡胶锤等。

二、弯曲和拱曲的操作

1. 弯曲的操作

（1）下料　划线、剪料、制作。用剪刀、划针、钢直尺按要求进行裁剪下料。
（2）弯曲工件的制作
1）∟形件的弯曲。首先根据图 3-10a 所示工件要求和尺寸进行划线，如图 3-10b 所示，并在平板上准备弯曲操作；用木锤敲击工件两端，再锤击中间部位（图 3-10c、d），达到要求的角度和形状；最后在平板边缘的直角位置处，将工件定好位，依次沿直线锤击操作（图 3-10e）。

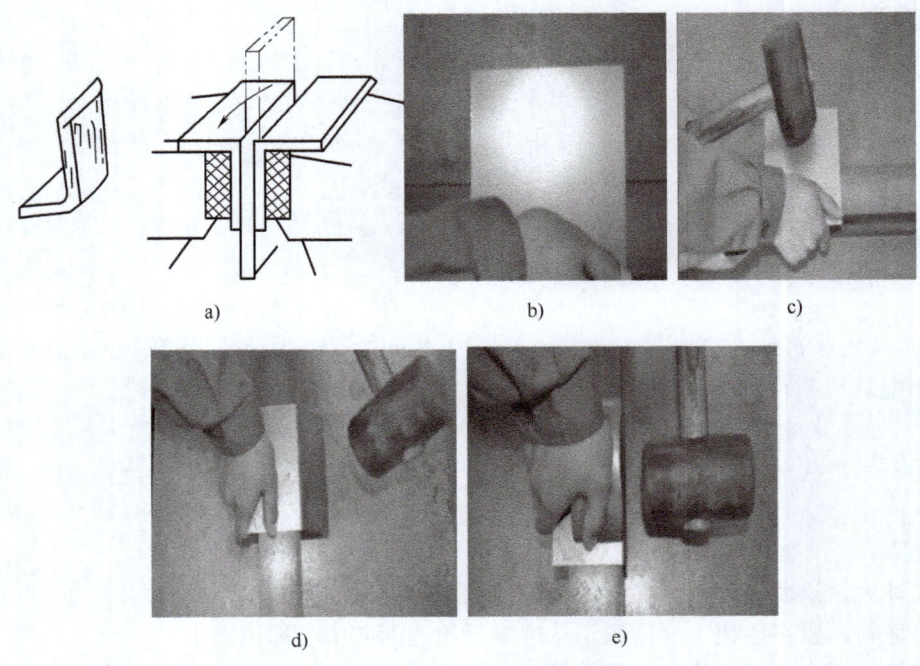

图 3-10　∟形件的弯曲制作示意图

2）异形件的弯曲。首先根据工件要求和尺寸进行双面划线，如图 3-11a 所示，并在平板上先沿着正面第一条尺寸线进行弯曲操作，如图 3-11b、c 所示；接着再沿着反面第二条尺寸线进行弯曲操作,如图 3-11d 所示;之后沿着正面第三条尺寸线进行弯曲操作,如图 3-11e 所示;最后根据破损区域尺寸剪去多余部分金属板料,修正工件达到要求的角度和形状,保证表面过渡自然、光滑美观,如图 3-11f 所示。

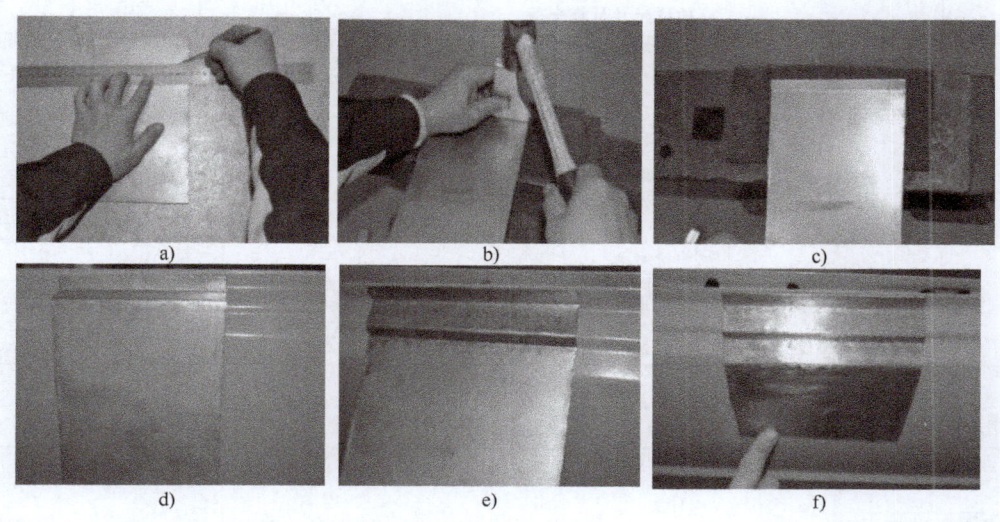

图 3-11　异形件的弯曲

3) n 形件的弯曲如图 3-7 所示。

2. 拱曲工件的制作

操作时需用带凹坑的座,如图 3-12 所示,将板料对准凹坑座放置,左手持板料,右手锤击。在胎模上进行较深的拱曲时,随着锤击进行,制件的周边将出现褶皱。此时应停止锤击中部,将制作皱缩的边缘贴近砧座,敲平褶皱。褶皱敲平后,再继续对中部锤击拱曲。反复操作直至工件表面圆滑,形状规整美观。

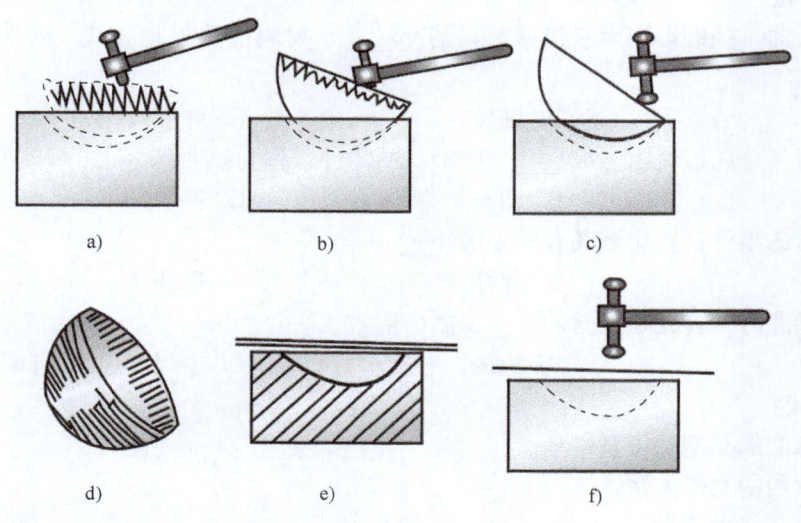

图 3-12　拱曲工件的制作示意图

检测评价

序号	考核内容	评分细则	分值	得分
1	放样、划线、下料	放样尺寸计算合适	5分	
		划线工、量具使用合理，划线清晰准确	5分	
		下料安排合理，符合尺寸要求，裁口整齐	10分	
2	弯曲操作	弯曲角度准确	10分	
		棱角平直无波纹	10分	
		平面平整无凹凸变形	10分	
		对缝整齐	10分	
		弯曲形状规整	10分	
3	熟练程度	全部操作时间为1h，每超时1min扣1分	20分	
4	安全生产	工具、量具使用正确，操作规范	10分	
		合　计	100分	

课后测评

一、填空题

1. 用手工操作将金属材料沿_____或_____弯曲成一定角度或弧度的工艺过程叫作弯曲。

2. 最小弯曲半径 R_{min} 和_____、_____、_____与_____有关系。

3. 拱曲是将板料用手工锤击成_____的零件，通过板料_____向里收，中间_____向外拉，这样反复进行使板料逐渐变形得到所需形状。

4. 拱曲主要分为_____和_____。

二、选择题

1. 最小弯曲半径的影响因素包括材料的_____、材料的热处理方式、弯曲变形的程度和弯曲线方向。　　　　　　　　　　　　　　　　　　　　　　（　　）
   A. 塑性　　　　　　　　B. 韧性　　　　　　　　C. 弹性

2. 把较薄的金属板料锤击成_____面形状的零件，称为拱曲。　（　　）
   A. 凸　　　　　　　　　B. 凹　　　　　　　　　C. 平

3. 冷拱曲的零件材料应该具有较好的_____。　　　　　　　　（　　）
   A. 韧性　　　　　　　　B. 弹性　　　　　　　　C. 塑性

4. 当冷拱曲时，首先在板材的_____制出褶皱。　　　　　　　（　　）
   A. 中间　　　　　　　　B. 边缘　　　　　　　　C. 中间和边缘之间

三、简答题

1. 简述弯曲的类型及注意事项。

2. 简述拱曲的操作方法。

3. 简述 n 形件的弯曲。

任务二　放边与收边

任务目标

知识目标	1）知道放边和收边的原理及应用场合 2）熟练掌握放边和收边操作工艺方法
技能目标	1）会放边和收边操作 2）能熟练在车身上操作放边和收边

任务描述

某轿车由于剐蹭事故造成轮眉损伤较大，既影响了汽车的美观，又影响了汽车的正常使用，经检查实际损伤情况确定无法修复。本次任务是制作更换由于剐蹭事故损伤的轮眉。

知识储备

一、放边

1. 定义

通过板料变薄而导致角形零件弯曲成形的方法叫作放边。加工凹曲线弯边常采用放边的方法完成，如图3-13所示。

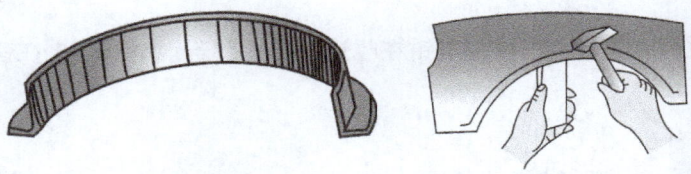

图3-13　放边

2. 打薄放边

制造凹曲线弯边的零件，可用直角形材料在铁砧或平台上锤放直角料边缘，使边缘材料变薄、面积增大和弯边伸长。锤击时，注意握击力度，使靠近内缘的材料伸长较小，靠近直角料边缘的材料伸长较大，锤痕呈放射状均匀分布即可达到此目的。这样，直角料就逐渐被锤击成曲线弯边的零件，如图3-14所示。

打薄放边操作步骤如下：

1）首先计算出零件的展开尺寸，然后划线并剪切展开板料。
2）在板料上划出弯曲线，并按线将其弯成角形件。
3）将边缘毛刺去除。
4）在平台上锤放弯曲平面的外缘。锤放时，所用锤头端面应光滑，防止击出坑痕；锤击点要外密内疏，锤痕要呈放射状，锤放边应与表面平行贴紧。

5）锤放范围在锤放面宽度靠外边缘 3/4 的范围内，弯边根部的圆角处严禁锤击，否则会使工件产生扭曲变形。

6）有直线段的角材工件，在直线段内部能敲打。

7）锤放中发现加工硬化现象，应及时进行退火处理，以防止工件出现裂纹。

8）在放边过程中，应随时用样板检查工件外形，应尽量避免放边过量，否则不易修正，待工件达到要求后进行校正和修整。

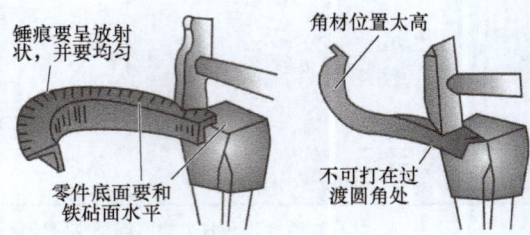

图 3-14　打薄放边

> **注意事项：** 用錾口锤锤击，在锤击时，应注意錾击线垂直于型材的外缘边线，錾击的中点距外缘为总宽的 1/3 处，锤子向外倾斜，錾击落点要稠密均匀。

二、收边

1. 定义

收边是使钣金零件的边缘或周沿增厚或收缩内弯成形的工艺方法。

收边的原理就是使坯料的纤维收缩变短。首先在坯料的边缘起皱，使纤维沿纵向长度变短，然后在防止皱纹向两侧伸展恢复的情况下，将皱消平。

2. 收边方法

常用的收边方法有起皱钳收边、起皱模收边、镂弯收边和收缩机收边等。

（1）起皱钳收边

根据零件弯曲程度的大小，用起皱钳在收边部位折起若干个皱，再在铁砧或轨铁上逐个收平皱纹。

操作工艺如下：

1）将零件折弯，如图 3-15a 所示。

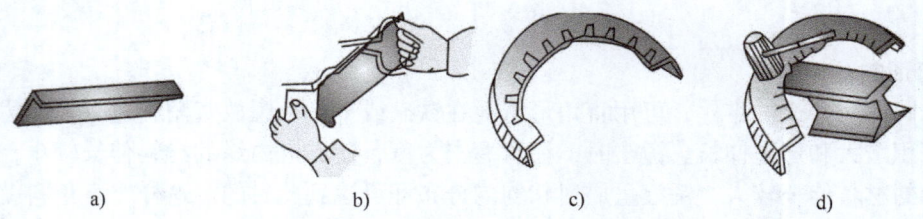

图 3-15　收边

a）折弯　b）收缩边起褶皱　c）角料呈圆弧形　d）敲平

2）校直直角料，使之平直。

3）用起皱钳使收缩边起褶皱，如图 3-15b 所示。

4）收缩边边缘长度减小，使角料呈圆弧形，如图 3-15c 所示。

5）放在铁砧上用铁锤敲平，如图 3-15d 所示。

6）锉削毛刺。

（2）起皱模收边　对于毛坯较厚的零件，可采用起皱模起皱。起皱模用硬木制成，起皱时，将零件置于起皱模上，用錾口锤起皱，锤击波纹，并在轨铁或铁砧上敲平，敲平的方法与起皱钳收边的方法相同。

（3）镂弯收边　对类似盆形件的收边，可采用镂弯收边法成形。此种成形是拉收结合，以收为主，其收边效率高，质量较好，如图 3-16 所示。将工件夹在胎模上，用铝棒顶住毛坯，用木锤敲打顶住部分，使板料弯曲逐渐收缩使其紧靠胎模。

操作工艺如下：

1）将毛坯在胎模上定位，并用夹具夹紧。

2）用顶棒或垫铁顶住毛坯，用木锤敲打顶棒顶住的部分，将毛坯从根部击弯，并应使其弯边的根部先贴模。应注意木锤和顶棒在镂边过程中要配合协调，逐渐沿圆周方向移动，使毛坯在同一圆周上均匀地弯曲。在镂边过程中，应使每一圈的材料贴模后再进行下一圈的收缩，并把多余的材料赶向边缘。

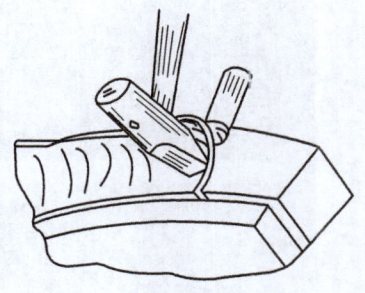

图 3-16　镂弯收边

3）继续镂边，直至贴模材料的高度符合零件的尺寸要求。

4）将零件从胎模上取下，剪除多余的材料，并在轨铁上整形、平皱。

（4）收缩机收边　当材料较厚时，可采用收缩机收边，其工作原理：当上下模相碰后，楔形斜块紧压材料向内运动，使材料纤维受压缩力的作用而变短，达到收边的目的。收缩机每分钟收缩次数为 140～150 次，效率较高；缺点是容易损伤零件表面，最好是在边缘预留加工余量，收边后再剪去。

任务实施

一、实施准备

1）场地。汽车一体化之间。

2）安全防护用品。工作服、工作帽、工作鞋、手套、防护眼镜、耳塞。

3）设备材料。台虎钳、划线平板、钣金平台、方箱；1mm 厚铁板、方木块；划针、钢直尺、直角尺、样冲、钢板剪刀（剪金属）、橡胶锤等。

二、操作步骤

1. 收边（图 3-17）

1）根据工件要求进行下料制作 L 形件并找正。

2）用起皱钳将收边部位钳成波纹。要求波纹尽可能稠密，使坯料收缩弯曲至比工件要求的曲率半径小。

3）用木锤将皱纹打平，用铁锤平整，并使坯料放至工件需要的曲率半径。

2. 放边（图 3-18）

1）根据工件要求进行下料制作 L 形件并校正。

2）在平板上划出轮眉弧度标准线。

汽车钣金

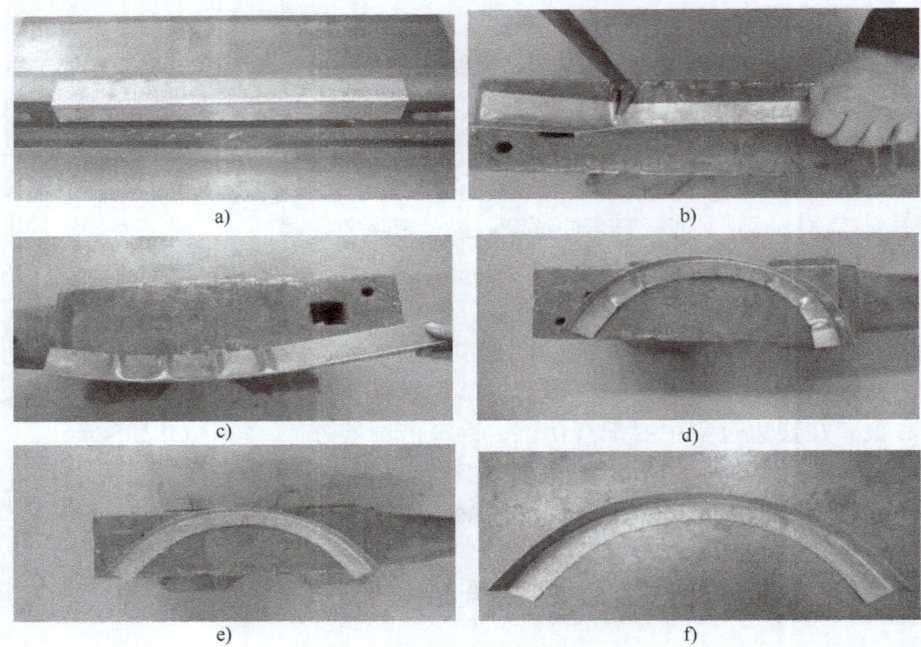

图 3-17 收边实际操作
a) L形件找正　b) 起皱　c) 起皱修平　d) 再次起皱　e) 精修成形　f) 制作成品

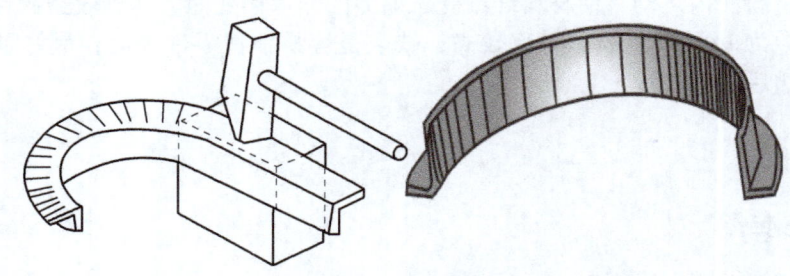

图 3-18 放边实际操作

3) 打薄放边。将型材需锤放的一边置于铁砧上，用錾口锤錾击，使其一边的纤维伸长，整体初步形成轮眉形状。

4) 打磨修整去除毛刺。

5) 反复校正修整并与样板比对直至表面平滑与样板吻合。

检测评价

序　号	作业项目	考核内容	评分细则	分　值	得　分
1	收边操作	作用及分类认知	表述清楚	10分	
		制作	流程准确	10分	
		找正	零件表面光滑无褶皱和破裂	20分	
		工具、量具使用正确，操作规范	工具使用正确	10分	

项目三　汽车钣金手工成形及放样展开工艺

（续）

序号	作业项目	考核内容	评分细则	分值	得分
2	放边操作	作用及分类认知	表述清楚	10分	
		制作	流程准确	10分	
		找正	零件表面光滑无褶皱和破裂	20分	
		工具、量具使用正确，操作规范	工具使用正确	10分	
合计				100分	

课后测评

一、填空题
1. 通过板料_____而导致角形零件弯曲成形的方法叫作放边。
2. 常用的收边方法有_____、_____、_____和_____等。

二、选择题
1. 常用的收边方法有起皱钳收边、起皱模收边、_____和收缩机收边等。（　　）
   A. 打薄放边　　　　　　B. 起皱收边　　　　　　C. 镂弯收边
2. 收边的原理就是使毛坯的纤维收缩_____。（　　）
   A. 变长　　　　　　　　B. 变短　　　　　　　　C. 先长再短
3. 收边是使钣金零件的边缘或周沿_____或收缩内弯成形的工艺方法。（　　）
   A. 增厚　　　　　　　　B. 变薄　　　　　　　　C. 变短

三、简答题
1. 简述打薄放边的操作步骤。
2. 简述镂弯收边的操作步骤。

任务三　卷边与咬缝

任务目标

知识目标	1）知道卷边和咬缝的原理及应用场合 2）熟练掌握卷边和咬缝操作工艺方法
技能目标	1）会卷边和咬缝操作 2）能将卷边和咬缝熟练在车身上进行运用

任务描述

在汽车钣金维修作业中，经常遇到一些残损或需要重新制作镶补的钣金件，特别是车辆碰撞及翻车造成的损伤，这些零部件的成形多靠手工操作来完成。本任务主要围绕卷边和咬缝的操作进行学习和训练。

汽车钣金

知识储备

一、卷边

卷边是为了增加零件边缘的刚度和强度，将零件边缘卷曲。卷边除了能起到增强刚度、强度的作用外，还可以起到美观的装饰作用。卷边有时还用于铰链连接。卷边是将板件的边缘卷起来，其目的是增强边缘的刚度和强度。卷边分为夹丝卷边和空心卷边两种，如图3-19所示。夹丝卷边是将零件的边缘内嵌入一根钢丝，以增强零件边缘的刚度。钢丝的粗细应根据零件的受力情况及零件的尺寸大小来决定，一般钢丝的直径是板料厚度的3倍以上。包卷钢丝的边缘，应不大于钢丝直径的2.5倍，如图3-19所示。

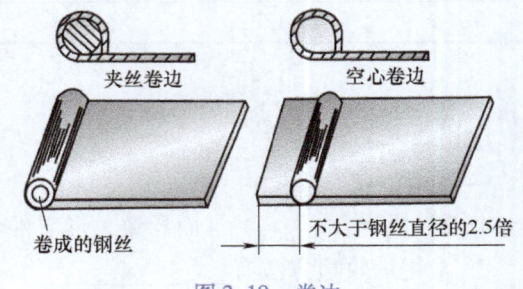

图3-19 卷边

卷边常用的工具有锤子、木锤、手钳、平台和砧座。

卷边的操作过程如下：

1) 将板料剪切成所需的尺寸。
2) 沿边量出2.5倍钢丝直径距离并划线。
3) 将板料按划线弯折成直角（图3-20a）。
4) 用钢丝钳剪一段适当长度的钢丝，用木锤在光滑平板上打直钢丝。
5) 将钢丝放入已折妥的直角边内（图3-20b），并用手钳固定钢丝位置（图3-20c）。
6) 用木锤或铆钉锤锤打板缘包住钢丝（图3-20d）。
7) 用铆钉锤逐段扣紧成形（图3-20e）。

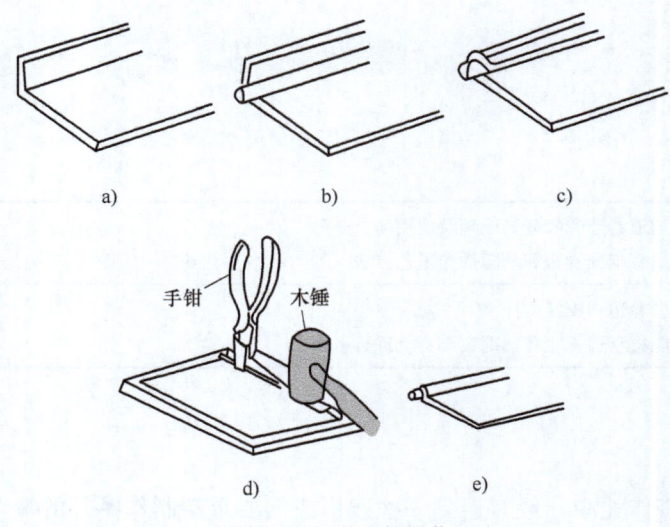

图3-20 卷边的操作

二、咬缝

1. 定义

将两块板料的边或一块板料的两边折弯扣合,并彼此压紧的连接方式称为咬缝(也称为咬接)。咬缝连接比较牢固,在许多地方用来代替焊接。

2. 分类

咬缝按结构不同可分为挂扣、单扣和双扣,因形式不同可分为站扣和卧扣,如图 3-21 和图 3-22 所示。

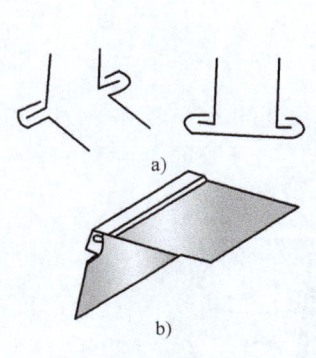

图 3-21　站扣
a)立式单扣　b)角式复合扣

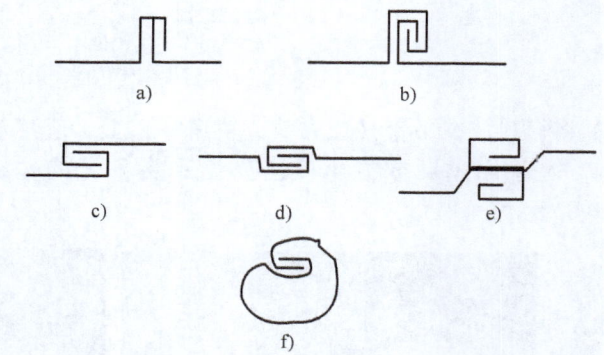

图 3-22　卧扣
a)站扣(半咬)　b)站扣(双扣)　c)卧扣(单咬)
d)卧扣(咬缝)　e)卧扣(双扣)　f)圆管卧式单扣

3. 方法

当咬缝下料时,应留出咬缝余量。咬缝余量是根据咬缝宽度和扣合层数计算的。

咬缝宽度与板厚有关。一般厚度在 0.5mm 以下的板料,其咬缝宽度为 3~4mm;厚度为 0.5~1mm 的板料,咬缝宽度为 5~7mm。

扣合层数取决于咬缝结构。立式单扣咬缝、角式复合扣咬缝的扣合层数为 3 层;卧扣单咬缝扣合层数看似 4 层,但其中一层为有效尺寸,所以实际扣合层数为 3 层;立扣咬缝、卧扣咬缝扣合层数均为 5 层。

由于 1mm 以下的板厚通常忽略不计,所以立式单扣咬缝、角式复合扣咬缝和卧扣单咬缝的咬缝余量一边为一个咬缝宽度,另一边为两个咬缝宽度。

 任务实施

一、实施准备

1)场地。汽车一体化车间。

2)安全防护用品。工作服、工作帽、工作鞋、手套、防护眼镜、耳塞。

3)设备材料。台虎钳、划线平板、钣金平台、方箱;1mm 厚铁板、方木块;划针、钢直尺、直角尺、样冲、钢板剪刀(剪金属)、橡胶锤等。

二、操作步骤

1. 卷边的操作

1）在板料上划出两条卷边线，如图 3-23 所示。

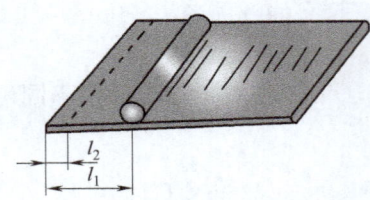

图 3-23　划线

2）将板料放在平台（或方铁、轨道等）上，使其 l_2 尺寸长度的 1/3 露出平台，左手压住板料，右手用木锤或方木敲击露出平台部分的边缘，使其向下弯曲成 85°～90°，如图 3-24 所示。

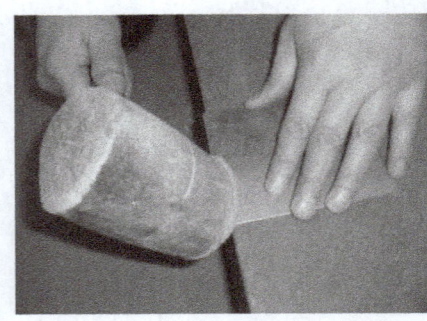 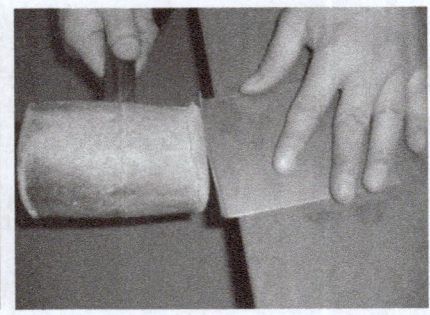

图 3-24　敲击边缘

3）再将板料向平台外伸弯曲，直至平台边缘对准第二次卷边线为止，即使露出平台部分等于 l_1，并使第一次敲打的边缘靠上平台，如图 3-25 所示。

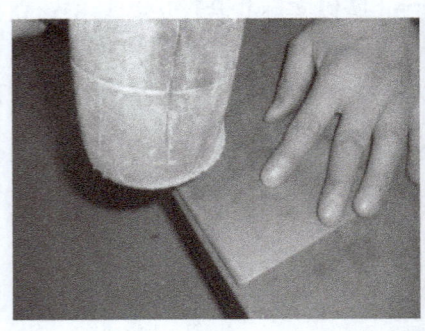 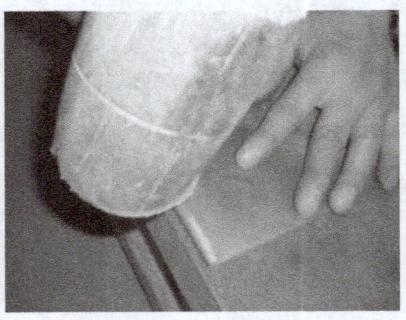

图 3-25　二次敲击

4）将板料翻转，使卷边朝上，轻而均匀地敲打卷边向里扣，使卷曲部分逐渐呈圆弧形，如图 3-26 所示。

5）将钢丝放入卷边内，放时先从一端开始，以防钢丝弹出，先将一端扣好，然后放一段扣一段,全部扣完后,轻轻敲打,使卷边紧靠钢丝,如图3-27所示。

6)翻转板料,将接口靠住平台的边角,使接口咬紧,如图3-28所示。

7)手工空心卷边的操作过程与夹丝的一样,只是使卷边与钢丝不要靠得太紧,以便最后把钢丝抽拉出来,如图3-29所示。

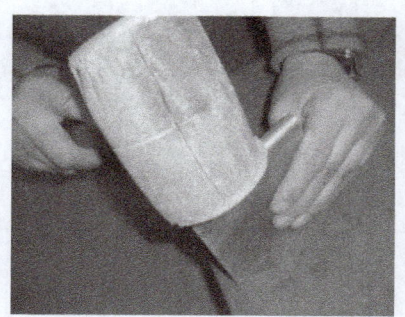

图3-26 卷曲呈圆弧形

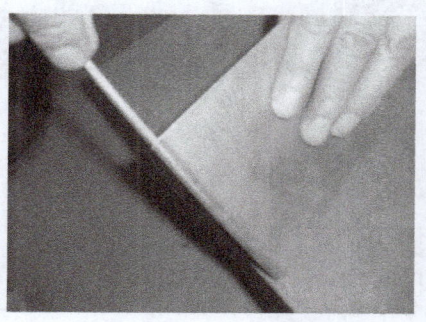

图3-27 钢丝放入卷边

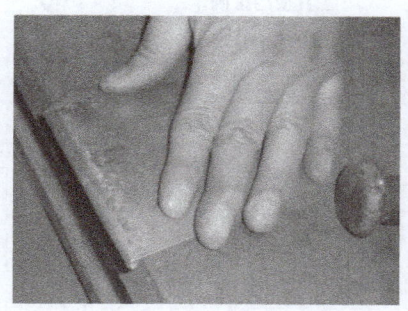

图3-28 咬紧接口

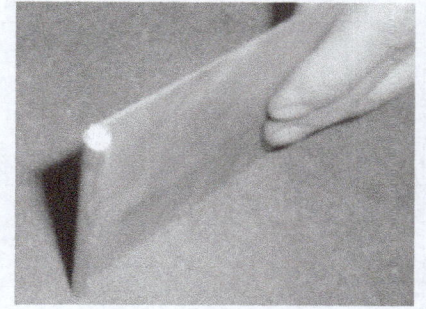

图3-29 卷边夹丝

2. 咬缝的操作

1)将板料剪切成所需的尺寸,在板料的正面和反面分别划线。

2)根据咬缝的要求,用木锤分别弯曲板件,其流程如图3-30所示。

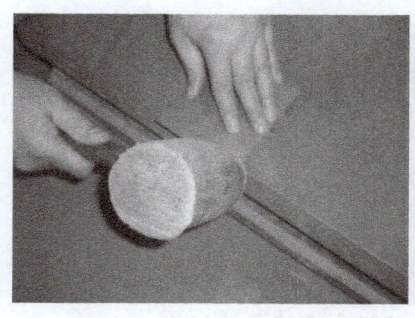
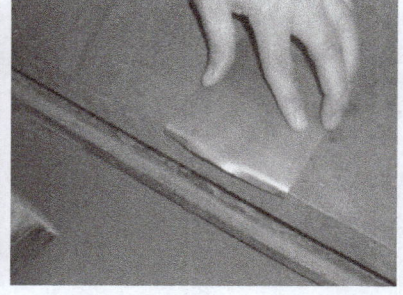

图3-30 弯曲板件的流程

3)将两块板件分别弯曲并咬缝,再用木锤锤击咬缝处的表面,使其咬紧,如图3-31所示。

汽车钣金

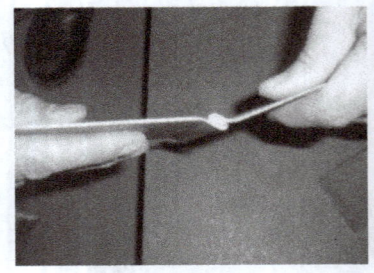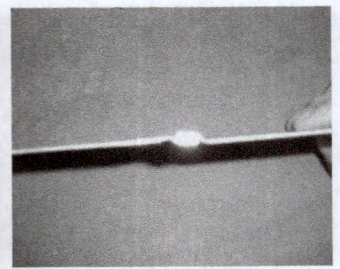

图 3-31　使两块板件咬紧

检测评价

序号	作业项目	考核内容	评分细则	分值	得分
1	下料划线	作用及分类认知	表述清楚	10 分	
		制作	流程正确	10 分	
		找正	零件表面光滑无褶皱和破裂	5 分	
		工具、量具使用正确，操作规范	工具使用正确	10 分	
2	卷边操作	作用及分类认知	表述清楚	10 分	
		制作	流程正确	10 分	
		找正	零件表面光滑无褶皱和破裂	5 分	
		工具、量具使用正确，操作规范	工具使用正确	10 分	
3	咬缝操作	作用及分类认知	表述清楚	10 分	
		制作	流程正确	10 分	
		找正	零件表面光滑无褶皱和破裂	5 分	
		工具、量具使用正确，操作规范	工具使用正确	5 分	
		合　计		100 分	

课后测评

一、填空题

1. 卷边其目的是增强边缘的_____和_____。
2. 卷边分为_____和_____两种。
3. 咬缝按结构不同可分为_____、_____和_____，因形式不同可分为_____和_____。

二、选择题

1. 咬缝按结构不同可分为挂扣、_____和双扣等。　　　　　　　　　　（　　）
   A. 站扣　　　　　　　B. 卧扣　　　　　　　C. 单扣
2. 卷边是指将板件的边缘卷起来，其目的是提高边缘的刚度和_____。（　　）
   A. 塑性　　　　　　　B. 硬度　　　　　　　C. 强度
3. 可用_____或铆钉锤锤打板料边缘包住钢丝。　　　　　　　　　　　　（　　）
   A. 铁锤　　　　　　　B. 木锤　　　　　　　C. 橡胶锤

三、简答题

1. 简述下料划线时的注意事项。
2. 咬缝的操作步骤是什么？
3. 简述卷边的操作过程。

任务四　制筋和拔缘

任务目标

知识目标	掌握制筋和拔缘的原理及应用场合
技能目标	1）会制筋和拔缘的操作 2）能熟练地在车身上进行制筋和拔缘

任务描述

在汽车钣金维修作业中，经常遇到一些残损或需要重新制作镶补的钣金件，特别是车辆碰撞及翻车造成的损伤，这些零部件的成形多靠手工操作来完成。本任务主要围绕制筋及拔缘的操作进行学习和训练。

知识储备

一、制筋

在钣金件表面上制出各种凸筋，可以提高其刚度和使用性能，增加美感。筋的横截面一般为圆弧形和角形，如图3-32所示。

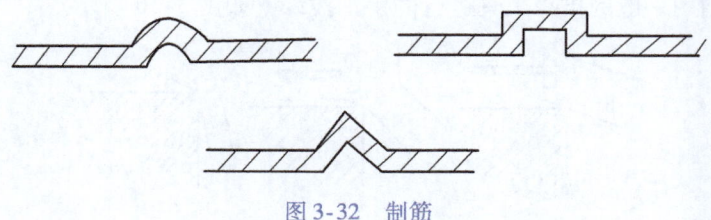

图3-32　制筋

简易的手工制筋方法有用扁冲制筋和用简易模具制筋两种，如图3-33所示。

二、拔缘

在板料边缘，利用手工锤击弯曲成弯边的方法称为拔缘，如图3-34所示。拔缘主要针对环形板料边缘的弯曲，当分为外拔缘和内拔缘两种形式。外拔缘就是将工件外边缘弯曲。当外拔缘时，圆环部分要沿中间圆的圆周径向改变位置而成为弯边，但受到其中三角形多余金属的阻碍，所以采用收边的方法，使其外拔缘弯边增厚。内拔缘就是将工件的内孔边缘弯曲。当内拔缘时，内环部分要沿外环的圆周径向改变位置而成为弯边。由于受到内孔圆周边

汽车钣金

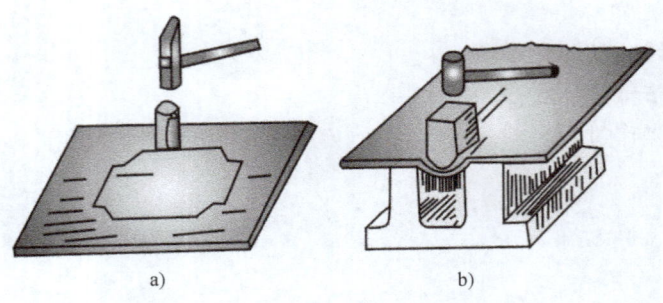

图 3-33 制筋方法
a) 用扁冲制筋 b) 用简易模具制筋

缘的拉伸牵制,所以采用放边的方法使内拔缘弯边变薄。拔缘可以增加零件的刚度,而且可作为一种表面的装饰。图 3-35 所示为部分板料构件的拔缘情况。

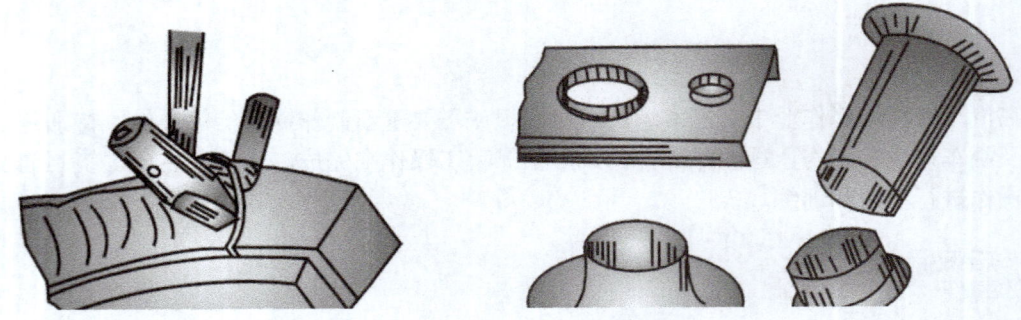

图 3-34 拔缘 　　　　　　　图 3-35 部分板料构件的拔缘情况

拔缘的方法可分为自由拔缘和胎模拔缘两种。

1. 自由拔缘

自由拔缘是利用一般的拔缘工具进行的手工拔缘,如图 3-36 所示。

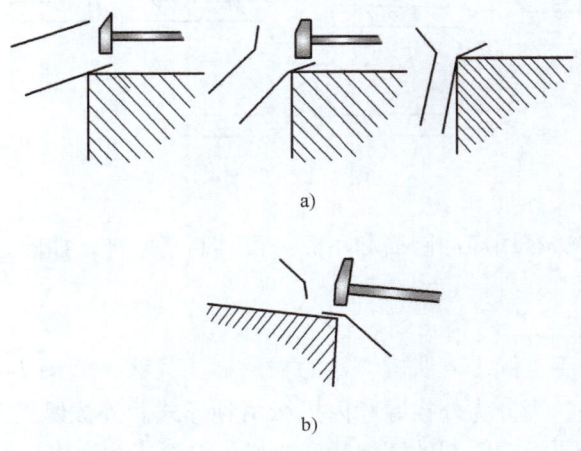

图 3-36 自由拔缘
a) 外拔缘 b) 内拔缘

其方法如下：先划出拔缘标记线，将板件靠在砧座边缘，标记线与砧座边缘靠齐，板料锤击部位与座平面形成30°左右的夹角；锤击伸出部分，使之拉伸并向外弯曲，敲击时用力适当，敲击均匀，并随时转动构件。若凸缘要求边宽或角度大时，可适当增加敲击次数。

操作注意事项如下：

1）拔缘时，每次弯边不能过急，每一周的弯角一般不应该超过30°。

2）当弯边宽度较大时（大于10mm），应先按弯曲曲线敲出根部轮廓线，然后再采用镂弯收边的工艺方法，逐步增加其宽度，直至成形。

3）在拔缘过程中，锤击的力度与锤击点的分布要均匀，以防止裂纹的产生。

2. 圆筒形零件拔缘（图3-37、图3-38）

1）用钢锉锉光板料边缘毛刺。

2）划出拔缘的标记线。

3）将制件靠在平台或砧座的边棱上，标记线和边棱对齐，使伸出部分与砧座的平面保持30°左右的夹角，如图3-38a所示。

4）在铁砧上用锤子将标注线处敲打成圆角。敲击用力要适当，击点要均匀，以免产生裂纹，如图3-38b所示。

5）最后打平波纹，使弯边收缩，如图3-38c所示。

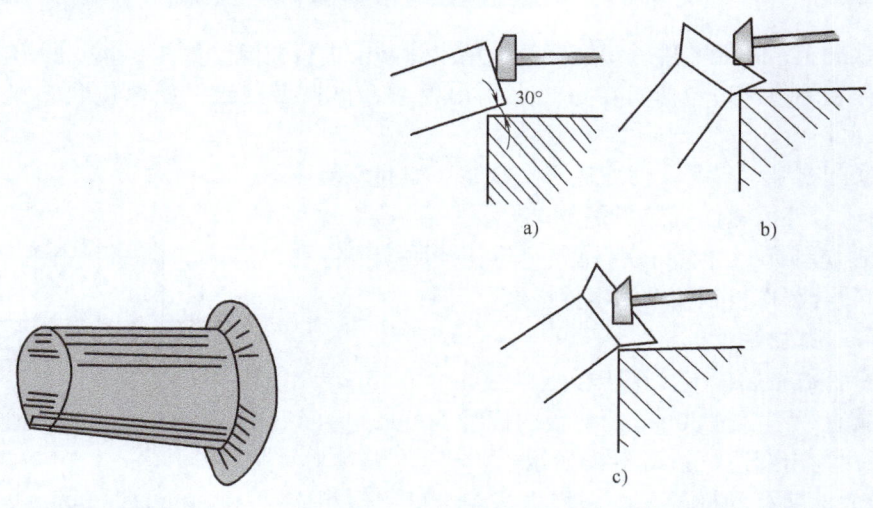

图3-37　圆筒形零件拔缘（一）　　　图3-38　圆筒形零件拔缘（二）

任务实施

一、实施准备

1）场地。汽车一体化车间。

2）安全防护用品。工作服、工作帽、工作鞋、手套、防护眼镜、耳塞。

3）设备材料。台虎钳、划线平板、钣金平台、方箱；1mm厚铁板、方木块；划针、钢直尺、直角尺、样冲、钢板剪刀（剪金属）、橡胶锤等。

二、操作步骤

拔缘的操作

（1）薄板拔缘

1）计算出坯料直径。方法：坯料计算直径 D 等于零件内腔直径加上两倍拔缘宽度。

2）在坯料上划出内圆与外环的分界线（即外缘宽度线），然后按毛坯直径剪切圆坯料，去毛刺，如图 3-39a 所示。

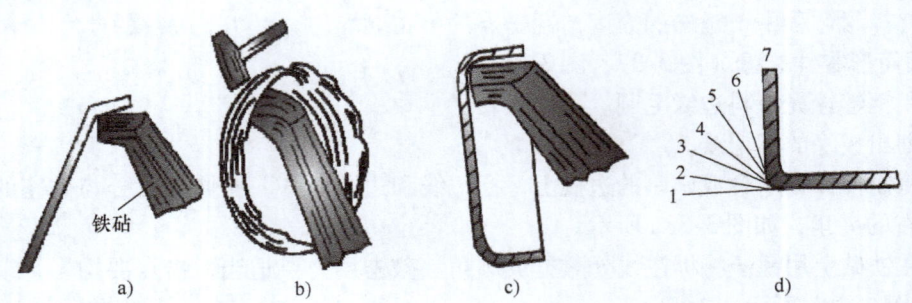

图 3-39　拔缘的操作

a）剪切圆坯料　b）敲击拔缘　c）打平褶皱　d）反复收缩

3）在铁砧上，按照零件外缘宽度线，用木锤敲击进行拔缘，如图 3-39b 所示。

4）首先将坯料周边弯曲，在弯边上制出褶皱，再打平褶皱，使弯边收缩成凸边，如图 3-39c 所示。

5）再次起褶皱、打平，使弯边再次收缩。如此反复多次，可获得所需外拔缘件，如图 3-39d 所示。

（2）按胎模拔缘　板料在胎模上定位，按胎模拔缘孔进行拔缘，适合制作口径较小的零件拔缘，可一次成形。

1）下料，并去毛形。

2）将零件放在胎模上，用压板压住。

3）内孔直径不超过 80mm 的薄板内拔缘，可采用一个圆形木锤一次冲出弯边，如图 3-40 所示。

对于较大的圆孔和椭圆孔的厚板内拔缘，可制作相应的钢凸模一次冲出弯边。

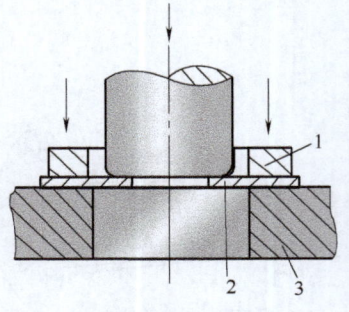

图 3-40　按胎模拔缘

1—压板　2—坯料　3—胎模

检测评价

序　号	作业项目	考核内容	评分细则	分　值	得　分
1	制筋	作用及分类认知	表述清楚	10分	
		制作	流程正确	20分	
2	拔缘	作用及分类认知	表述清楚	20分	
		制作	流程正确	20分	
		找正	零件表面光滑无褶皱和破裂	20分	
		工具、量具使用正确，操作规范	工具使用正确	10分	
		合　计		100分	

课后测评

一、填空题
1. 筋的横截面一般为_____和_____。
2. 简易的手工制筋方法有两种，_____和_____。
3. 在板料边缘，利用手工锤击弯曲成弯边的方法称为_____。
4. 拔缘的方法可分为_____和_____两种。

二、选择题
1. 拔缘分为外拔缘和_____两种形式。 （ ）
   A. 内拔缘　　　　　　B. 自由拔缘　　　　　　C. 薄板拔缘
2. 拔缘时，每次弯边不能过急，每一周的弯角一般不应该超过_____。 （ ）
   A. 20°　　　　　　　B. 30°　　　　　　　　C. 45°
3. 简易的手工制筋方法有两种，用扁冲制筋和_____。 （ ）
   A. 用简易模具制筋　　B. 自由拔缘　　　　　　C. 薄板拔缘

三、简答题
1. 自由拔缘的操作方法是什么？
2. 简述自由拔缘的操作注意事项。

任务五　放样图样展开

任务目标

知识目标	1）熟悉线段实长的求法 2）理解放射线展开原理 3）掌握放射线展开法应用
技能目标	会线段实长的求法和放射线展开法应用

任务描述

放射线展开法适用于展开构件表面的线（或棱线）与轴线相交于一点的各种锥体构件。通过本任务学习，要求学生能熟悉线段实长的求法，理解放射线展开原理，掌握放射线展开法应用。平行线展开法主要适用于构件表面的素线或棱线呈互相平行的柱体，如各种棱柱体、天圆地方和圆柱体等。通过本任务学习，要求学生能理解平行线展开原理，掌握平行线展开法和三角形法的应用。

知识储备

放样（又称为放大样）就是依照施工图把工件的实际大小和形状画到施工板料或样板材料的过程。学习放样图与钣金构件展开图，首先必须学好放样展开图的基础知识，这就需要了解常用几何作图方法，各种几何形体的分析方法，断面图在放样图中的应用等知识，只有熟练地掌握了放样的基本技能，才能为钣金展开的正确操作打好基础。在放样工作与钣金工作中，由于图形大都是在平面板料上作出，单纯依靠直尺量具很难测量，所以除了必要的量具外，大都是借助划线工具来保证图形的准确度。

一、放射线展开法

1. 线段实长的求法

为了获得各表面的实形，在钣金放样与展开时，必须知道构成表面各线段的实长。当表面线段平行于投影面时，其投影可直接反映线段的实长，但当表面线段处于其他位置时，其投影不能反映实长，这就需要求线段的实长。常用的求线段实长的作图法有直角三角形法、直角梯形法和旋转法等。

（1）**直角三角形法** 直角三角形法是以空间直线段的一个投影为一条直角边，以另一个投影面上两端点的空间距离（高度差）为另一条直角边，那么其斜边就等于所求线段的实长，如图3-41所示。

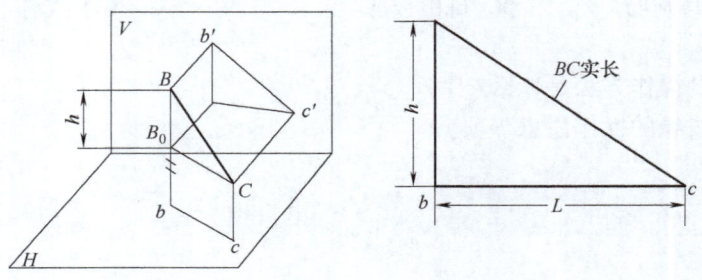

图 3-41 直角三角形法求线段实长

求线段 BC 实长的作图步骤如下：

1）作一条直线段，使其长度等于 bc（BC 在 H 面上投影长）。
2）过 b（或 c）作 bc 的垂线，其长度等于 BC 在另一投影面上投影两端点 b'点、c'点的高度差 h。
3）此直角三角形的斜边，即为线段 BC 的实长。

（2）**直角梯形法** 直角梯形法是以空间直线段在某个视图中的投影长作为直角梯形的一个腰，以空间直线段在另一个视图中投影的两端点到水平轴的垂直距离分别为直角梯形的两个底，则另一个腰就是空间直线段的实长，如图3-42所示。

其作图步骤如下：

1）作一条直线段，使其长度等于 ab。
2）过 a、b 两点分别作 ab 的垂线，使其长度分别等于 $a'a_x$ 和 $b'b_x$。
3）连接梯形两端点，即为线段 AB 的实长。

（3）**旋转法** 旋转法就是保持投影面不变，使倾斜直线围绕垂直某一投影面的直线为轴，旋转成与投影面相互平行的直线，则直线在与其平行的投影面上的投影就反映了它的实长，如图3-43所示。已知线段 AB 的两面投影 ab 和 $a'b'$，求 AB 的实长。

求线段 AB 实长的作图步骤如下：

以 a 点为圆心，把 ab 旋转到与投影面平行的位置 ab_1。

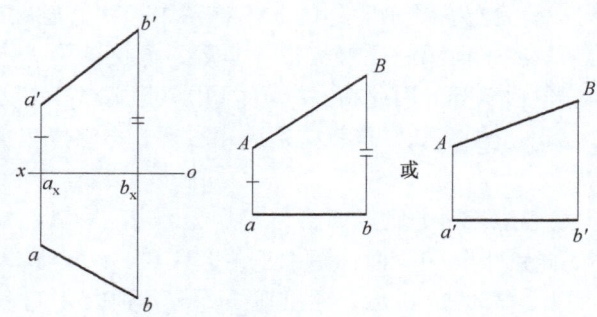

图 3-42 直角梯形法求线段实长

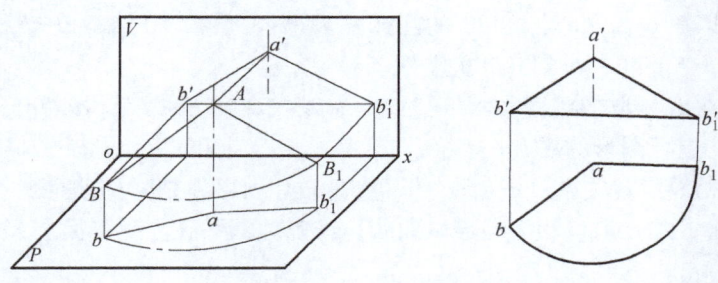

图 3-43 旋转法求线段实长

（4）天圆地方构件展开图　图 3-44 为天圆地方构件，可以把它看成由四个三角形平面和四个斜圆锥部分表面组合而成。虽然这类构件也可以采用平行线法或放射线法展开，但采用三角形法就更简便了。

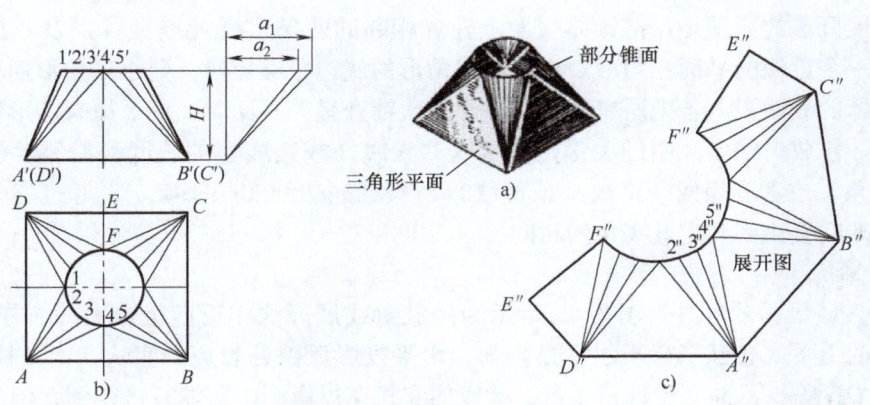

图 3-44 天圆地方构件的展开
a）构件实物图　b）投影分析图　c）展开图

展开图步骤如下：

1）在平面图中将圆周 12 等分，并分成 4 组，分别将这些点与相近死角顶点 A、B、C、D 连接。再由等分点向上作垂线交立面图上口于 $3'$、$2'$、$1'$、$4'$，与立面图下底两角 A'、B' 相连。这样就把天圆地方的侧表面分割成 16 个三角形。

2) 求实长。由于构件前后左右都是对称的，俯视图中被中心轴线分割开的 4 个 1/4 表面完全相同，其上口与下口在平面图中反映实长和实形，取接缝为 EF 处，由于 EF 是水平线，且前后、左右 4 个三角形全等。因此在主视图中相应线段 $A'1'$ 就反映了 EF 的实长。而 $A'2'$、$A'3'$ 在任一投影中都不反映实长，这就必须应用求实长方法求出实长。

3) 作展开图。

① 使线段 $A''B''$ 等于底边边长，分别以 A'' 点、B'' 点为圆心，以 A4 的实长为半径画弧交于一点，这就画出了形体三角形平面的一面，即小三角形 $A''B''4''$；实际 $A''4''$ 为形体 A4 的实形。

② 再以 $4''$ 为圆心，以上口 34 的弧长为半径画弧，与分别以 A'' 点和 B'' 点为圆心，以 A3 的实长为半径的圆弧交于两点，就作出了另两个小三角形 $A''3''4''$ 和三角形 $B''4''5''$，实际 $A''3''4''$、$B''4''5''$ 分别为形体 A34 和 B45 的实形。

③ 同理，再以 $3''$ 点为圆心，以 23 的圆弧长为半径画弧，分别与以 A'' 点为圆心，以 A4 的实长为半径画弧交于另一点 $2''$，依次类推。

④ 由于本图在 F 处取的接缝，两端三角形为 $E''F''D''$ 和 $E''F''C''$，接着分别以 D''、C'' 点为圆心，取点画弧，进行图形的展开。

⑤ 按顺序、相邻位置关系，不遗漏、不重叠、有顺序地把形体表面每个分解后的小三角形交点全画出来，并在上口圆滑地连以曲线，准确地铺平在同一平面上，从而把天圆地方的形体表面展开。

2. 放射线展开原理

假如形体表面是由一族交汇于一点的直素线构成，则该形体称为锥体，该形体表面称为锥面。所有棱线全集中于一点的叫作棱锥，所有素线全集中于一点的旋转体叫作圆锥。所有锥体表面的素线在展开前都集中于一点：锥顶。展开后的素线仍集中于一点，呈放射状，所以这种展开方法称为放射线展开法。所有锥体锥台的锥面展开都可以采用放射线展开法。

放射线展开法的原理是：把锥体表面上任意相邻的两条素线（或棱线）及其所夹的底边线，看成一个近似的平面三角形。当各小三角形的底边足够短时，则小三角形面积的和就等于原来形体的表面积。若把所有的小三角形依次铺开呈一平面时，那么原来的形体表面也就被展开了。作放射线展开图的关键是确定这些素线（或棱线）的长度和相邻素线（或棱线）间的夹角，或者利用两条素线（或棱线）所夹的底边线实长来确定，通过三角形底边线两点间距离间接达到确定其夹角的目的。

3. 应用举例

（1）**正四棱锥面的展开** 图 3-45 所示为用放射线展开法作正四棱锥面的放样展开图。正四棱锥面的上下底相互平行于水平投影面，水平投影反映各底边的实长，四条棱线 AⅠ、BⅡ、CⅢ、DⅣ等长，同交于锥顶 o 点，棱线的实长在投影图中不能直接得到，但只需求出其中的一条棱线实长即可。

其作图步骤如下：

1) 用旋转法求 o1 的实长，以及 A 点在实长上的位置。以 o 为圆心，o1 为半径画弧将 o1 旋转至水平位置 oe，过 e 点向上作垂线与正投影 $4'1'$ 延长线交于 e'，连接 $o'e'$，则 $o'e'$ 是 o1 的实长。延长 $d'a'$ 交 $o'e'$ 于 f'，则 $o'f'$ 就是 oa 的实长。

2) 以 o 点为锥顶，在适当位置画射线 oⅠ 作为展开图的起始点。

3) 以 o' 点为圆心，$o'e'$ 为半径画弧。交 o'Ⅰ 于 Ⅰ 点，再以 Ⅰ 点为圆心，以 12 为半径画

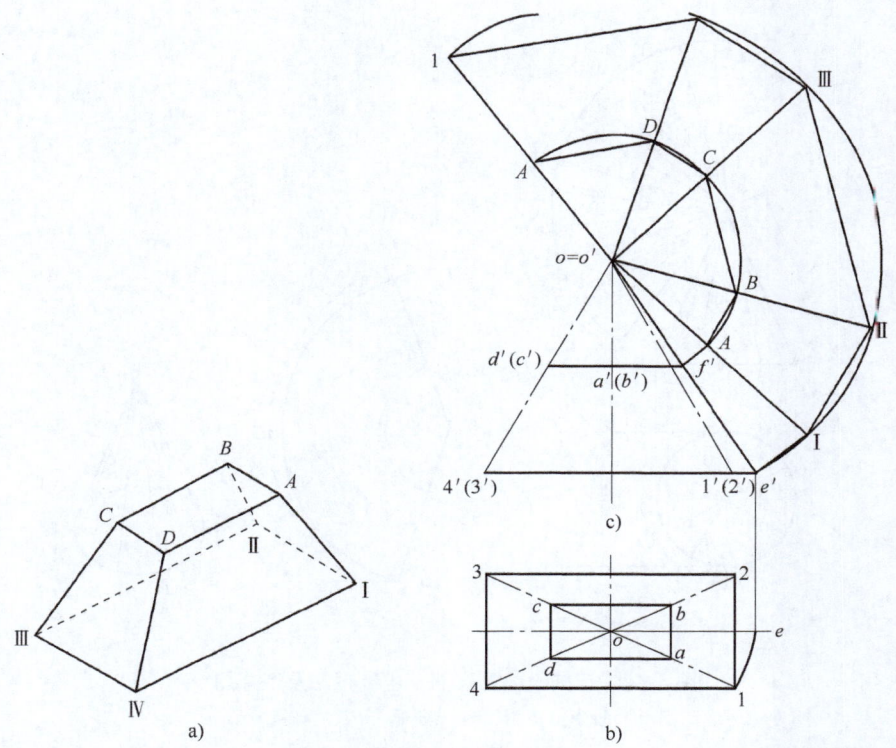

图 3-45 用放射线展开法作正四棱锥面的放样展开图

弧与 oⅡ 交于Ⅱ点，用直线连接ⅠⅡ点，得 oⅠⅡ面的展开图，再以Ⅱ点为起始点，同样的方法用水平投影ⅡⅢ的长为半径进行画弧，交于Ⅲ点，得到 oⅠⅢ的展开图。同理依次作出 oⅢⅣ 与 oⅣⅠ 两棱面实形展开图。

4）作上口各边在展开图的位置，以 o' 为圆心，$o'f'$ 为半径画弧，与 oⅠ、oⅡ、oⅢ、oⅣ 相交于 A、B、C、D 各点，依次用直线连接相邻两点，即可得到正四棱锥面的展开图。

（2）作正圆锥面的展开图　如图 3-46 所示，要想将此图进行展开，必须先将圆锥水平投影任意等分，一般进行 12 等分，得等分点 1、2、3……上下半圆至 12 即可，并通过这些等分点作正投影的垂线，即这些点的正投影 1、2、3……7 即可。用直线将这些点与锥顶进行相连，得到半边的 7 条素线（实际上所谓 12 条素线正投影背面是看不见的，即便想画也是与正面素线重合的）。将这些素线看作是棱面，用该 12 棱锥面代替圆锥面绘制展开图。

其作图步骤如下：

1）在圆锥水平投影上将圆周面进行 12 等分，得等分点 1～12。画出这些等分点的正投影 $1'$、$2'$、$3'$……$12'$，分别连接 $o'1'$、$o'2'$、$o'3'$……$o'12'$，即为圆锥面的素线。

2）主视图的左右两极限位置素线能反映实长，长度等于 $o'1'$。

3）以锥顶 o' 为圆心，以反映实长的素线投影 $o'1'$ 为半径画圆弧，在该圆弧上适当位置取一点 $1''$ 为起点，依次用水平投影上一个等分弦长如 12 的长度在圆弧上截取 12 段，得 $1''$、$2''$、$3''$……，一直到 13 点（实为 $1''$），把这 13 个点依次光滑地进行连接，得到一个扇形，即为正圆锥面的展开图。

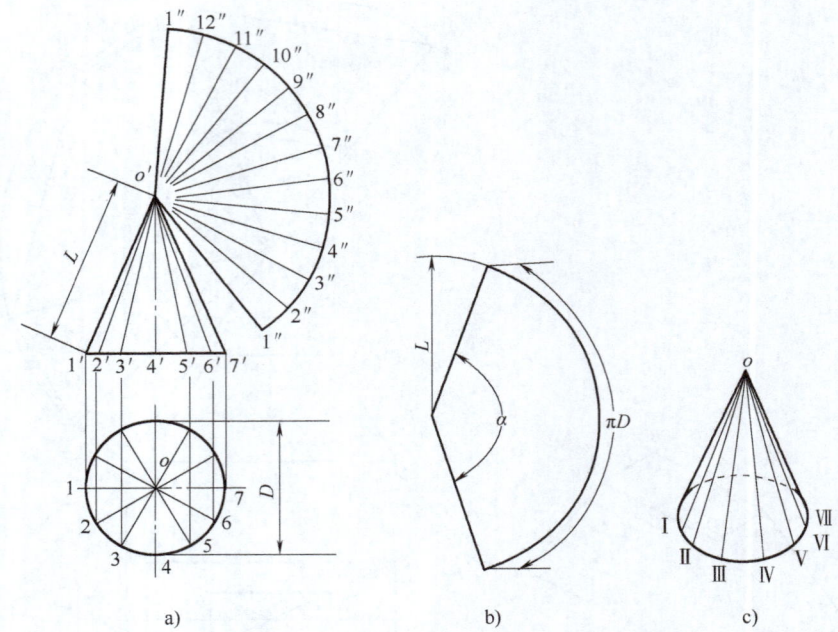

图 3-46 正圆锥面放样图、主俯视图及展开图
a）投影分析图 b）展开图 c）立体图

上述作图过程中，用等分圆周的一个等分弦长代替弧长，得到的展开图实际上是一个近似的展开图，存在一定误差。适当增加等分数，即等分数越多，越接近实形，就可以使其误差保持在工程允许的精度范围内。也可以利用圆锥面投影与展开图间的关系，计算出扇形的中心角，然后进行作图，这样可将误差消除。

(3) **斜截圆锥锥面的展开** 图 3-47 所示为斜圆锥面的立体图、放射图及其展开图。此构件由圆锥面斜截去顶部，斜截面为椭圆，作展开图时应求出锥顶至斜截面素线的长度。

其作图步骤如下：

1）在水平投影图中将圆锥底面分成 12 等份，并作各等分素线的水平投影与正面投影，在正投影图中，交截平面于 a'、b'、c'、d' 等 12 个点。

2）用上题中圆锥面放射展开方法画出圆锥面的展开扇形图，并将中心角进行 12 等分，画出各等分素线。

3）用旋转法求各等分素线至截平面交点的实长，过交点 a'、b'、c'、d'、e'、f'、g' 点作轴线的垂直线段，与轮廓线 $o'7'$ 相交，此交点至 o' 的长为所求各素线实长。

4）分别在各等分素线 $o'Ⅰ$、$o'Ⅱ$、$o'Ⅲ$……依次截取 oA、oB、oC 等，使它们分别等于相应素线的实长，得 A、B、C……各点，并用同样的方法画出另一半对称点，再用光滑曲线将这些点进行连接，即得到斜截圆锥面的放样展开图。

二、平行线展开法

假如某形体的表面是由一组互相平行的直素线所构成的，如棱柱面和圆柱面等，那么表面的展开可以采用平行线法。

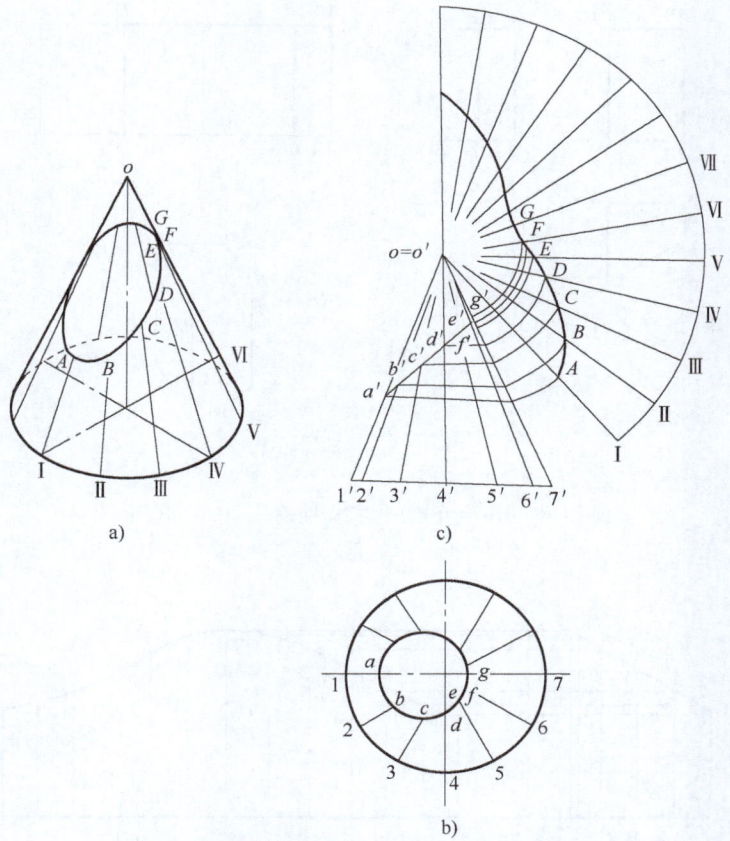

图 3-47 斜圆锥面的立体图、放射图及其展开图
a) 立体图 b) 投影分析图 c) 展开图

1. 平行线展开原理

形体表面如果是由无数条彼此平行的直素线所构成的,那么其相邻两条素线及其上下端口曲线所围的微小面积,就可以近似地看成是梯形或者长方形,当分成的面积较多时,各小平面面积的和就等于形体的表面面积。若把小平面面积按照原来的分割顺序和上下位置不遗漏、不重叠地铺开,则形体的表面就被展开了。按这一原理和方法绘制展开图的方法称为平行线展开法。

2. 平行线展开法应用

(1) 用平行线法作直立四棱柱面的展开图(图 3-48)

从展开图中可以看出,直立四棱柱四条棱边均是垂线,长度相等,上下底面相互平行,仅四个立面的宽度不同,所以展开图上下边必定是一条直线,其作图步骤如下:

1) 在上下底正面投影延长线上依次截取长度 $AB = ab$、$BC = bc$、$CD = cd$、$DA = da$,得到线段 AB、BC、CD、DA,即为四棱面上下棱边实长。

2) 过 A、B、C、D 各点作延长线的垂线分别与另一底边相交,得到 AA'、BB'、CC'、DD'、AA',即可得到直立四棱柱的展开图。

(2) 用平行线法作斜口直立圆柱面的展开图 如图 3-49 所示,圆柱面的轴线垂直于水平面,上口斜截而成。已知尺寸直径 D,高度 H,截面倾角 β。展开图作图步骤如下:

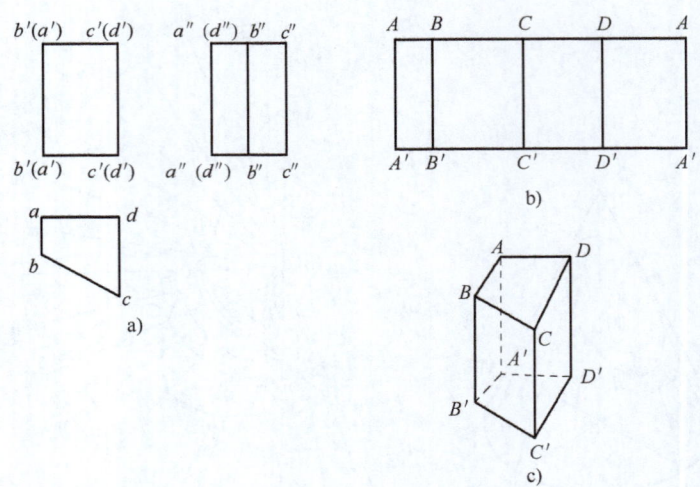

图 3-48 用平行线法作直立四棱柱面的展开图
a) 投影分析图 b) 展开图 c) 立体图

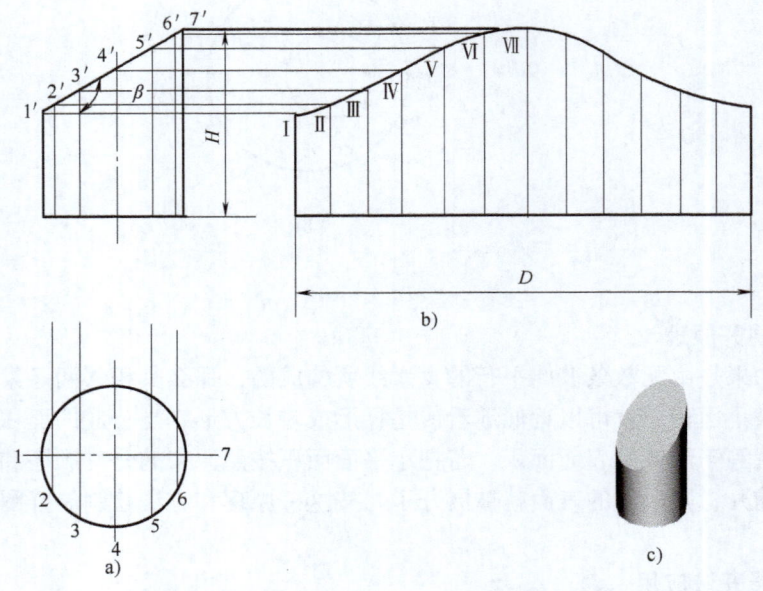

图 3-49 用平行线法作斜口直立圆柱面的展开图
a) 投影分析图 b) 展开图 c) 构件实物图

1) 在水平投影上将下口进行 12 等分，得 12 点，并分别过等分点作主视图底口垂线交斜口于 1′、2′、3′、4′、5′、6′、7′。

2) 作下口底边的延长线，并在延长线上截取 12 段线段，使每段均等于水平投影的已等分弧长，得 12 个交点。

3) 分别过 12 个点作底边延长线的垂线。

4) 过 1′、2′、3′、4′、5′、6′、7′分别作底边的平行线与 12 个点的垂线相交于 12 个点。

5) 用曲线把 12 个交点光滑地连接起来，即得到斜口直立圆柱面的展开图。

需要说明的是这种近似展开法,其断面图等分点越多展开越精确。

3. 平行线展开法特征

平行线展开法的作图步骤,可归纳为:

1)任意等分断面图(或任意分割断面图),由分点向对应视图引出投射线(即素线投射线),在该视图上得到一系列交点,也就是由断面图上的分点确定形体上有关相应的素线位置和素线长度。

2)在该视图素线垂直的方向上截取一线段,使其长度等于正断面周长,并且在此线段上照录断面图上各分点,再过各照录点引出垂直线,与由该视图中在第一步时所得交点而引素线的一组平行的垂直线同名各点对应相交。

3)将交点依次连接,完成展开图。在平行线展开图中所说的断面图是正断面图,也就是和彼此素线都垂直的断面图。在展开图中,断面图伸直后所在的线段,称为展开图的长度,展开图上的曲线,称为展开曲线。与展开长度垂直的直线和展开曲线必有交点,此交点到展开长度所在线段的距离叫作展开图的高度。

任务实施

一、实施准备

1)场地。汽车一体化车间。
2)工量具。钣金锤、量具、画线工具、木锤、錾口锤等每工位一套。
3)材料。1mm 的薄钢板一块,裁剪机或铁皮剪刀 2 套。

二、放样图的展开

1. 求作展开及放样图

根据用平行线法作斜口直立四棱柱的立体图和投影分析图,画出其展开图,如图 3-50 所示。

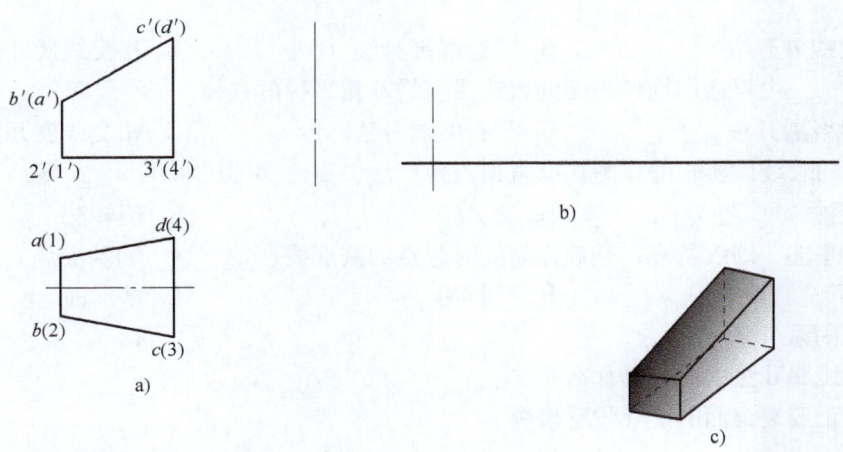

图 3-50 用平行线法作斜口直立四棱柱面的展开
a)投影分析图 b)展开图 c)立体图

2. 制作样板

根据展开及放样图，采用1mm厚的钢板制作样板。

1）确定基准点和基准线。

2）冲孔、划线。

3）裁剪。

3. 打磨修整

使用打磨机打磨板件边缘以去除毛刺，确保板件的光滑和平整性。

检测评价

序 号	作业项目	考核内容	评分细则	分 值	得 分
1	放射线展开法	放射线展开法的画线方法	展开方法表述	20分	
		使用放射线展开法画图	画法准确	30分	
2	平行线展开法	平行线展开法的画线方法	展开方法表述	20分	
		使用平行线展开法画图	画法准确	30分	
合 计				100分	

课后测评

一、填空题

1. 常用的求线段实长的作图法有_____、直角梯形法和旋转法等。

2. 放样可以分为_____和_____两种。

3. 从放样图中可以看出，直立四棱柱四条棱边均是垂线，_____，_____，仅四个立面的宽度不同。

二、选择题

1. _____适用于展开构件表面的线（或棱线）与轴线相交于一点的各种锥体构件。   （   ）

　A. 放射线展开法　　　　　B. 平行线展开法　　　　　C. 相交线展开法

2. _____主要适用构件表面的素线或棱线互相平行的柱体。   （   ）

　A. 放射线展开法　　　　　B. 平行线展开法　　　　　C. 相交线展开法

3. 常用的求线段实长的作图法有直角三角形法、直角梯形法和_____等。   （   ）

　A. 相交法　　　　　　　　B. 交叉法　　　　　　　　C. 旋转法

4. 放样基准、划线基准，是放样划线时起点的基准线、_____和基准点。   （   ）

　A. 锥面　　　　　　　　　B. 平行面　　　　　　　　C. 基准面

三、简答题

1. 放射线展开法的原理是什么？

2. 简述正四棱锥面的展开注意事项。

项目四

车身焊接与切割技术

项目描述

车身焊接与切割技术在汽车钣金修理中应用广泛,即通过适当的手段,使两个分离的金属物体间结合而连接成一体的连接或分离方法。它们是汽车车身维修的前提条件,维持着汽车的安全性能和使用性能,使车身具有较高的强度和华丽的外表,提高了汽车的安全性,保证了汽车的正常行驶。所以它们对汽车的使用性能和安全性能起着重要的作用。本项目主要围绕车身焊接与切割技术进行学习和训练。

任务一 气体保护焊

任务目标

知识目标	1) 了解气体保护焊的概念 2) 掌握气体保护焊的工作原理
技能目标	1) 能对气体保护焊机进行参数调整 2) 会气体保护焊的操作方法

任务描述

焊接不仅应用于各种钢材的连接,而且还可以解决铝、铜等有色金属及钛、锆等特种金属材料的连接,因而在机械制造、汽车制造、航天技术、电子技术及建筑等部门广泛应用。

知识储备

一、二氧化碳惰性气体保护焊

惰性气体保护焊是惰性气体将焊接部分覆盖，促使电弧稳定，利用电弧热熔融焊接部分的金属和送入焊条，使之成为焊缝的焊接方法。

现在国内多数汽车修理厂采用的是半自动二氧化碳弧焊机。焊机的焊丝送给和二氧化碳气体的输送都是自动进行的，而沿焊缝的施焊是手工操作的。它可以使用 ϕ0.6mm、ϕ0.8mm、ϕ1.0mm 的焊丝，对厚度在 0.8～4mm 的工件（如低碳钢、低合金钢和不锈钢等）进行空间全位置的对焊、搭焊和角焊等，并能对铸铁进行补焊。

惰性气体保护焊焊接原理与一般电弧焊原理相同，如图 4-1 所示。

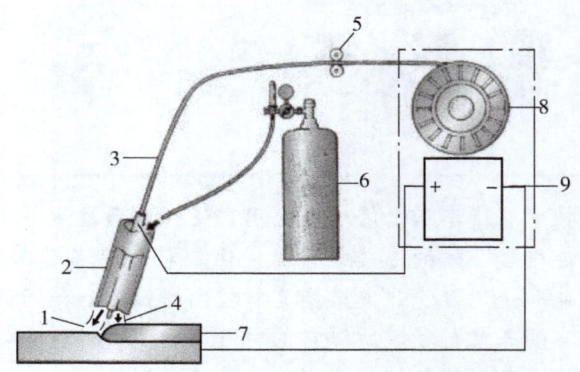

图 4-1 惰性气体保护焊焊接的基本原理
1—电弧 2—焊炬 3—焊丝 4—保护气体 5—送丝机构 6—保护气瓶 7—焊缝工件
8—焊丝卷轴 9—焊机

二、二氧化碳惰性气体保护焊接的工作原理

惰性气体保护焊使用一根焊丝，焊丝以一定的速度自动送给，在母材和焊丝之间出现短弧，短弧产生的热量使焊丝熔化，将母材焊接起来，实现半自动电弧焊接。在焊接过程中，惰性气体对焊位实施保护，以免母材被空气氧化。所使用惰性气体的种类由需要焊接的材料而定，大多数钢材都用二氧化碳进行气体保护，对于铝材则采用氩气或氩、氮混合气进行保护。

三、二氧化碳惰性气体保护焊接特点及应用场合

与常规的焊接相比，惰性气体保护焊有许多优点，不管是在高强度钢构件及整体式车身的修理中，还是在车身外部覆盖件的修理中，都可以使用惰性气体保护焊。

惰性气体保护焊有下列优点：
1）操作方法容易掌握。
2）惰性气体保护焊可使焊接板件100%地熔化。

3）电弧平稳，熔池小，便于控制，溅出物少。
4）惰性气体保护焊更适合有缝隙和不吻合的地方。
5）一般车身钢板都可以用一根通用型的焊丝来焊接。

气体保护焊的缺点是：易产生飞溅、气孔和未熔合等焊接缺陷，焊接时不易观察焊缝熔池，很难用交流电源焊接或在有风的地方施焊，不能焊接容易氧化的有色金属材料。

由于二氧化碳保护焊的焊接过程是在氧化性气氛中进行的，因此冶金反应产生较多的一氧化碳气体，在电弧的高温下，反应产生的气体急剧膨胀，使熔滴破碎而引起金属飞溅。

四、二氧化碳气体保护焊接设备

1. 气体保护焊设备组成

气体保护焊设备由焊接电源、焊枪、送丝机构、供气系统和控制系统组成，如图4-2所示。

图4-2 二氧化碳焊接设备

（1）焊接电源 焊接电源即气体保护焊焊机，为焊接提供所需的电流和电压。通常使用直流电源进行焊接，使用时应注意焊机上对焊枪、板件接线位置的提示。

（2）焊枪 焊枪的主要作用是控制焊接回路的接通、断开、送气、送丝及稳定可靠地向焊丝导电，如图4-3所示。

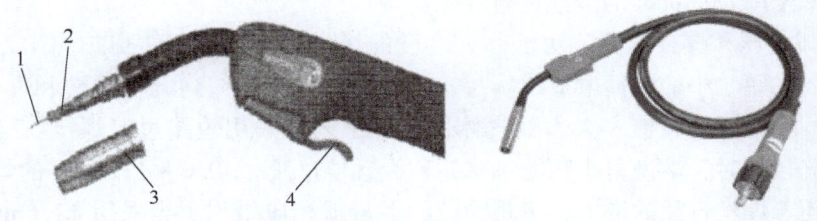

图4-3 一体化焊枪
1—焊丝 2—导电嘴 3—喷嘴 4—控制开关

（3）送丝机构 送丝机构有拉丝式、推丝式和推拉式三种，常用的是推丝式，如图4-4所示。

图4-4 送丝机构

（4）供气系统　气体保护焊供气系统由气瓶、预热器、减压器和流量计等组成，如图4-5所示。预热器的工作电压一般有36V、110V和220V三种，与焊机配套使用，不得混用以免烧坏。

（5）控制系统　气体保护焊控制系统主要对供气、送丝和送电装置进行控制。供气阀、送丝机和焊接电源都安装在焊机壳内部，通过电缆连接到焊枪手把上的接触式开关。压下开关就接通了电源回路，供气和送丝装置随即开始工作；松开开关后就切断了电源回路，各部分就停止工作。

2. 气体保护焊的焊接参数

气体保护焊的规范参数包括电源极性、焊丝直径、电弧电压、焊接电流、气体流量、送丝速度和焊丝伸出长度等。

图4-5 二氧化碳供气系统
1—预热器　2—气压表　3—减压阀
4—气瓶阀　5—气瓶　6—流量指示
7—工作流量调节阀　8—气体输出口

（1）电源极性　当气体保护焊焊接一般材料时，采用直流反接，即焊枪接正极、板件接负极。在大多数焊机上，都会对此做出明确的标识。

（2）焊丝直径　气体保护焊的焊丝直径一般根据板件厚度和焊接位置选择。在汽车维修焊接中，常采用$\phi 0.8$mm的焊丝进行焊接。

（3）电弧电压和焊接电流　对于一定直径的焊丝来说，在气体保护焊中，采用较低的电弧电压，当采用较小的焊接电流焊接时，焊丝熔化所形成的熔滴把母材和焊丝连接起来，呈短路状态，称为短路过渡。大多数气体保护焊工艺都采用短路过渡焊接。当电弧电压较高、焊接电流较大时，熔滴呈小颗粒飞落，称为颗粒过渡。$\phi 0.6 \sim \phi 1.2$mm的焊丝主要采用短路过渡，随着焊丝直径的增大，飞溅颗粒的数量就相应增加。当采用$\phi 1.6$mm的焊丝时，飞溅就会非常严重。

焊接电流与电弧电压是关键的工艺参数。为了使焊缝成形良好、飞溅减少，减少焊接缺陷，电弧电压和焊接电流要相互匹配，通过改变送丝速度来调节焊接电流。飞溅最少时的典型工艺参数和生产所用的工艺参数范围见表4-1。

表 4-1 飞溅最少时的典型工艺参数和生产所用的工艺参数范围

参数\直径 焊丝直径/mm	典型工艺参数		生产工艺参数		短路过渡参数	
	电弧电压/V	焊接电流/A	电弧电压/V	焊接电流/A	电弧电压/V	焊接电流/A
0.8	17~18	80~100	18~22	60~120	18~20	75~120
1.0	18~19	100~120	18~24	80~160	19~21	110~160
1.2	19~20	120~140	18~26	100~260	20~22	150~210
1.6	20~22	140~180	20~28	160~300	21~23	200~250

在小电流焊接时，电弧电压过高，金属飞溅将增多；电弧电压太低，则焊丝容易伸入熔池，使电弧不稳。在大电流焊接时，若电弧电压过大，则金属飞溅增多，容易产生气孔；电压太低，则电弧太短，使焊缝成形不良。

焊接电流和电压的调节是通过焊机面板上的"电流调节器"旋钮来实现的，档位数字越大，焊接时的电流和电压就越大。

(4) 气体流量　气体流量应根据焊接电流、焊接速度、焊丝伸出长度及喷嘴直径来选择，直径≤1mm 的焊丝相应流量为 5~15L/min，直径≥1mm 的焊丝相应流量为 15~25L/min。

气体流量的调节方法为：逆时针方向打开气瓶上的总阀，然后逆时针打开流量计上的气体出口阀。流量计管内的小浮球对应管壁上的数字，就是气体流量数值，需要加大就逆时针转动出口阀手轮，需要减小就顺时针转动出口阀手轮。

(5) 送丝速度　当采用二氧化碳气体保护焊时，必须选用与焊接电流、电压相匹配的送丝速度，才能获得稳定的焊接过程，并控制焊缝的良好成形，可通过面板上的"送丝速度调节器"旋钮进行调节。旋钮对应的速度值越大，焊接时的送丝速度就越快。

(6) 焊丝伸出长度　焊丝伸出长度是指焊接时焊丝伸出导电嘴的长度，它取决于焊丝直径。一般焊丝伸出长度以焊丝直径的 10 倍且不长于 15mm 为宜，如图 4-6 所示。

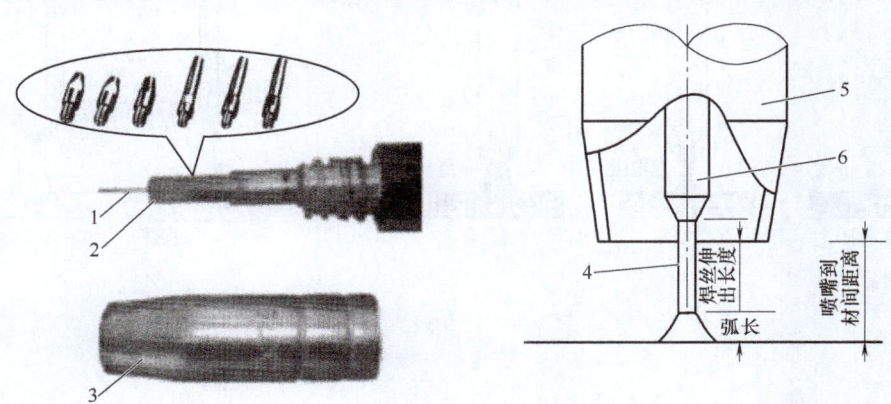

图 4-6　焊丝伸出长度和高度
1、4—焊丝　2、6—导电嘴　3、5—喷嘴

3. 焊接参数的判断与调节

（1）合理焊接规范的主要特征

1）焊缝成形好。

2）焊接过程稳定，飞溅少。

3）焊接时听到稳定而均匀的"噼啪"声音。

4）焊接时看到焊机的电流表、电压表的指针稳定，摆动小。

（2）调整焊接参数的步骤

1）根据工件厚度、焊缝位置，选择焊丝直径、气体流量、焊接电流和送丝速度。

2）在试板上试焊，根据选择的焊丝直径，细心调整焊接电流和送丝速度。

3）根据试板上焊缝成形情况，适当调整焊接电流、送丝速度、气体流量，尽量调整到最佳焊接规范值。

4）在工件上正式焊接过程中，应注意焊接回路接触电阻引起的电压降，及时调整焊接电压，确保焊接过程稳定。

4. 气体保护焊的两种主要熔滴过渡形式

（1）短路过渡　在短路过渡过程中，焊丝与金属熔池接触后才会形成熔滴过渡，熔滴过渡时电弧处在一种间歇状态。当送丝速度大于焊丝的熔化速度时，焊丝接触到熔池形成短路状态，电流迅速增大，通过焊丝的热量迅速增加，同时，焊丝开始变形，在电磁力的作用下，焊丝末端形成很细的颈部，最终在电流和电磁力的持续作用下焊丝末端颈部断开，形成熔滴进入熔池。这种过渡形式的热输入量低，熔池凝固较快，变形小，适合全位置和薄板焊接，如图4-7a所示。

（2）滴状过渡　熔化的金属以大颗粒形式穿过电弧形成熔滴过渡，电流比短路过渡状态时的电流大，而且熔滴的尺寸往往是焊丝直径的2~4倍。熔滴过渡不是沿着电弧的轴线，而是在焊丝末端由于电弧力的影响向上挠曲，最后在熔滴的重力作用下掉入熔池中，或熔滴过大与熔池短路形成过渡，如图4-7b所示。

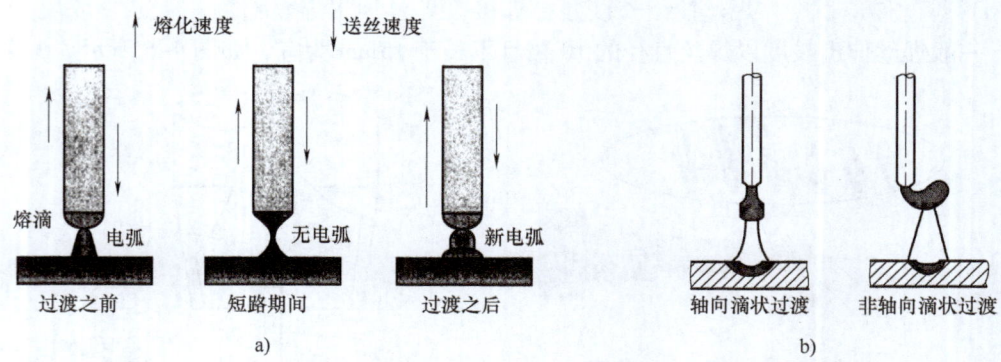

图4-7　熔滴过渡形式

a）熔滴短路过渡的过程　b）熔滴滴状过渡的过程

5. 防堵剂

合理使用焊嘴防堵剂，可以有效避免飞溅物附着在喷嘴内壁，导致喷嘴短路或保护气体流动不畅通，如图4-8所示。

6. 常见焊接缺陷的产生原因及防止方法

（1）因设备原因产生的缺陷

1）送丝不均匀。原因是焊丝盘制动轴太松或太紧、V形槽太小或磨损太大、压紧轮压力太大或太小。防止方法是调整送丝轮及机构。

图4-8　焊嘴防堵剂

2）焊丝打弯，送丝不畅。原因是进丝嘴孔太大、太小，或进丝嘴与送丝轮间距离太大，弹簧软管内径太大、太小或被脏物堵住，软管太短或太长。

3）接触点经常变化、电弧不稳、焊缝不直。原因是导电嘴磨损或孔径太大，防止方法是检查导电嘴后进行更换。

4）气体保护不好、产生气孔、电弧不均匀或不稳定。原因是喷嘴被飞溅物堵死或松动，地线松动或接触处铁锈未除净。防止方法是清理喷嘴或旋紧喷嘴，检查处理地线松动，清除工件上的铁锈。

（2）因焊接方面产生的缺陷主要是气孔　气孔产生的原因有气体纯度不够、水冷式焊枪漏水、没有保护气体、有风或气体流量不合适、喷嘴被飞溅物堵塞、焊枪倾角太大、焊丝伸出长度太大或喷嘴位置太高、弹簧软管内孔堵塞。防止产生气孔的方法如下：

1）加热保护气体。

2）加强熔池的保护，采取有效的防风、避风措施，并选择合适的气体流量。

3）经常清理导电嘴表面和喷嘴内壁附着物，保持导电嘴表面和喷嘴内壁清洁。

4）注意保持焊枪倾角以及喷嘴与板件之间的距离。

5）注意检查焊丝伸出的长度及位置。

6）养成良好的定期保养设备习惯。

任务实施

一、实施准备

1）场地。汽车一体化车间。

2）安全防护用品。工作服、工作帽、工作鞋、手套、防护眼镜、耳塞。

3）设备材料。二氧化碳气体保护焊机、板件、防堵剂、焊接手套、焊接面罩、棉纱手套、色笔。

4）工具。大力钳、锤子、尖嘴钳、划线工具、钢直尺等。

二、设备安全检查

1）戴工作手套。

2）打开配电箱开关，将焊机电源开关置于"开"，调整电流和送丝速度。

3）打开气瓶阀，确认气瓶内的气体可供正常焊接。当瓶内气体压力小于0.1MPa时，将不能满足焊接保护的要求，应及时更换。

将流量调节旋钮逆时针向"OPEN"方向旋转，直到流量指示管内浮球对应的指示数大约为所需要的数值。

4)按一下焊枪开关,检查送气、送丝是否正常。确认正常后,松开加压螺杆,逆时针转动焊丝盘,收回焊丝以避免浪费。

5)如果送丝速度不正常,注意检查焊丝在安装时,送丝轮的丝槽宽度是否与丝径吻合,加压螺杆压力是否合适。当调整压力时,视焊丝直径大小,以送丝时焊丝无被卡现象为宜,如图4-9所示,图中调整到5和6之间。

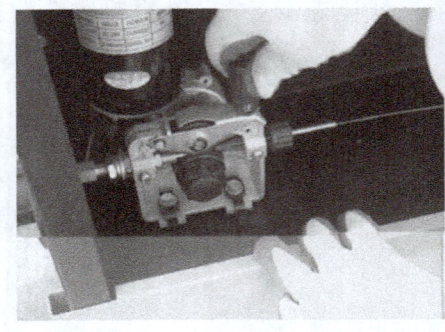 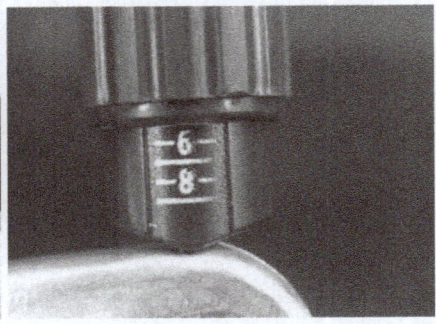

图4-9 调整加压螺杆

6)搭铁(接地线)。在合适位置将地线连接好。

7)调节气体流量。调节二氧化碳气体流量为10~15L/min,如图4-10所示。

图4-10 调整工作气体流量

8)调整焊接参数,根据工件厚度适当调整焊接电流和送丝速度;根据焊接方法调整点焊时间,不是进行点焊时,点焊时间调为"0",如图4-11所示。

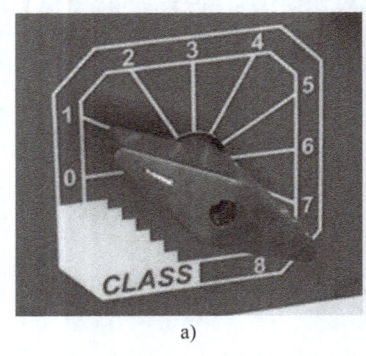 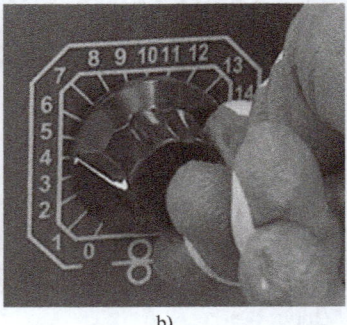 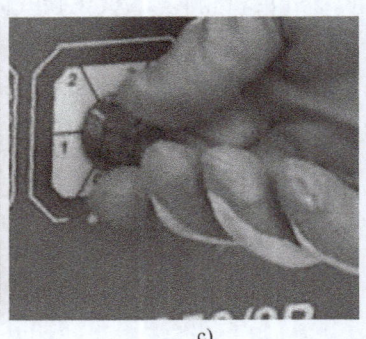

a)　　　　　　　　　b)　　　　　　　　　c)

图4-11 调整参数

a)调整电流　b)调整送丝速度　c)调整点焊时间

9）试焊。
① 按要求穿戴焊接安全服、绝缘鞋和手套。
② 清洁试焊的板件（一般用废件），有必要时敲平以方便焊接，如图4-12所示。
③ 调整焊接台架固定板件的横臂高度，立焊时一般与自己肩膀同高。
④ 使用大力钳、C形钳等夹具将板件夹紧，然后按焊接位置要求固定在焊接台架横臂上。图4-13所示为立焊时的固定方法。

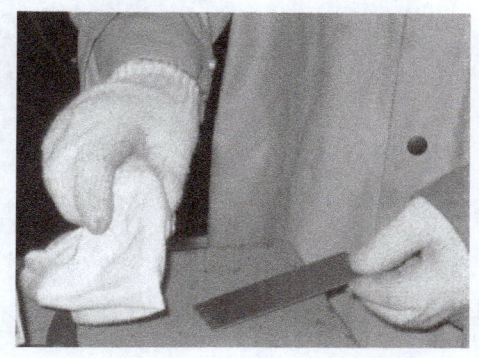
图4-12　清洁板件

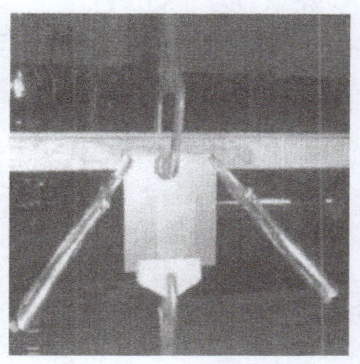
图4-13　立焊时的固定方法

⑤ 清理焊枪，焊丝伸出喷嘴3~5mm，并把过长的焊丝剪去，如图4-14所示。
⑥ 拿好或者戴好防护面罩，将喷嘴靠近板件，焊丝对准焊缝，压下焊枪开关，开始试焊。焊丝与工件间的距离控制在5mm以内，如图4-15所示。

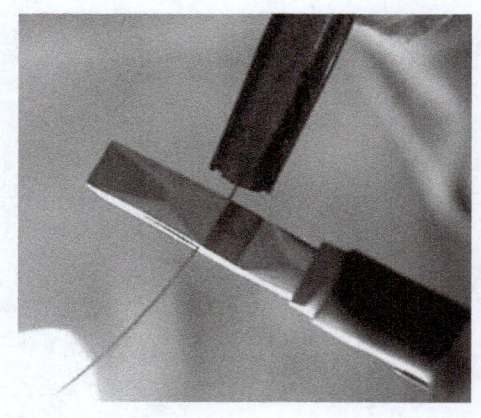
图4-14　剪去过长的焊丝

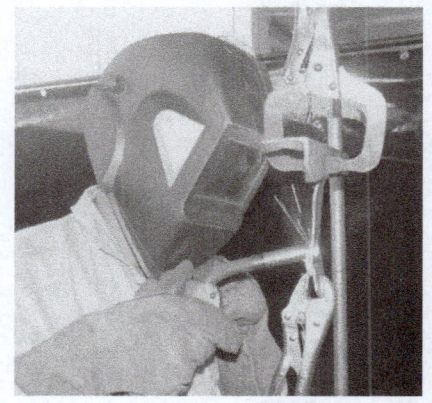
图4-15　焊接

⑦ 试焊期间，要根据实际情况多次进行参数调整，直至得到符合要求的焊缝为止。

三、各种位置焊接的操作训练

1. 平焊（平敷焊/平对接焊/平搭接焊）操作方法

平焊一般采用蹲位、左向焊法。焊接时，焊枪做直线运动，不做左右摆动。焊枪向焊接方向的移动应缓慢、稳定。当采用断弧焊方法焊接薄板时，每一个焊点完成后，焊枪移动的距离应尽量保持均匀，以保证焊缝的连续性。

（1）平焊操作姿势　平焊常用站、坐和蹲等姿势，一般采用蹲位姿态，操作姿势如图4-16所示。

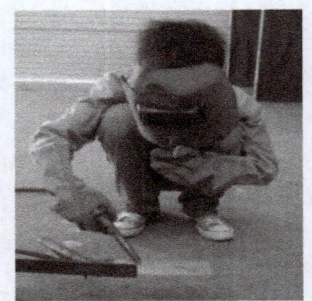

图4-16　平焊的操作姿势

（2）平焊焊枪角度　平焊操作时可以采用左向焊法或者右向焊法。平焊焊枪角度如图4-17所示。焊枪角度对左向焊法和右向焊法焊缝影响如图4-18所示。

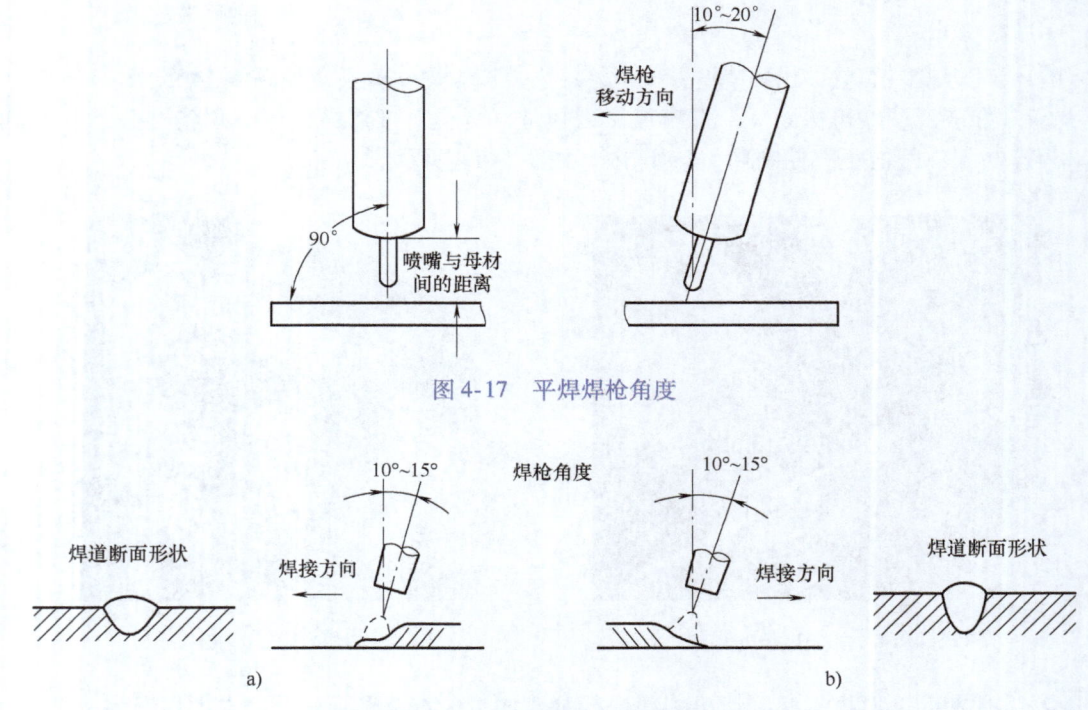

图4-17　平焊焊枪角度

图4-18　焊枪角度对左向焊法和右向焊法焊缝影响
a）左向焊　b）右向焊

（3）平焊操作要领

1）控制电弧及焊点。首先调试好焊接参数，然后在板件左端焊缝起始处引燃电弧，经过0.5~1s的时间形成第一个焊点，然后松开开关熄弧。重复此动作并开始向右焊接，焊枪在焊缝方向从左向右小幅度移动，不做两侧的横向摆动。在焊接和移动过程中，要严格保持焊枪喷嘴与板件之间的距离，不要随意抬起焊枪，以保证焊丝伸出长度不变，同时使焊缝获得良好、持续的气体保护。

2) 控制熔池的大小。熔池的大小决定背部焊缝的宽度和余高，要求焊接过程中严格控制熔池直径。若熔池太小，则根部熔合不好；若熔池太大，则根部焊道变宽和变高，容易引起烧穿和产生焊瘤。要求焊接过程中仔细观察熔池大小，并根据熔池直径的变化、工件温度的变化情况，及时调整焊接时间和焊接速度。施焊中要保持熔池直径不变，熟练地掌握单面焊双面成形操作技术，获得宽窄与高低均匀的背部焊道。

控制熔池大小及焊缝成形的要点有以下三方面：

① 控制好每一次焊接的持续时间。焊接持续时间长，则焊点面积大、熔池温度高，容易导致板件被烧穿；时间短则熔池来不及成形，导致背面焊缝不成形。

② 控制好两次焊接之间的时间间隔。间隔时间太短会使板件温度过高，导致板件烧穿；间隔时间太长会使板件温度太低，导致起弧不顺利，焊点熔合不良。

③ 控制好每次焊点完成后的移动距离。移动距离太小会导致焊缝堆积过高、焊丝回烧损坏导电嘴；移动距离太大会导致焊缝连续性差，甚至不能形成完整的焊缝。

3) 保证焊缝两侧的熔合。在焊接过程中注意观察板件表面的熔合情况，依靠电弧在板件表面的停留，保证两板件熔化并与熔池边缘熔合在一起。

4) 控制喷嘴的高度。在焊接过程中，始终保持喷嘴与板件表面有 5~8mm 的距离，并确保焊丝伸出长度不超过焊丝直径的 10 倍。

2. 立焊（立敷焊/立对接焊/立搭接焊）**操作方法**

(1) 立焊操作姿势　立焊一般采用蹲姿，当使用头戴式面罩时，可以采用双手握枪的操作动作，如图 4-19 所示。

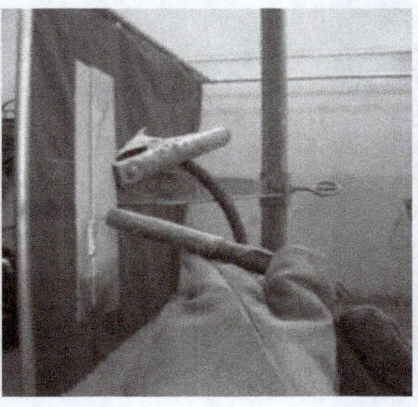

图 4-19　立焊操作方法

(2) 立焊焊枪角度　二氧化碳立焊有向上立焊和向下立焊两种方法，焊枪角度如图 4-20 所示。一般采用向下立焊的焊接方法。

(3) 立焊操作要领

1) 控制电弧及焊点。首先调试好焊接参数，然后在板件起焊端焊缝起始处引燃电弧，经过 0.5~1s 的时间形成第一个焊点，然后松开开关熄弧。重复此动作并开始向上或向下焊

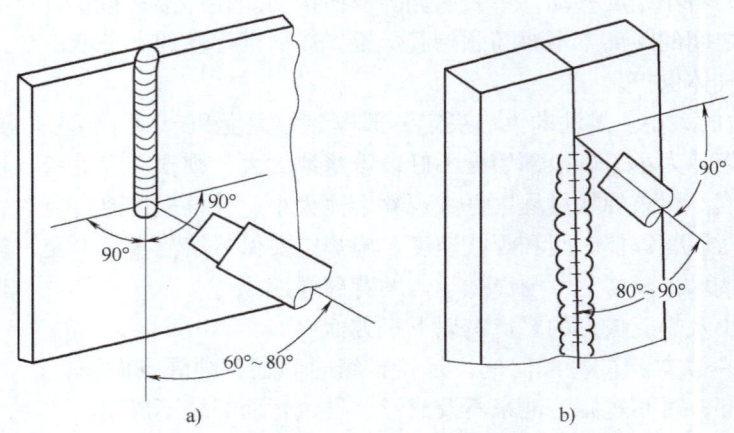

图4-20 焊枪角度
a）向下立焊时的焊枪角度 b）向上立焊时的焊枪角度

接，焊枪在焊缝方向上做小幅度移动，不做左右方向上的摆动。

2）控制熔池的大小，保证焊缝两侧的熔合，操作要求等与平焊时相同。

3）控制喷嘴的高度。在焊接过程中，始终保持喷嘴与板件表面有4~5mm的距离，并确保焊丝伸出长度不超过焊丝直径的10倍。

3. 横焊（横敷焊/横对接焊/横搭接焊）**操作方法**

（1）横焊操作姿势　横焊一般采用蹲姿，姿势与立焊相同，当使用头戴式面罩时，可以采用双手握枪的操作动作，如图4-21所示。

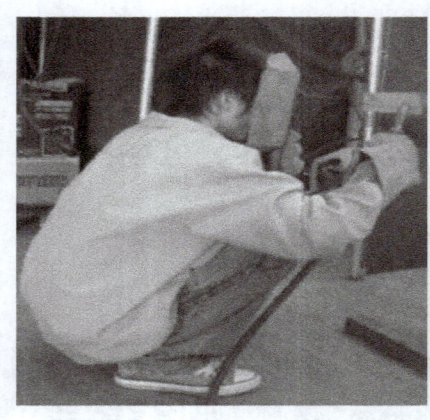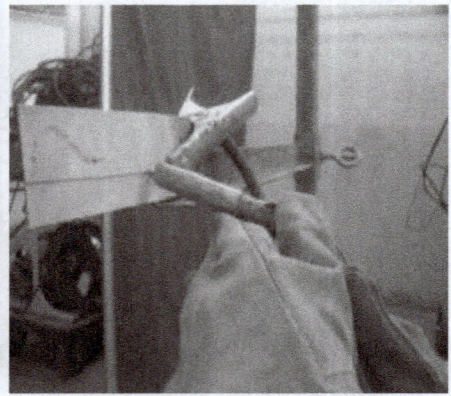

图4-21 横焊操作方法

（2）横焊焊枪角度　横焊时，一般厚板采用左焊法，薄板采用右焊法，焊枪角度如图4-22所示。

（3）横焊操作要领

1）控制电弧及焊点。首先调试好焊接参数，然后在板件右端焊缝起始处引燃电弧，经过0.5~1s的时间形成第一个焊点，然后松开开关熄弧。重复此动作并开始向左焊接，焊枪在焊缝方向上做小幅度移动，不做上下方向的摆动。

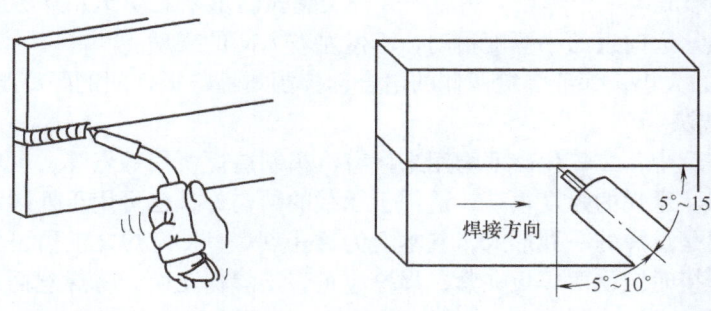

图 4-22　横焊时焊枪的角度

2）控制熔池的大小，保证焊缝两侧的熔合，控制喷嘴与板件间的距离等操作要求与立焊时相同。

4. 仰焊（仰敷焊/仰对接焊/仰搭接焊）**操作方法**

（1）仰焊操作姿势　仰焊也叫作抬头焊，一般采用蹲姿或站姿，当使用头戴式面罩时，也可以采用双手握枪的动作，如图 4-23 所示。

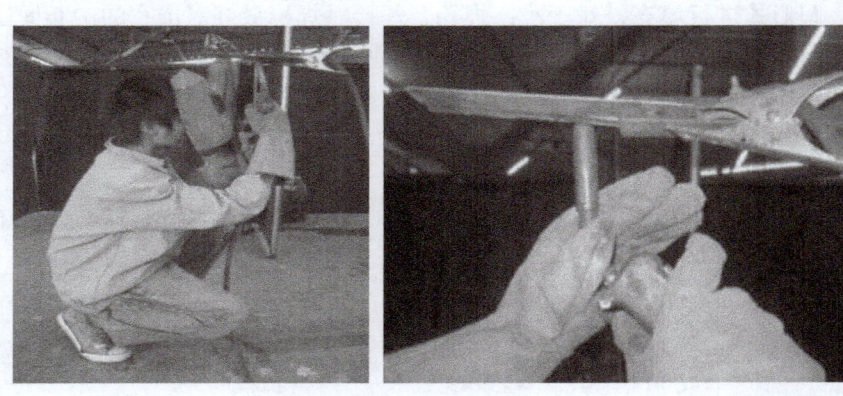

图 4-23　仰焊操作方法

（2）仰焊焊枪角度　仰焊时一般采用从远端到近端的焊法，焊枪角度如图 4-24 所示。

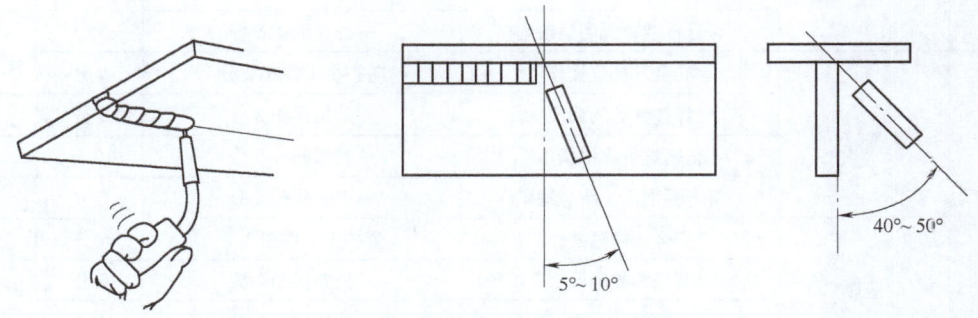

图 4-24　平面仰焊时焊枪的角度与位置

（3）仰焊操作要领

1）控制电弧及焊点。首先调试好焊接参数，然后在板件远端焊缝起始处引燃电弧，经过0.5~1s的时间形成第一个焊点，然后松开开关熄弧。重复此动作并开始向近端焊接，焊枪在焊缝方向上做从远向近的小幅度移动，不做左右方向的摆动。

2）控制熔池的大小，保证焊缝两侧的熔合，控制喷嘴与板件间的距离与立焊时相同。

5. 塞焊操作方法

在汽车钣金修理中，二氧化碳塞焊用来代替汽车制造厂所用的点焊，可用于车身任何点焊部位的焊接维修。塞焊的强度很高，适用于承载的结构件，也可用于外围装饰板和薄板件的焊接维修。塞焊是点焊的一种形式，基本上为透孔点焊，即塞焊之前需要先在外侧焊板上钻或冲出孔来。焊接时应将两焊板夹紧，焊枪应垂直于焊板正面，将焊丝插入孔内，短暂地按下开关激发电弧，维持电弧1~2s的时间并绕孔边画圆，以便焊丝在孔内形成熔池，然后松开开关，让熔池在气体保护范围内冷却凝固。

(1) 塞焊操作姿势与焊枪角度　塞焊一般采用蹲姿，平、立、横、仰、塞焊时的焊枪角度与相应位置对接焊时相同。

(2) 塞焊操作要领　控制电弧及焊点：首先调试好焊接参数，然后在塞孔中部引燃电弧，经过1~2s的时间并绕孔边画圆形成焊点，最后松开开关熄弧。

焊接操作：塞焊孔径一般为5~10mm。当塞焊孔较大时，焊枪应沿孔缘缓慢地做圆周移动，呈空心圆形式进行填充；对于小塞焊孔，焊接时焊枪最好对准孔的中心固定不动。在进行塞焊时，应将焊枪与板件母材靠近些，一般距离不超过10mm，这样可以改善焊接质量；应熔透到下层板内，如果焊点处背面有圆形凸起，则说明熔透良好。

检测评价

序　号	作业项目	考核内容	评分细则	分　　值	得　　分
1	平焊	安全、规范操作	防护少1件扣2分	5分	
		焊接参数的调节	一处错误扣2分	5分	
		正确进行焊接操作	一处错误扣5分	10分	
		符合标准，无明显缺陷	一处缺陷扣5分	5分	
2	立焊	安全、规范操作	防护少1件扣2分	5分	
		焊接参数的调节	一处错误扣2分	5分	
		正确进行焊接操作	一处错误扣5分	10分	
		符合标准，无明显缺陷	一处缺陷扣5分	5分	
3	仰焊	安全、规范操作	防护少1件扣2分	5分	
		焊接参数的调节	一处错误扣2分	5分	
		正确进行焊接操作	一处错误扣5分	10分	
		符合标准，无明显缺陷	一处缺陷扣5分	5分	
4	塞焊	安全、规范操作	防护少1件扣2分	5分	
		焊接参数的调节	一处错误扣2分	5分	
		正确进行焊接操作	一处错误扣5分	10分	
		符合标准，无明显缺陷	一处缺陷扣5分	5分	
合　计				100分	

课后测评

一、填空题

1. 惰性气体保护焊又称为_____。
2. 一般用二氧化碳或二氧化碳和氩气的混合气体,即_____%氩气和_____%二氧化碳。
3. 气体保护焊的两种主要熔滴过渡形式有_____和_____。
4. 气体保护焊的规范参数包括电源极性、_____、_____、_____、送丝速度和焊丝伸出长度等。

二、选择题

1. 一般用二氧化碳或二氧化碳和氩气的混合气体,即75%氩气和_____二氧化碳。(   )
  A. 15%   B. 35%   C. 25%
2. 导电嘴到工件的距离一般是_____。(   )
  A. 3~5mm   B. 5~10mm   C. 7~15mm
3. 焊接速度由工件厚度和_____因素决定。(   )
  A. 焊接电压   B. 焊接电流   C. 焊接角度
4. 调整导电嘴到喷嘴的距离大约为_____,焊丝伸出喷嘴大约为_____。(   )
  A. 3mm 4~5mm   B. 3mm 4~8mm   C. 3mm 5~8mm

三、简答题

1. 气体保护焊的结构由哪几部分组成?
2. 简述气体保护焊接的操作注意事项。

任务二　　氧乙炔焊

任务目标

知识目标	1) 熟悉氧乙炔焊接设备的组成和作用 2) 理解气焊工艺参数的调整方法
技能目标	会氧乙炔焊接设备的使用和焊接

任务描述

在汽车车身修复中,氧乙炔焊是不可缺少的,在铜焊作业、钢板的切割作业和整形矫正、车架大梁的矫正以及其他加工作业中都要用到,同时氧乙炔焊也是一种便利的加热工具。通过本任务学习,要求学生能理解氧乙炔焊设备相关的知识内容,掌握焊接的基本操作方法。

知识储备

一、氧乙炔焊在车身维修中的应用

氧乙炔焊属于熔焊的一种,是利用可燃气体(乙炔)和助燃气体(氧气),在焊炬的混

合室内混合、喷出并点燃后，通过发生剧烈的氧化燃料（可达3000℃左右）来熔化焊件金属和焊丝并使之熔合的一种焊接方法，因此也有气焊之称。

氧乙炔焊火炬的热量不容易集中，并且由于焊接过程加热面积较大及金属热传导的原因，不仅会使构件发生较大的变形，而且会改变原有金属材料的性质，使力学性能劣化而影响焊接件的寿命。氧乙炔具有加热均匀、设备简单和操作方便等优点，但氧乙炔焊具有加热面积大、热影响区宽和焊后构件变形大等缺点，因此，在现代汽车车身维修中用得较少。

氧乙炔焊接设备主要有气瓶、焊炬、减压器、回火防止器和橡胶管等。

1. 气瓶

乙炔瓶和氧气瓶是用来分装可燃气体的容器，二者在结构、尺寸、外形和颜色等许多方面都有区别。

气瓶包括氧气瓶和乙炔瓶。氧气瓶（图4-25a）是用于储存氧气的一种高压容器，瓶身为天蓝色，容积为40L。氧气瓶应避免阳光直射和剧烈振动，应直立放置，严禁沾染油脂，在瓶内氧气留有0.1~0.15MPa的压力时即应更换。

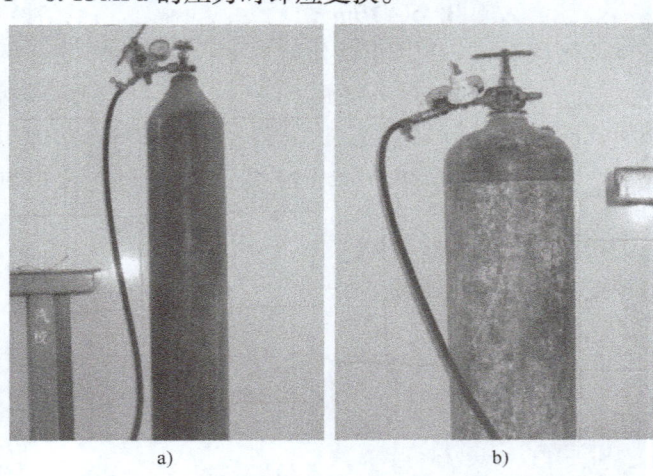

图4-25 气瓶
a) 氧气瓶 b) 乙炔瓶

乙炔瓶和氧气瓶相比有些区别。乙炔瓶瓶身为白色且瓶径较粗（图4-25b），用较薄的钢板焊接而成。因为乙炔不能直接以高压冲入钢瓶内，故瓶内充以多孔材料，如石棉和活性炭等，将这些材料浸透液态丙酮，利用乙炔能溶解于丙酮的特性，保持吸水纸那样通过丙酮吸收并大量液化乙炔。在瓶内乙炔留有0.05~0.1MPa的气时即应更换。

乙炔瓶工作压力为147MPa，使用时应避免振动、高温和10m以内的明火等。放置时瓶体应直立，否则会因丙酮溢出而发生火灾及爆炸事故。

2. 焊炬

焊炬（俗称焊枪）是气焊的主要工具。由溶解乙炔气瓶和氧气瓶分别输出气体，通过焊炬按适当比例混合并以一定流速喷射，才能在焊嘴出口形成满足焊接要求的稳定火焰。焊炬依可燃气与氧气的混合方式分为射吸式焊炬和等压式焊炬两类，按焊炬尺寸和质量可分为标准型和轻便型两种，按火焰数目则将其分为单焰和多焰两类。焊炬的作用是使可燃气体与助燃气体以一定比例混合，以一定的流速喷出并燃烧而生成一定能量、成分和形状稳定的焊接火焰,以进行气焊工作。图 4-26 所示为焊炬构造图。由图可以看出,割炬与焊炬的主要区别在于,割炬多了一根用于切割的氧气通道,切割嘴主喷孔周围环绕的即为预热用混合气,加热达到一定温度时再用主喷口送出的氧气切割。

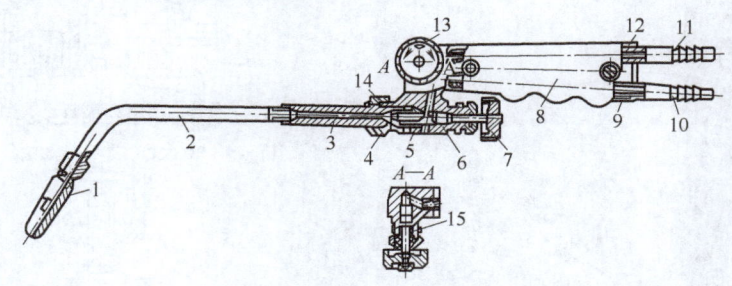

图 4-26 焊炬构造图

1—焊嘴 2—混合气管 3—射吸管 4—喷嘴 5、15—乙炔阀针 6—主体 7—氧气调节阀
8—手柄 9—氧气进气管 10—氧气接头 11—乙炔接头 12—乙炔进气管
13—乙炔调节阀 14—射吸管螺母

低压(射吸式)焊炬的工作原理是由于氧气的压力较高,而乙炔的压力较低,当氧气通过喷射管从喷嘴喷出时,利用高压氧的射吸作用,吸出在喷嘴周围的低压乙炔并按一定比例混合,以一定的流速经混合气体通道从焊嘴喷出,低压焊炬工作压力在 0.001MPa 以上即可使用,通用性强,低压、中压乙炔都可使用,图 4-27 所示为低压焊炬的工作原理图。

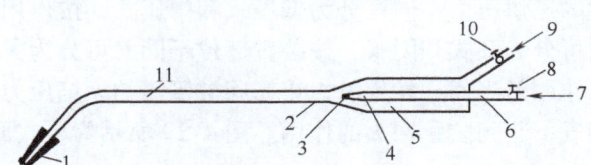

图 4-27 低压焊炬的工作原理图

1—焊嘴 2—射吸管 3—喷嘴 4—喷射管 5—乙炔通道 6—氧气通道 7—氧气
8—氧气调节阀 9—乙炔 10—乙炔调节阀 11—混合气体通道

等压式焊炬的工作原理是氧气和乙炔以相等的压力经过各自的通道,氧气与乙炔是在喷嘴处通过混合室以一定的比例混合,并以一定的流速从焊嘴喷出。等压式焊炬在使用过程中火焰燃烧稳定,不容易造成回火,但不宜使用低压乙炔,因此很少使用。

3. 减压器

减压器又称为压力调节器或气压表,其作用是将储存在气瓶内的高压气体减压到所需的压力并保持稳定。如氧气瓶内氧气的工作压力在 0.1~0.4MPa 范围内,乙炔瓶内乙炔的工作压力应不大于 0.15MPa。

减压器的工作原理是气体经入口进入高压室,当高压室内的气体经活门与活门座间的缝隙流入装有弹性薄膜的低压气室时,由于其体积的膨胀而使压力降低。图 4-28 所示为减压器的构造。

4. 回火防止器

在气焊过程中,有时会发生混合气体火焰倒流的现象,这种现象称为回火。产生回火的

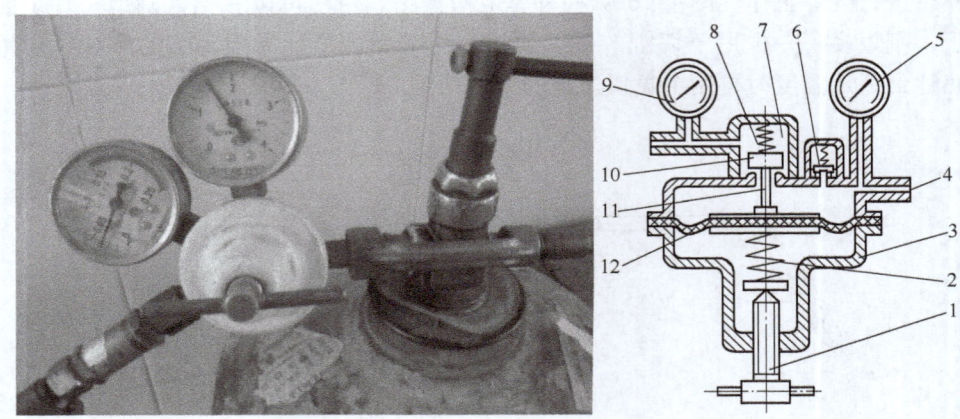

图 4-28 减压器的构造
1—调节螺栓 2—调压主弹簧 3—壳体 4—低压出口 5—低压表 6—减压器安全阀
7—高压气室 8—调压副弹簧 9—高压表 10—阀门 11—推杆 12—减压膜片

主要原因是由于混合气体从焊炬的喷射孔喷出的速度小于混合气体的燃烧速度。为了防止火焰倒流燃烧而引起乙炔瓶爆炸事故，必须在乙炔软管与乙炔瓶之间安装回火防止器。

回火防止器的作用是把倒流的火焰与乙炔瓶隔绝，防止火焰进入乙炔瓶；同时，当发生回火以后，回火防止器立即断绝乙炔的气源，这样倒流的火焰就自行熄灭。

回火防止器按通过的乙炔压力不同可分为低压式和中压式，按作用原理不同可分为水封式和干式，按构造不同可分为开式和闭式，按装置部位不同又可分为集中式和岗位式。

干式回火防止器的作用是当回火发生时，止回阀被倒流的火焰压力推动到阀座上，使逆止阀关闭，同时停止供气，起到防止回火的作用。图 4-29 所示为干式回火防止器。

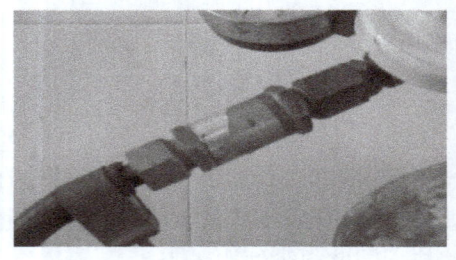 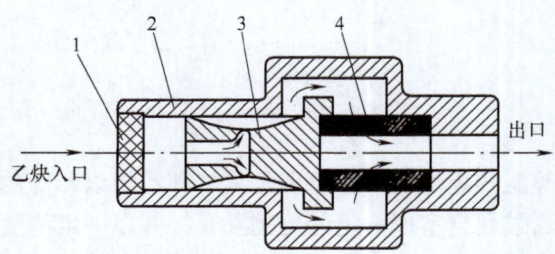

图 4-29 干式回火防止器
1—过滤网 2—壳体 3—滑阀 4—粉末冶金过滤网

5. 橡胶管

橡胶管是作为气瓶与焊炬的连接，氧气管允许工作压力为 1.0MPa，乙炔管工作压力为 0.5~1.0MPa。氧气管内径为 8mm，乙炔管内径为 10mm。氧气管为红色，乙炔管为黑色。

二、焊接工艺

1. 火焰

气体火焰按氧气与乙炔混合的不同比例可分为中性焰、碳化焰和氧化焰三种，如

图4-30所示。

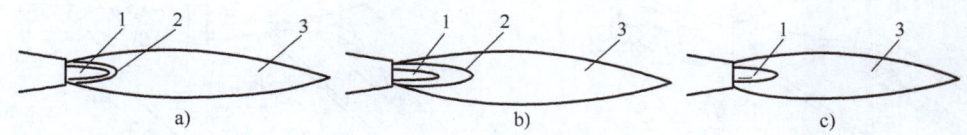

图4-30 氧乙炔火焰的种类
a) 中性焰 b) 碳化焰 c) 氧化焰
1—焰芯 2—内焰 3—外焰

(1) 中性焰 在混合室内，乙炔与氧气的体积比为1:1.3时即生成中性焰，最高温度可达3200℃。中性焰有三个明显的区域，即焰芯、内焰和外焰。焰芯色白而明亮，呈尖锥形，轮廓清楚。内焰呈杏核形，有深蓝色线条。外焰和内焰没有明显的界线，只从颜色上可以略加区别。外焰的颜色由里向外逐渐由淡紫色变为橙黄色。

(2) 碳化焰 在混合室内，当乙炔与氧气的体积比小于1:1.3时，尚有部分乙炔未燃烧，即生成碳化焰。碳化焰明显分成三部分，焰芯呈白色，外围略带蓝色；内焰为淡白色；外焰特别长，仍为橙黄色。火焰的最高温度为2700~3000℃。

(3) 氧化焰 在混合室内，当乙炔与氧气的体积比大于1:1.3时，尚有部分过剩的氧气，即生成氧化焰。氧化焰只有两部分，焰芯短而尖，呈青白色；外焰也较短，稍带紫色。火焰的最高温度为3500℃。

2. 气焊工艺参数的选择

(1) 焊丝直径 焊丝直径要根据焊件的厚度及焊缝在空间的位置来确定。如果焊丝直径偏细，则容易造成焊件还未熔化而焊丝却已熔化下滴的现象，容易引起熔合不良及加丝落点不准或焊波高低不平；如果焊丝直径偏粗又容易造成对焊件加热时间过长而引起热影响区偏宽及焊波粗糙而降低焊缝质量。

(2) 火焰能率 火焰能率是指在单位时间内所获得的热量。火焰能率取决于焊炬型号和焊嘴号码。厚度大、熔点高和导热性好的焊件选择的火焰能率较大，焊接小件、薄件，或是立焊、仰焊等，火焰能率较小。

(3) 焊炬的倾角 焊炬的倾角是指焊嘴的中心线与焊件平面的倾斜角度。其角度的大小由焊件的厚度和焊件的热物理性能来决定，即在焊接厚度大、熔点高和导热性好的焊件时，焊嘴的倾角要大些；相反焊接厚度小、熔点低和导热性差的焊件时，焊嘴的倾角要小些。

(4) 焊接方向 焊接方向可分为左焊法和右焊法，焊接操作方法如图4-31所示。

左焊法是由焊缝的右端向左边方向施焊。用这种方法使两侧的母材都均匀熔融，能获得高度和宽度均匀的焊缝。操作简单、容易掌握，适用于薄板或低熔点工件的焊接。

右焊法是由焊缝的左端向右边方向施焊。用这种方法可使焊缝缓慢冷却，形成的焊缝组织细密，火焰能率利用率高，熔深大，生产率高。但操作技术难度较大，一般不容易掌握，对焊件没有预热作用，只适用于中、厚板焊接。

(5) 焊接速度 焊接速度一般应根据焊件的厚度、坡口尺寸、材料性能及技能熟练程度自行掌握。一般而言对薄板焊接速度应快些，而对中、厚板应适当放慢焊接速度。

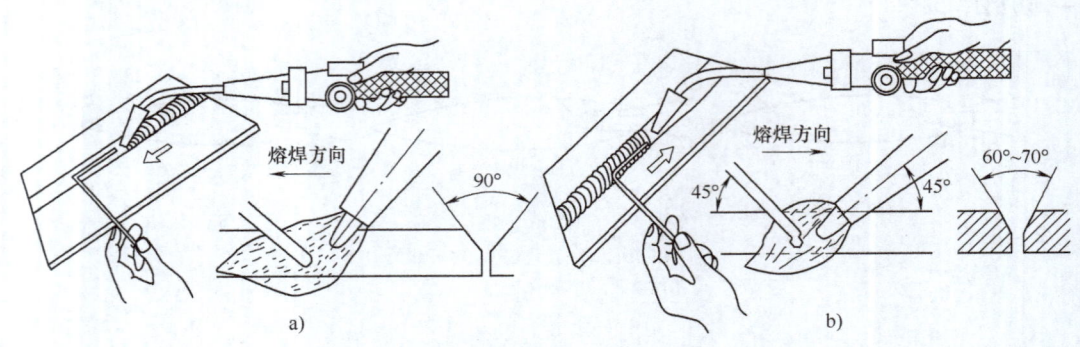

图 4-31 焊接操作方法
a) 左焊法 b) 右焊法

任务实施

一、实施准备

1) 场地。汽车一体化车间。
2) 安全防护用品。工作服、工作帽、工作鞋、手套、防护眼镜、耳塞。
3) 设备工具材料。二氧化碳气体保护焊机；板件、废板件、防堵剂、焊接手套、焊接面罩、棉纱手套、色笔；大力钳、锤子、尖嘴钳、划针、钢直尺等。

二、维护和安全知识

1) 氧乙炔焊设备使用和操作安全技术应按照《焊接与切割安全》（GB 9448—1999）中的有关规定及安全操作规程执行。
2) 施焊地点附近及其下方，不得有易燃易爆物品。
3) 焊接前，需穿戴工作服、焊接手套和面罩等，防止飞溅。
4) 施工现场应设置消防设备。
5) 工作完毕，应对全部焊接设备、器具进行维护保管。

三、操作过程

1) 熟悉图样并清理焊件表面。
2) 将焊件放置在工位上，保持焊件处于平焊位置。
3) 用粉笔在焊件表面划平行线，间隔 25mm 为宜。
4) 气焊设备及工具安装妥当后，选择合适的气焊参数。
5) 采用中性焰、左向焊法。

四、气焊操作步骤

1. 焊件清理

焊前应采用钢丝刷、砂布对焊件表面的氧化皮、铁锈、油污及脏物等彻底清理，直至露出金属光泽。

2. 选择焊丝

选择焊丝时着重考虑焊丝的力学性能和化学成分，应与焊件的相同或相近。

3. 选择焊接火焰

根据不同材料和焊件正确地选择和掌握火焰的成分。

4. 气焊操作

（1）预热　在焊接开始时，对焊件进行预热。将火焰对准接头起点进行加热，为了缩短加热时间，尽快形成熔池，可将火焰中心（焊炬喷嘴中心）垂直工件放置。当熔池的即将形成前，将焊丝伸向熔池的同时进行加热，如图4-32a所示。

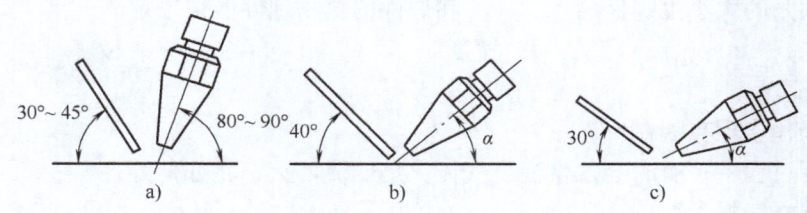

图4-32　气焊操作
a）预热　b）焊接过程中　c）焊接结束填满弧坑

（2）焊接　加热结束后，倾斜火焰中心，待焊丝熔滴填满熔池，移动火焰和焊丝连续进行焊接。在焊接过程中，火焰倾斜角可根据焊件厚度在20°~60°范围内选择。同时，要操纵焊炬使火焰向斜上方摆动，断续对熔池和焊丝加热，不断形成新的熔池和焊丝熔滴，使得焊接得以连续进行，如图4-32b所示。

（3）收尾　当焊接结束时，为了使焊缝成形良好，要将最终的弧坑填满。这时，可使火焰中心的倾斜角更小，并使火焰摆动以防止烧坏焊件，同时加热焊丝使快速形成熔滴注满弧坑，如图4-32c所示。

检测评价

作业项目	考核内容	评分细则	分值	得分
气焊	防护设备的使用	穿戴正确	20分	
	设备的调整	参数符合要求	10分	
	焊缝质量检测	焊道成形	30分	
		焊缝边缘和母材间过渡	20分	
		焊缝尺寸	20分	
合　计			100分	

课后测评

一、填空题

1. 氧乙炔焊接设备主要有_____、_____、_____、_____和橡胶管等。
2. 气体火焰按氧气与乙炔混合的不同比例可分为_____、_____和_____三种。

3. 焊丝直径要根据_____及_____在空间的位置来确定。
4. 气焊参数有_____、_____、_____、_____和_____。

二、选择题

1. 氧乙炔焊属于熔焊的温度最高可达_____。　　　　　　　　　　　　　　　（　　）
   A. 1000℃　　　　　　　　　B. 5000℃　　　　　　　　　C. 3000℃
2. 在混合室内，乙炔与氧气的体积比为_____时，即生成中性焰。　　　　　（　　）
   A. 1∶1　　　　　　　　　　B. 1∶1.5　　　　　　　　　C. 1∶1.3
3. 焊接方向可分为左焊法和_____。　　　　　　　　　　　　　　　　　　（　　）
   A. 右焊法　　　　　　　　　B. 逆向焊接法　　　　　　　C. 正向焊接法
4. 焊炬倾角的大小由焊件的_____和焊件的热物理性能来决定。　　　　　（　　）
   A. 厚度　　　　　　　　　　B. 宽度　　　　　　　　　　C. 长度

三、简答题

1. 气焊操作步骤有哪些？
2. 在气焊过程中，有时会发生混合气体火焰倒流回火，将如何处理？
3. 如何选择气焊参数？

任务三　焊条电弧焊

 任务目标

知识目标	1）了解焊条电弧焊机设备的使用 2）熟悉焊条电弧焊条的选用
技能目标	会使用焊条电弧焊焊接操作

任务描述

在行驶过程中，车辆由于多种原因产生严重碰撞，导致车身损坏较严重，需对车身受损的车身骨架进行切割更换，重新通过焊接来连接。焊条电弧焊作为常用的焊接方式，在大型汽车维修中还有用武之地，如车架大梁的损坏修复。在此重点学习焊条电弧焊点焊操作，连续焊可在此基础上增加直线方向的运条动作即可。

知识储备

一、焊条电弧焊的基本原理

焊条电弧焊是用手工操作焊条进行焊接的电弧焊方法，它利用焊机提供的焊接电流在焊条与板件之间产生的电弧的热量，使焊条金属与母材熔化形成焊缝。焊条电弧焊原理如图 4-33 所示，焊条熔化和焊缝形成的过程如图 4-34 所示。

焊接时，被焊金属为一电极，焊条为另一电极，被焊金属称为板件或母材。焊接时因电弧的高温和吹力作用使板件局部熔化，在被焊金属上形成一个椭圆形充满液体金属的凹坑，

这个凹坑称为熔池，随着焊条的移动，熔池冷却凝固后形成焊缝。焊缝表面覆盖的主要是由熔化的焊条药皮形成的黑色渣壳，称为熔渣。焊条熔化末端到熔池表面的距离称为电弧长度。从板件表面至熔池底部的距离称为熔透深度。

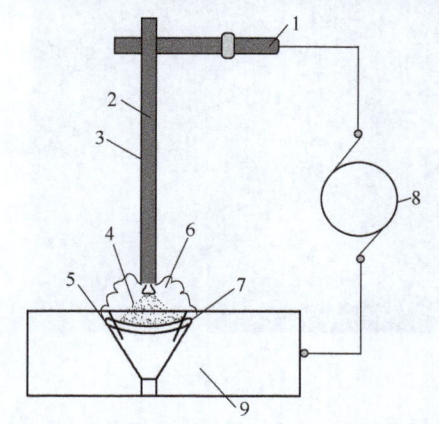

图 4-33 焊条电弧焊原理
1—焊钳 2—焊条 3—药皮 4—电弧 5—焊缝金属
6—起保护作用的气体 7—熔池 8—电焊机 9—焊件

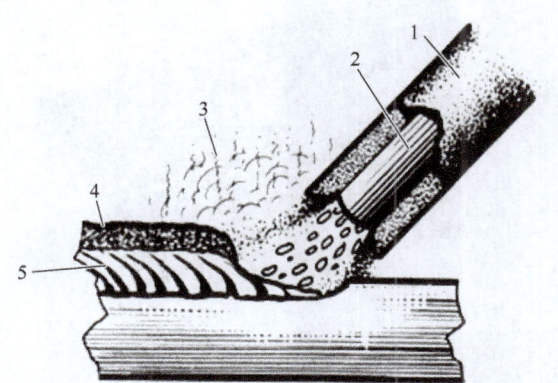

图 4-34 焊条熔化和焊缝形成的过程
1—药皮 2—焊丝 3—保护气
4—渣壳 5—焊缝

1. 焊接电弧

（1）**焊接电弧的概念** 焊接电弧是由焊接电源供给的，在电极与板件间气体介质中产生强烈而持久的放电现象。焊接电弧温度高达 5730~7730℃，能有效地将电能转变为热能、光能和机械能，从而熔化金属并进行焊接。

（2）**焊接电弧的产生过程** 在焊接时，通常先将焊条的末端与板件表面相接触，然后很快地将焊条拉开，使之保持 3~4mm 的间隙，则电弧就在这个间隙中引燃了。这是由于焊条与板件接触瞬间造成短路，产生很大的电流，某些接触点上的电流密度非常大，产生大量的电阻热，使接触部分的金属温度急剧升高而熔化，甚至部分发生蒸发。在稍微提开焊条的瞬间，大量电流只能从熔化金属的细颈处通过，则电流密度进一步增大，电阻热使得细颈处的液态金属温度急剧升高，致使两极间液态金属迅速分开。此时由于强大的短路电流及金属蒸气的存在，焊条端部的温度已升得很高，在热能和电场力的作用下，带电的高温空气、金属和焊条药皮的蒸气发生电离，这时便出现了电子放射。由于电离和电子放射的综合作用，电弧便被引燃了。

焊接电弧在焊条与板件之间维持稳定燃烧的条件有两个：一是焊机保持正常工作状态，即持续向焊条和板件供电；二是焊条熔化末端与板件间保持合适的距离，即电弧长度不能太短或者太长。

2. 焊条

1）焊条是指涂有药皮的供焊条电弧焊用的熔化电极，如图 4-35 所示。焊条燃烧如图 4-36 所示。

焊条电弧焊的焊条既作为电极，又在熔化后作为填充金属进入熔池，与母材金属熔合形成焊缝金属。焊条的药皮熔化后成为熔渣，起着隔离、清除和保护作用。由此可知，焊条不但影响电弧的稳定性，还直接影响焊缝金属的化学成分和力学性能。

2）焊条由焊芯和药皮组成。被药皮包裹着的金属称为焊芯，它是通过特殊冶炼而成的钢丝。

汽车钣金

图 4-35　焊条

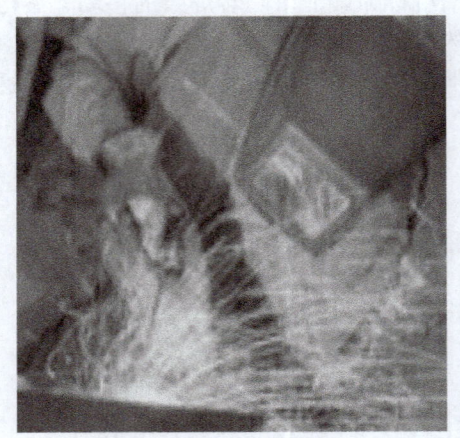

图 4-36　焊条燃烧

药皮指压涂在焊芯上的涂层。药皮通常是由各种矿石粉、铁合金粉和有机物、化工产品等混合而成的。

3）焊条的规格。焊条以焊芯的直径为公称直径，根据焊芯材质和直径决定焊条的长度。不同类别焊条的规格及相应焊接参数见表4-2和表4-3。

表 4-2　焊条直径选择的参考数据

板件厚度/mm	2	3～5	6～12	<12
焊条直径/mm	2.5	3.2	4.0	5.0

表 4-3　焊接参数

焊条直径/mm	1.6	2.5	3.2	4.0
焊接电流 /A	25～40	50～85	80～130	160～210

二、焊条电弧焊机设备

1. 分类

常用的焊条电弧焊机有交流弧焊机、旋转式直流弧焊机和整流式直流弧焊机三种。

交流弧焊机主要有动铁心式、同体式和动圈式三种。

旋转式直流弧焊机是一种专供电弧焊用的特殊形式的发电设备，由发电机和原动机两部分组成。原动机可以是电动机或内燃机，在工厂中常见的是用电动机驱动。直流弧焊机除了具有产生直流电的功能外，还具有满足焊接工艺所要求的性能。内燃直流弧焊机如图4-37所示。

整流式直流弧焊机由主变压器、整流器组、调节

图 4-37　内燃直流弧焊机

装置和冷却风扇等装置组成。这类焊机由于多采用硅整流元件进行整流,又称为硅整流焊机。

上述三种焊条电弧焊机,通常在一般用途时常使用交流弧焊机。下面重点介绍交流弧焊机及辅助设备。

(1) 基本组成 交流弧焊机是一个结构特殊的降压变压器,属于铁心磁式类型。焊机内部铁心由两侧的静铁心和中间的动铁心组成,外部有机壳、提手、焊机开关和接线柱。辅助组成部分有焊机电源线、焊接电缆线、电焊钳、地线夹,配套器具有焊接面罩、焊条和焊工手套。

交流弧焊机及配件如图4-38所示。

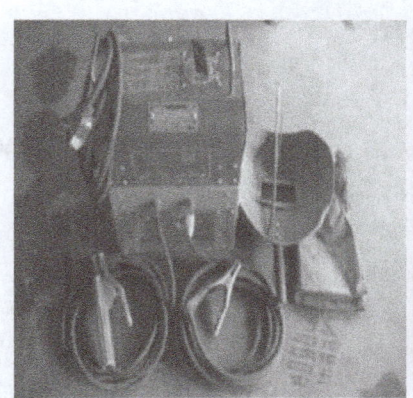

图4-38 交流弧焊机及配件

(2) 焊机电流输入与输出端 交流弧焊机通常使用220V和380V两种输入电流,焊机侧面上有相应的接线端和标识,如图4-39所示;在相对的侧面上有电流输出端,分别是焊钳电缆和地线电缆的接头,也有相应的接线标注。各电缆端头用接线耳夹紧,并用螺母紧固在接线端头上,如图4-39所示。

使用前,必须确认各接线点无误接,尤其是输入电压接头,输入电压接头间的电压值必须与电网电压一致。同时,必须确认机壳已经有效接地,图4-40所示中机壳左侧的电线即为接地线。

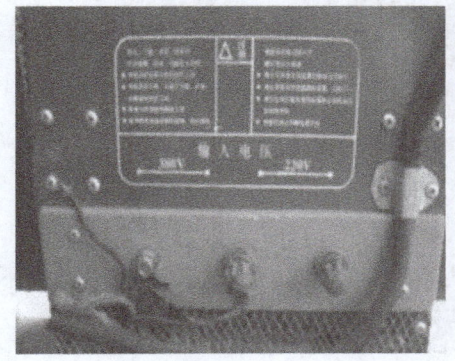
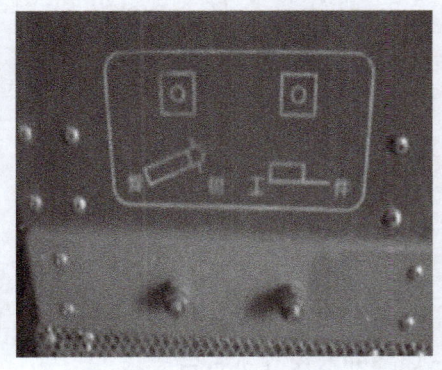

图4-39 电流输入端　　　　　　　　　图4-40 电流输出端

2. 焊条电弧焊常用工具

焊条电弧焊常用工器具有敲渣锤、手套、面罩与黑玻璃、护目镜等，如图4-41所示。

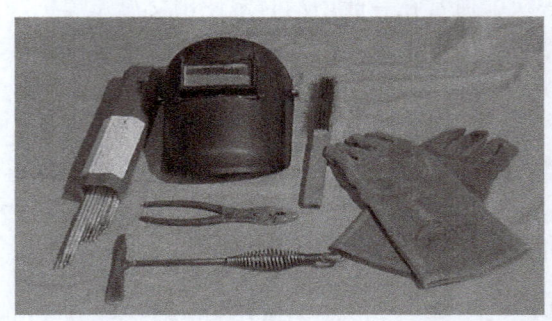

图4-41 焊条电弧焊常用辅助工器具

1）敲渣锤和钢丝刷的作用主要是清理焊缝表面，焊缝层间的焊渣及板件上的铁锈、油污。锤的两端可根据实际情况磨成圆锥形或扁铲形等。

2）焊工长皮手套由牛皮制成，具有绝缘和隔热等保护作用。

3）面罩是用来防止焊接时的飞溅金属、强烈弧光、熔池和板件的高温对焊工面部及颈部灼伤的一种遮蔽工具，有手持式和头戴式两种。黑玻璃又称为护目玻璃，其作用是减弱弧光的强度，并过滤红外线和紫外线，使焊工在操作时既能观察熔池，又能免被弧光灼伤。黑玻璃按其颜色深浅分为六个型号，即7~12号，号数越大，颜色越深。为防止黑玻璃片被飞溅金属损坏，应在黑玻璃片前后各放一块白玻璃，前向的白玻璃片可随时更换。

4）护目镜为无色平光镜，主要用于防止高温飞溅物溅入眼睛，镜片宜采用树脂制造。

三、焊接质量检验

图4-42所示为不同操作者完成的焊缝。由于操作者听课和训练的认真程度不同，焊缝外观也不一样，除A焊缝成形较好外，其余焊缝存在各种缺陷。

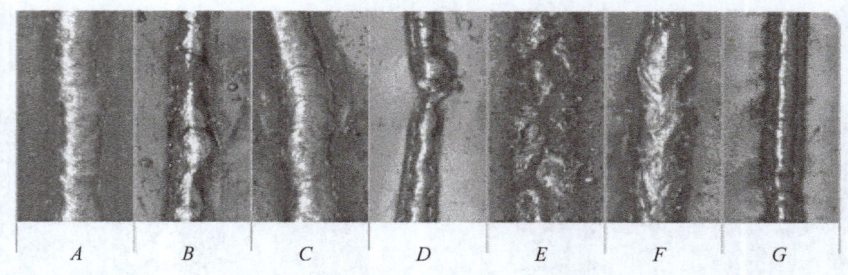

图4-42 不同操作者完成的焊缝

焊缝中产生的不符合设计或工艺文件要求的缺陷叫作焊接缺陷，主要有外形尺寸不符合要求，咬边，塌陷与烧穿，焊瘤，夹渣，未焊透与未熔合，气孔和裂纹等形式。

1. 焊缝外形尺寸不符合要求

焊缝外形尺寸不符合要求主要表现为焊缝成形不良，焊缝不直，焊缝太宽、太窄，焊缝表面高低不平，焊波不均匀，焊缝余高过高或过低。

2. 咬边

由于焊接规范不正确或者操作工艺不当，熔化形成凹陷或沟槽缺陷称为咬边。咬边减小了焊缝的有效截面，降低了接头的强度。

3. 弧坑

焊后在焊缝表面或焊缝背面形成的低于母材表面的局部低陷部分，叫作弧坑。弧坑的出现不仅影响焊缝的外观，使该处的强度严重降低，同时在弧坑内很容易产生气孔、夹渣和微小裂纹等缺陷。

4. 塌陷与烧穿

塌陷指焊缝金属透过背面而使上面凹陷背面凸出的缺陷，烧穿则是直接将板件烧透形成孔洞。塌陷与烧穿等缺陷，不仅影响焊缝外观，而且使该处的焊缝强度显著降低，还可能造成根部凸瘤。

5. 焊瘤

在焊接过程中，熔化金属流淌到焊缝之外未熔化的母材上所形成的金属瘤叫作焊瘤。焊瘤不仅影响焊缝外表的美观，而且焊瘤覆盖下的母材常有未焊透等缺陷。

6. 夹渣

焊后残留在焊缝中难以甚至无法清除的熔渣称为夹渣。夹渣对接头的性能影响比较大，因为夹渣多数呈不规则状，会降低焊缝的塑性和韧性，其尖角会引起很大的应力集中，尖角顶点常导致裂纹产生，焊缝中的针形氧化物和磷化物夹渣会使焊缝金属变脆，降低力学性能，氧化铁及硫化铁夹渣容易使焊缝产生脆性。

7. 未焊透与未熔合

母材和焊缝金属之间或焊缝金属相互之间局部未熔合而留下的空隙称为未焊透。熔焊时，焊道与母材之间或焊道与焊道之间未完全熔化结合的部分称为未熔合。在焊接过程中出现未焊透或未熔合等现象，不仅使焊接接头力学性能降低，而且在缺口和端部形成应力集中点，承载后往往会引起裂纹。

8. 气孔

在焊接过程中，熔池金属中的气体在金属冷却以前，未能来得及逸出，而在焊缝金属中所形成的孔穴，称为气孔。气孔也会严重降低焊缝的强度。

9. 裂纹

在焊缝或热影响区因开裂而形成的缝隙称为焊接裂纹。焊接裂纹是一种危害最大的缺陷，不仅降低焊接接头的强度，还会引起应力集中，使焊接结构承载后造成断裂，使产品报废，甚至会引起严重的事故。

任务实施

一、实施准备

1）场地。汽车一体化车间。
2）安全防护用品。工作服、工作帽、工作鞋、手套、防护眼镜、耳塞。
3）设备工具材料。焊条电弧焊机；板件、废板件、防堵剂、焊接手套、焊接面罩、棉纱手套、色笔；大力钳、锤子、尖嘴钳、划针、钢直尺等。

二、操作前的安全检查

1）确保焊机和工件周围区域干燥，焊接操作区域附近没有易燃物质，必要时把现场的地面打扫干净。现场要准备好灭火器材。

2）将焊机放置在工件附近，并确定交流电开关的位置以防备突发事件。确保焊机接地良好，检查电缆是否完好无损，检查电源线、焊机线和地线连接是否牢固后才能送电。

注意事项：电源电压和焊机所规定的电压应保持一致。

3）将地线连接到板件上，设置适当的极性和焊接电流，并根据工作要求，选择适当的焊条。

4）穿戴好焊接安全服、帽子、绝缘鞋和手套。焊接开始就应该戴防护眼镜，并一直与防护面罩一起使用。

5）通电前焊钳不能放在工作台、焊机及板件上，以免造成短路。

6）开启焊机，将焊条夹入焊钳，拿好防护面罩，在试焊板上进行划擦或敲击，确认焊机能够进行正常的起弧工作。

三、焊接电流的判断

焊接电流选择原则：经验公式　　$I_H = (30 \sim 50)d$

式中　I_H——电流，单位为 A；

　　　d——焊条直径，单位为 mm。

先根据以上经验公式确定一个数值，再进行实地调试。大电流虽然能提高工作效率，但过大会出现咬边、焊瘤和烧穿等焊缝缺陷，过小不但会降低工作效率还会造成夹渣和未焊透等缺陷，以上两者都会使焊接接头的力学性能下降。电流参数是否合适主要按以下表现判断：

1）当电流偏大时，焊接爆裂声、飞溅大。薄板焊接时易产生烧穿，厚板连续焊接时焊条易发红。

2）当电流偏小时，起弧时易出现粘连现象，熔化的铁液熔合不良，熔渣与铁液难以分辨，会产生未焊透和夹渣等缺陷。

3）使用合适的电流焊接，焊缝过渡好，飞溅少，焊缝或焊点成形良好。

四、引弧操作要领

1）操作姿势一般采用蹲姿，两脚分开与肩同宽，自然下蹲，将身体重心放在两腿之间，如图 4-43 所示。

2）引弧方法。常用的焊条电弧焊引弧方法有以下两种：

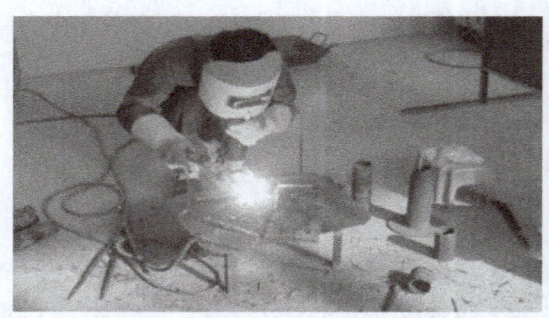

图 4-43　焊条电弧焊蹲式操作姿势

① 划擦法引弧，适应于初学者，方法如同划火柴，焊条的滑行长度不得超过10mm。

② 直击法引弧，适应于熟练者，方法是将焊条直接碰击工件，出现弧光后迅速垂直提起焊条，完成引弧动作。这种方法不易掌握，操作时易出现粘焊条现象，所以要进行多次练习。

两种方法都是使焊条末端与工件表面接触形成短路，然后迅速将焊条向上提起一段距离（2～4mm），即可引燃并保持稳定的电弧。应当注意，焊条不能提得太高，否则电弧易熄灭。两种引弧方法如图4-44所示。

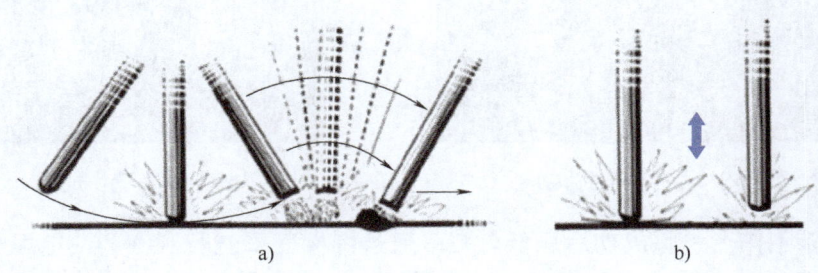

图4-44　两种引弧方法
a）划擦法　b）直击法

操作方法：调节好焊接电流后，用焊接面罩遮挡住面部，将焊条对准工件按划火柴的方法划擦工件的某处使其引燃电弧，待掌握之后再练习直击引弧法。当两种方法都掌握好后再练习定点点焊，也就是在工件上预先指定好某点的位置进行点焊操作，这个方法主要是训练引弧及焊接位置的准确性。

引弧时的注意事项：引弧前，如果焊条端部有药皮套筒，可以用戴着手套的手将套筒去除，这样引弧就较为快捷。焊条末端与工件接触时间不能太长，以免焊条粘连在板件上。若在引弧时发生粘焊条现象应立即左右大范围摆动焊条，使焊条端部与板件脱离。如还不奏效，应立即将焊钳与工件脱开，以免烧毁焊机。

五、点焊操作要领

需要注意的是，在进行点焊操作前，应先用与板件同厚度的废板进行焊接电流的调节与确认，以便得到合适的焊接工作电流。

1. 引弧的操作步骤

1）握紧焊把。将右手虎口对准焊钳夹缝，使用拇指控制焊条夹柄，用其余手指以抓握方式握紧手柄。

2）夹持焊条。右手拇指压下焊条夹柄，打开焊钳，左手拿起焊条，将焊条夹紧在焊条槽里，如图4-45所示。

3）使用焊接面罩。左手拿起焊接面罩，高度以墨镜片与眼睛平齐为准，眼睛、墨镜片与板件应在同一直线方向上。

4）引弧准备。将焊条靠近板件，焊条与板件成70°～80°夹角，并与板件保持10mm高度的距离。

5）引弧操作。右手上臂紧贴大腿外侧，用面罩挡住眼睛，从右手手腕处发力，使用划擦法或直击法引弧。操作规范如图4-46所示。

图4-45　夹持焊条的操作

图4-46　操作规范

6）在焊接工作点引弧成功后压低电弧，通过焊接面罩进行观察，使电弧长度保持在4mm以内。判断方法为焊条前端与板件有碰触感，电弧集中无飘散现象，熔化的铁液与覆盖在熔池表面的熔渣之间有清晰的分界线。焊接电弧长度判断如图4-47所示。

7）摆动或者不摆动，保持电弧在起弧点原地燃烧0.5~1s后，手腕发力向上提起电焊钳，当焊条熔化末端与板件间的距离超过10mm时，电弧熄灭。板件上的熔池冷却、凝固，在工件上形成一个直径5~8mm、厚度1~1.5mm的焊点，这样就完成了一次点焊的操作动作。

8）将焊条向焊接方向平移2~3mm，进行下一次点焊操作，形成一个与上一个焊点部分重叠的新焊点。重复以上动作，直到形成一条长度不小于100mm的焊缝。

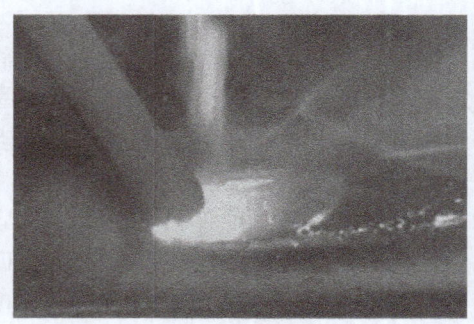
图4-47　焊接电弧长度判断

9）依据以上方法，依次在平、立、横、仰位置上练习点焊操作技术，各位置点焊操作的手法相同，关键是要调整并保持好焊条的角度。

2. 平对接/平搭接点焊操作

采用蹲式操作，板件平放在高于地面100mm的位置，焊条与板件保持垂直状态或向焊接前进方向倾斜10°~20°，如图4-48所示。

3. 立对接/立搭接点焊操作

立焊操作比平焊操作困难，主要原因是熔池及熔滴在重力作用下易下淌，飞溅物较多，操作时如果不按照规定穿戴劳保用品，易被高温飞溅物烫伤。蹲式操作时由于有依托，较易掌握，也较省力，故采用蹲式操作姿势。操作时大臂可轻轻地贴在肋部、大腿和膝盖等位置，随着焊条的熔化和缩短，胳膊自然前伸，起到调节作用。板件位置与操作者的眼睛等高，焊条与板件的左右两侧成90°夹角，与铅垂线方向成75°~85°夹角，如图4-49所示。

4. 横对接/横搭接点焊操作

当横焊操作时，由于熔化金属受重力作用，有下淌倾向，使焊点上边出现咬边，下边出

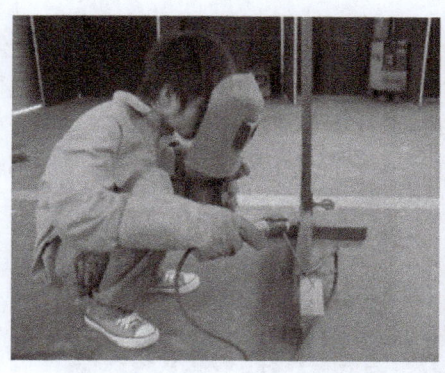

图 4-48　平对接/平搭接点焊操作

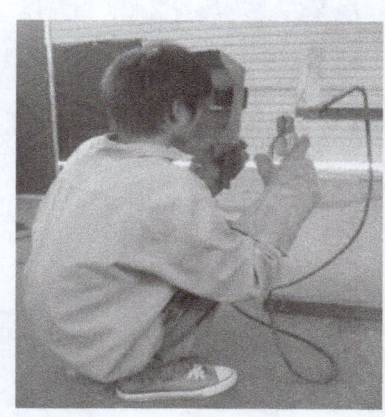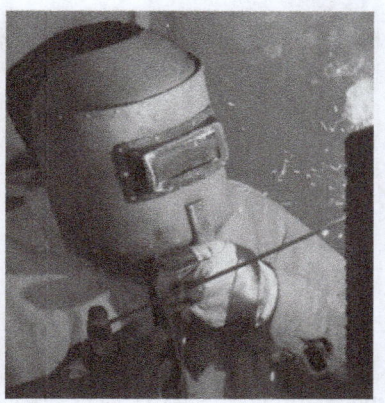

图 4-49　立对接/立搭接点焊操作

现焊瘤、熔合不良、未焊透和夹渣等缺陷。施焊时应从左侧向右侧施焊，为克服重力作用的影响，要保持合适的焊条角度和运条方法，采用较小的焊条直径和焊接电流，短弧焊接，以保证焊接质量。焊接时，板件位置与操作者的眼睛等高，焊条与铅垂线方向成 75°～85° 夹角，向焊接方向倾斜 5°～10°，如图 4-50 所示。

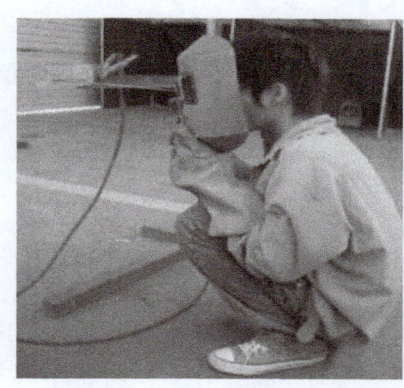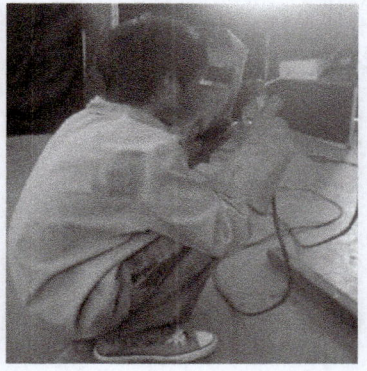

图 4-50　横对接/横搭接点焊操作

5. 仰对接/仰搭接点焊操作

仰焊的难度最大。由于重力作用,熔化金属与熔渣坠落倾向很大,同时重力会阻碍熔滴过渡,因此一定要进行短弧操作。焊接电流一般比平焊时小 10% ~ 15%,同时还应注意控制熔池的体积和温度,电弧停留时间要短一点。操作时,视线要选择最佳位置,下蹲并保证上半身稳定,要由远而近地运条。板件位置在操作者的头顶斜上方 200mm 处,焊条向焊接方向倾斜 5°~10°,如图 4-51 所示。

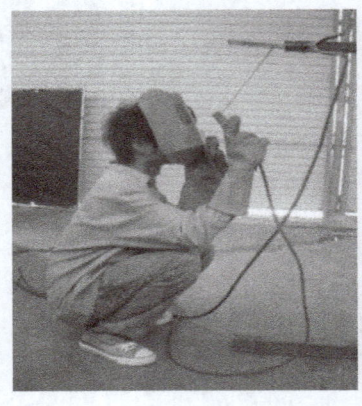
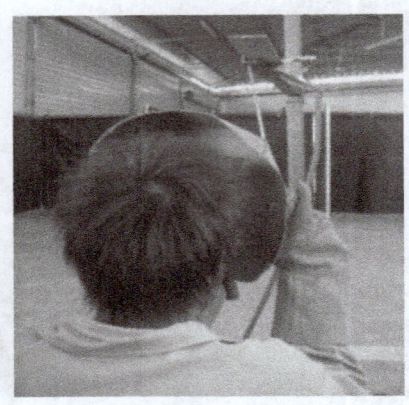

图 4-51 仰对接/仰搭接点焊操作

6. 操作项目要求

(1) **单点点焊操作训练** 当每组训练时,要求每人在板件上完成 8~10 个焊点的操作,各焊点之间的距离为 20mm×20mm。图 4-52 所示为敲去表面熔渣后的焊点效果。

(2) **对接/搭接点焊操作训练** 使用两件 100mm×40mm×2mm 的板件进行平、立、横、仰位置的对接/搭接点焊操作,要求单面焊双面成形,效果如图 4-53 所示。

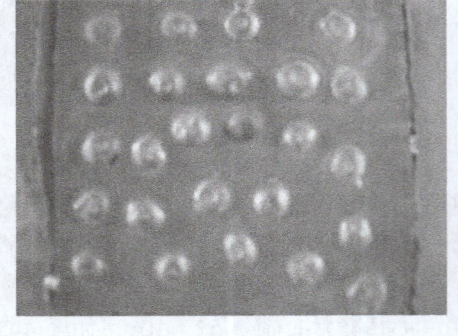

图 4-52 敲去表面熔渣后的焊点效果

(3) **连续点焊操作训练** 当点焊操作训练完成后,可根据教学任务情况安排焊缝成形训练,即通过连续的点焊及移动,使焊点形成一段焊缝。图 4-54 所示为连续点焊形成的正、背面焊缝,

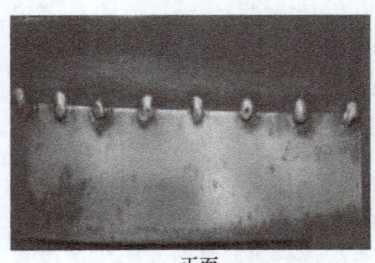
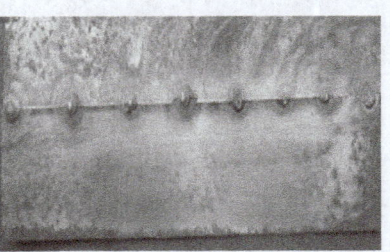

正面　　　　　　　　　　　背面

图 4-53 板件点焊操作效果

单面焊双面成形。

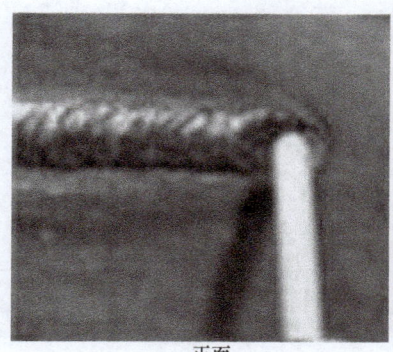
正面
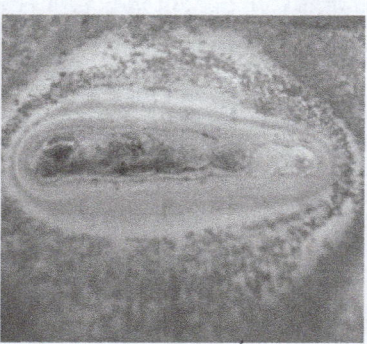
背面

图 4-54 连续点焊形成的正、背面焊缝（单面焊双面成形）

检测评价

作业项目	考核内容	评分细则	分 值	得 分
电焊	防护设备的使用	穿戴符合作业要求	10 分	
	设备的调整	参数符合要求	20 分	
	焊缝质量检测	引弧操作	30 分	
		焊缝过渡	20 分	
		焊缝尺寸	20 分	
	合 计		100 分	

课后测评

一、填空题

1. 焊条由_____和_____组成。
2. 焊条以焊芯的直径为_____，根据_____和_____决定焊条的长度。
3. 常用的焊条电弧焊机有_____、_____和_____三种。
4. 焊缝中产生的不符合设计或工艺文件要求的缺陷叫作_____。
5. 整流式直流弧焊机由_____、_____、_____和_____等装置组成。

二、选择题

1. 焊条的公称直径是以_____来表示的。（   ）
   A. 药皮厚度　　　　　B. 焊芯直径　　　　　C. 焊芯直径与药皮厚度之和
2. 焊接过程当中需要焊工调节的参数是_____。（   ）
   A. 焊接电源　　　　　B. 药皮类型　　　　　C. 焊接电流
3. 焊条熔化末端到熔池表面的距离称为_____。（   ）
   A. 电弧长度　　　　　B. 焊条伸出长度　　　C. 焊接长度
4. 在焊接过程中，熔化金属自坡口背面流出，形成穿孔的缺陷称为_____。（   ）
   A. 未焊透　　　　　　B. 未焊满　　　　　　C. 烧穿

三、简答题

1. 电流参数是否合适主要按哪些表现判断?
2. 常用的焊条电弧焊引弧方法有哪些?

任务四　电阻点焊

任务目标

知识目标	知道电阻点焊的原理及应用场合
技能目标	1）会电阻点焊焊接操作 2）能利用电阻点焊在车身上进行运用

任务描述

电阻点焊是承载式车身在制造中应用最广泛的焊接方法，在一部汽车的车身部件里有几千个电阻点焊点，占车身全部焊接部位的 90% 以上。在车身修复中，立柱、车顶、门槛和散热器框架等位置的板件更换都可以利用电阻点焊进行快速焊接，如图 4-55 所示。

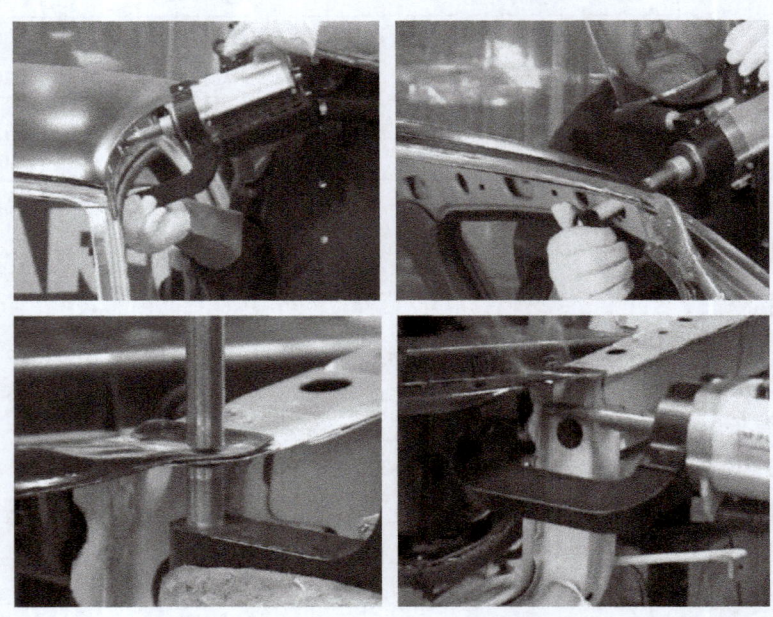

图 4-55　电阻点焊在车身修复中的应用

知识储备

一、电阻点焊的特点

在修大量采用高强度钢和超高强度钢的车身时，要求采用电阻点焊机进行焊接修理。这种焊接方式像制造厂焊接那样进行点焊连接。在使用点焊设备时，操作者必须选择合适的加长臂和电极，以便到达需要焊接的部位。

电阻点焊在欧洲和日本的整体式车身修理中已使用了 30 多年，现在越来越多的中国汽车制造厂也指定用电阻点焊来修理焊接他们制造的汽车，作为一个车身修理人员，有必要掌握电阻点焊的操作方法。

在进行焊接前，要先查阅汽车制造厂提供的修理说明书。当更换车身上的各种面板和内部板件时，所有焊接接头的大小应和原来制造厂的焊接接头相类似。除电阻点焊外，更换零部件后焊接接头的数量应和原来的焊接接头数量相等。

车身修理所用的电阻点焊机通常是指需要在金属板的两边同时进行焊接的设备（双面点焊设备），而不是指那种从同一边将两块金属板焊接起来的点焊机（单面点焊设备）。双面点焊用于结构性部件的点焊，而单面点焊的强度比较低，一般只能用于外部装饰性面板的焊接。

电阻点焊的过程中产生的热量少，对板件的影响小，可以进行快速、高质量的焊接，对操作者掌握操作技巧的要求也比较少。

电阻点焊机适用于焊接整体式车身上要求焊接强度高、不变形的薄型零部件，如车顶、窗洞和门洞、门槛板以及许多外部壁板等部件。当使用电阻点焊机时，修理人员必须知道如何调整焊机，如何进行试焊和焊接，图 4-56 所示为电阻点焊工作情况。

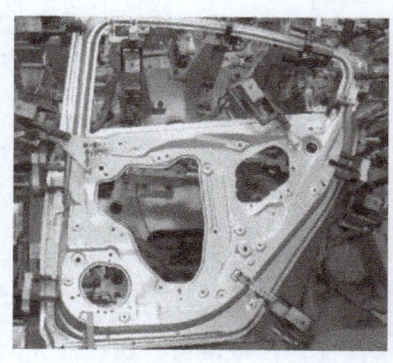

图 4-56　电阻点焊工作情况

电阻点焊焊接有下列优点：
1）焊接成本比气体保护焊等低。
2）没有焊丝、焊条或气体等消耗。
3）焊接过程中不产生烟或蒸气。
4）焊接时不需要去除板件上的镀锌层。
5）焊接接头的外观质量与制造厂的焊接接头完全相同。
6）不需要对焊缝进行打磨。
7）速度快。只需 1s 或更短的时间便可焊接高强度钢、高强度低合金钢或低碳钢。
8）焊接强度高，受热范围小，金属不易变形。

二、电阻点焊的概念及原理

电阻点焊简称点焊，属于压焊，它是利用焊钳两极之间低压电流流过两块金属产生的电阻热和焊接电极的挤压力来实现金属板材的焊接。

电阻点焊有低电压高电流的电特性，焊接时的工作电压只有10V左右，甚至2～5V，而工作电流往往达到7000A以上，所以焊接时要注意保护好电极头和电阻点焊机，输入电流要达到40A以上。电阻点焊原理如图4-57所示。

电阻点焊的三个主要参数如下：

1）电极压力。两个金属件之间的焊接机械强度与焊枪电极施加在金属板上的力有直接的关系。当焊枪将金属板挤压到一起时，电流从焊枪电极流入金属板，使金属板熔化并熔合。焊枪电极的压力太小、电流过大都会产生焊接飞溅物，导致焊接接头强度降低。焊枪电极压力太大会使焊点过小（熔核小）（图4-58），并降低焊接部位的机械强度。焊枪电极压力过高会使电极头压入被焊金属的部位过深，导致焊接质量降低。焊点被电极压入的深度不能超过板厚的一半。

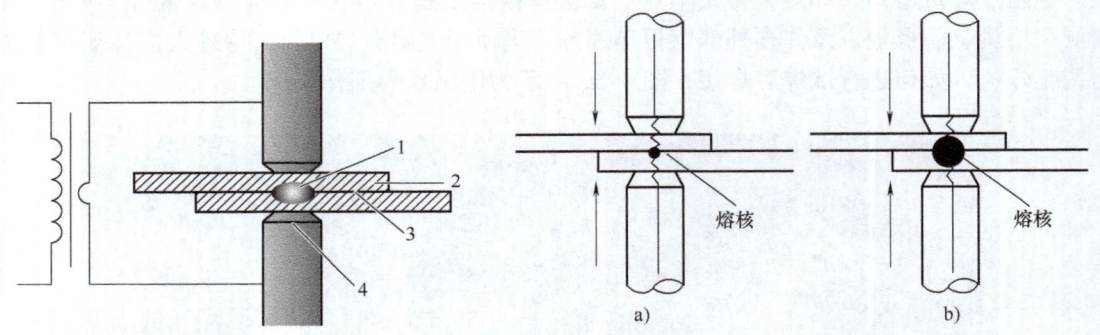

图4-57 电阻点焊原理
1—熔核 2—工件 3—结合面 4—电极

图4-58 电极压力对焊点的影响
a）压力大 b）压力小

2）焊接电流。给金属板加压后，一股很强的电流流过焊枪电极，然后流入两个金属板件。在金属板件的结合处电阻值最大，电阻热使温度迅速上升（图4-59a）。如果电流不断流过，金属便熔化并熔合在一起（图4-59b）。电流太大或压力太小，都会产生内部溅出物。如果减小电流强度或增加压力，便可使焊接溅出物减少到最小值。焊接电流和施加在点焊部位的压力对焊接质量都有直接的影响。

3）焊接时间。当电流停止后，焊接部位熔化的金属随之开始冷却，凝固的金属形成了圆而平的焊点。加压时间是一个非常重要的因素，时间太短会使金属熔合不够紧密。焊接操作时的加压时间一般不可以少于焊机说明书上的规定值。

三、电阻点焊机设备组成

1. 电阻点焊机的组成

电阻点焊机由变压器、控制器和带有可更换电极臂的焊枪构成（图4-60、图4-61）。

项目四 车身焊接与切割技术

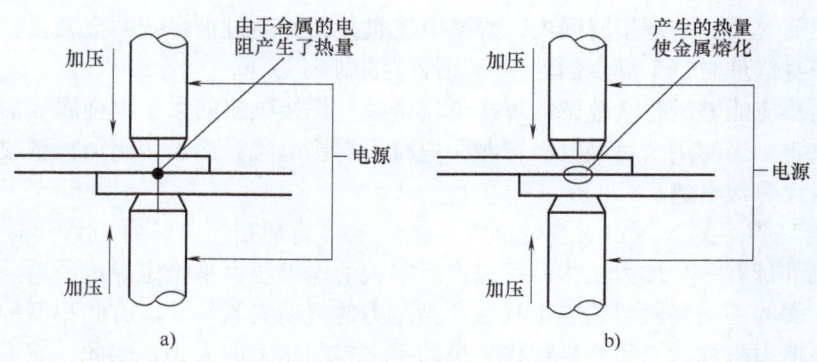

图 4-59 焊接电流对焊点的影响
a) 电阻大, 温升快 b) 电流不断, 金属熔化

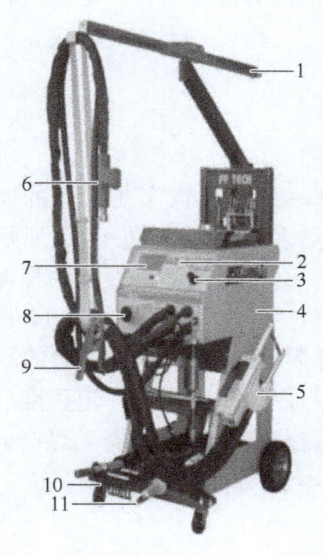

图 4-60 电阻点焊设备
1—焊枪挂架 2—气表 3—调压阀 4—主机
5—双面点焊枪 6—单面焊枪 7—液晶
显示窗 8—开关 9—地线夹
10—多爪拉钩 11—气动拉锤

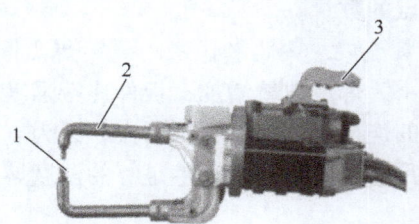

图 4-61 电阻点焊焊枪
1—电极 2—焊臂
3—开关控制手柄

(1) 变压器　变压器将低电流强度的 220V 或 380V 车间线路电压转变成低电压 (2～5V)、高电流强度的焊接电流, 避免了电击的危险。小型点焊机的变压器可安装在焊枪上, 也可以安装在远处, 通过电缆和焊枪相连。安装在焊枪上的变压器功率必须较大, 而且要使用较大的线路电流, 以补偿连接变压器和焊炬的长电缆所造成的电力损失。当使用加长型或宽距离的电极臂时, 高强度电流会由于电缆长度增加而降低。可调整焊机上的控制器, 将输出的电流强度调高。

（2）焊机控制器 焊机控制器可调节变压器输出焊接电流的强弱，并可以调节出精确的焊接电流通过的时间。在焊接时间内，焊接电流被接通并通过被焊接的金属板，然后电流被切断。一般车身修理时每个焊点的焊接时间最好控制 6s 以下。

焊机控制器应能够进行全范围的焊接电流调整。焊接电流的大小由金属板的厚度和电极臂的长度来决定。当使用缩短型电极臂时，应减小焊接电流；而当使用加长型或宽距离的电极臂时，应增大焊接电流。

（3）焊枪（焊炬） 焊枪通过电极臂向被焊金属施加挤压力，并流入焊接电流。大多数电阻点焊机都带有一个加力机构，可以产生很大的电极压力来稳定焊接质量。这些加力机构有的是同弹簧的手动夹紧装置或由气缸产生压力的气动夹紧装置。有些小型的挤压型电阻点焊机不具备增力机构，它完全靠操作人员的手来控制压力的大小，因此，它不能用于修理车身结构时的焊接操作。

2. 电阻点焊的参数

（1）电极头直径 一般情况，电极头直径增大，焊点直径就减小；反之电极头直径减小，焊点直径就增大。但电极头小到一定的程度，焊点尺寸就不会再增大，电极头直径可按照下面的经验公式来确定：

$$D = 2T + 3$$

式中 D——电极头直径，单位为 mm；
T——焊接的板件厚度，单位为 mm。

（2）焊点数量 因为车身修理厂用的电阻点焊机功率一般都比汽车制造厂的要小，因此在车身修理中进行的电阻点焊，焊点数量应当比原有焊点多 30%，如图 4-62 所示。特别是在去除原来电阻点焊焊点的板件上，用电阻点焊焊修时，为了保证连接板件的强度，更加要注意焊点的数量。

（3）焊点最小间距和边缘距离 焊点间距是指两个电阻点焊焊点熔核之间的距离。焊点间距减小，焊点数就增加，板件连接强度也会增强。但当焊点间距小到一定程度后继续减小，板件的连接强度就不会再增大，因为电流被前面的焊点分流，严重削弱了焊接电流，不能保证有足够的电阻热来产生足够的温度熔化金属，如图 4-63 所示。

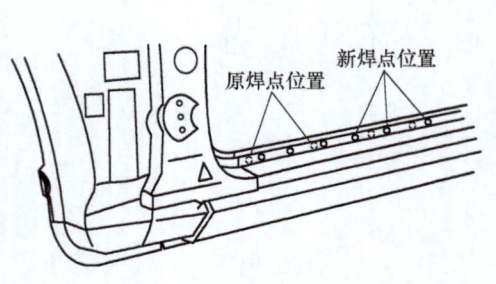

图 4-62 焊点数量

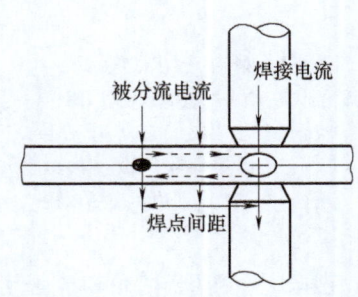

图 4-63 分流电流

边缘距离是指电阻点焊焊点离板件边缘的距离。边缘距离太小，容易引起板件变形，也无法保证焊接强度。焊点间距和边缘距离的选择见表 4-4。

表 4-4　焊点间距和边缘距离的选择　　　　　　　　　（单位：mm）

板厚 T	焊点间距 S	边缘距离 P
0.4	≥11	≥5
0.8	≥14	≥5
1.0	≥17	≥6
1.2	≥22	≥7
1.6	≥30	≥8

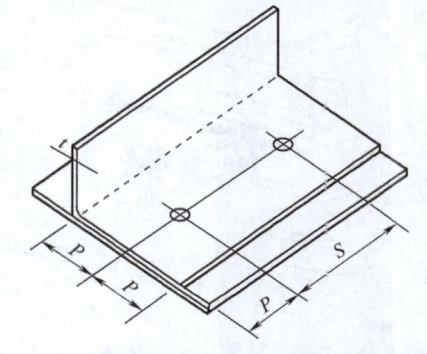

任务实施

一、实施准备

1）场地。汽车一体化车间。
2）安全防护用品。工作服、工作帽、工作鞋、手套、防护眼镜、耳塞。
3）设备工具材料。电阻点焊机、1mm 厚铁板。

二、电阻点焊机的调整

用于整体式车身修理的电阻点焊机可带有全范围的可更换电极臂的装置，能够焊接车身上各个部位的板件。各种电极臂的选用可以焊接汽车上大多数难以焊接的部位，例如轮口边缘、流水槽、后灯孔，以及底板、门槛板、窗洞、门洞和其他焊接部位。修理人员在修理车身时，应查阅修理手册寻找合适的专用电极臂，以便对汽车上难以焊接的部位进行焊接。图 4-64 所示为各种电极臂。

为使点焊部位有足够的强度，在进行操作前，请按下列步骤对电阻点焊机进行检查和调整：

（1）选择电极臂　应根据焊接部位来选择电极臂（图 4-65）。电极臂选择的原则是多个电极臂都可以焊接某一个部位时，尽量选择最短的电极臂。

（2）调整电极臂　为了获得最大的焊接压力，焊枪的电极臂应尽量缩短（图 4-66），要将焊枪电极臂和电极头完全接紧，使它们在工作过程中不松开。

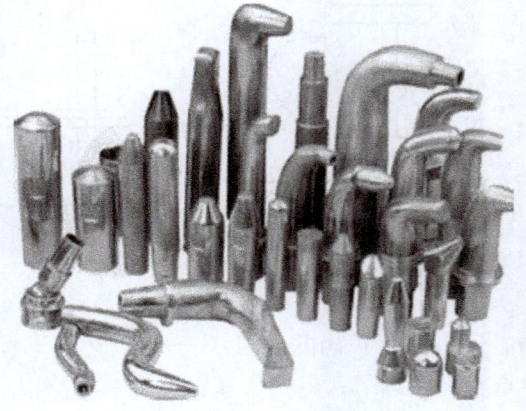

图 4-64　各种电极臂

（3）电极头的正确调整（图 4-67）　将上、下两个电极头对准在同一条轴线上。电极头对准状况不好将引起加压不充分，会造成电流过小，导致焊接部位的强度降低。

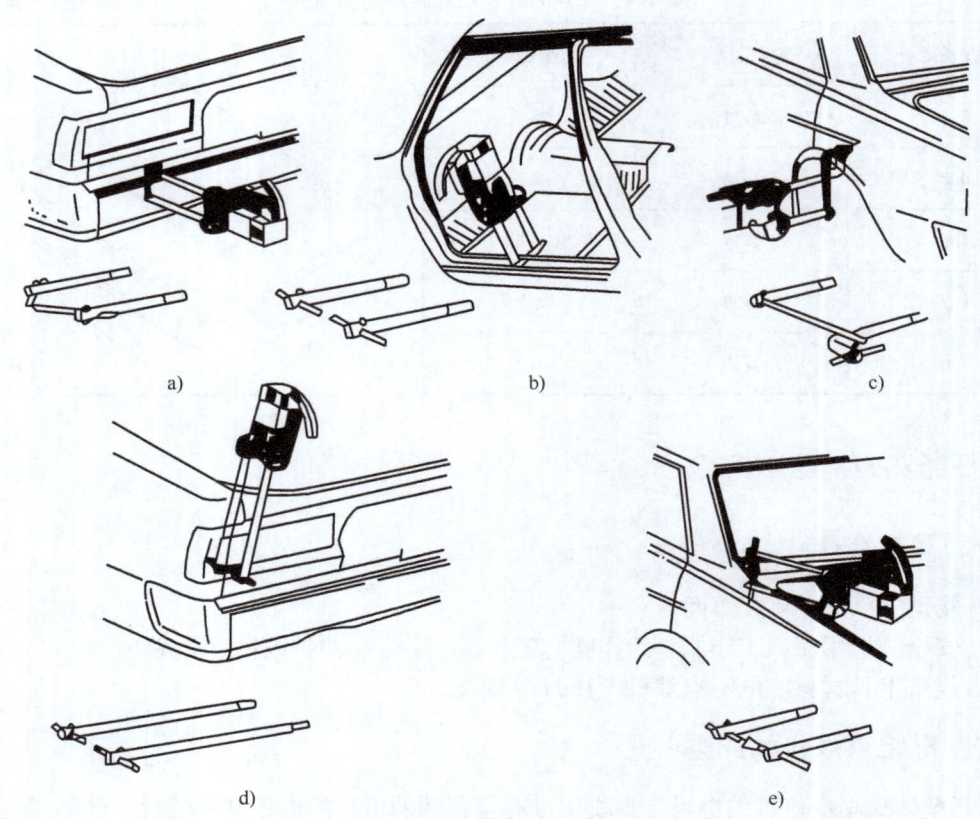

图 4-65 根据焊接部位选择电极臂

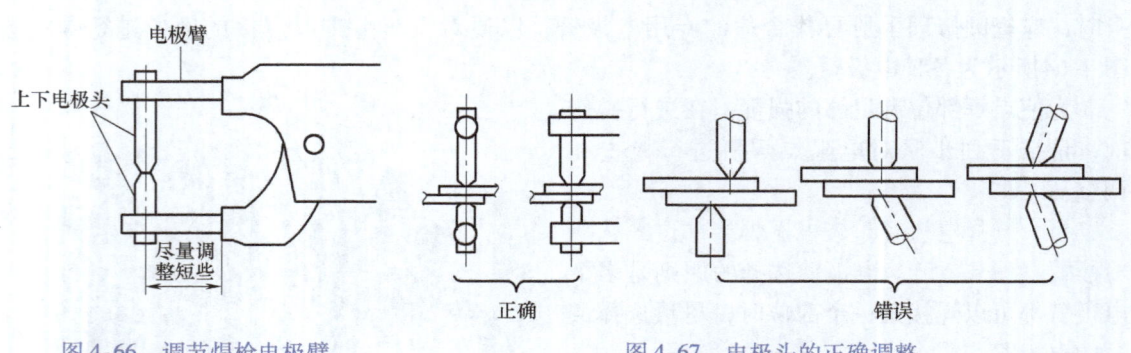

图 4-66 调节焊枪电极臂　　　图 4-67 电极头的正确调整

（4）选择正确的电极头直径　电极头直径增大，焊点直径将减小；电极头直径减小，焊点直径将增大；电极头直径小到一定值以后，焊点的直径将不再增大。为了获得理想的焊接深度，选择合适的电极头直径。

在开始操作前，注意电极头直径是否合适，然后用锉刀将它锉光，以便清除掉电极头表面的燃烧生成物和杂质。当电极头端部的杂质增加，该处的电阻也随之增加，将会减小流入工件的电流并减少焊接熔深，导致焊接质量下降。连续焊接一段时间后，电缆线和电极头端部会因为散热不好而造成过热，使电极头端部过早地损坏而增大电阻，并引起焊接电流急剧下降。在使用没有强制冷却的电极头时，可在焊接5～6次后，让电极头端部冷却后再进行焊接。

（5）调整电流流过的时间　电流流过的时间和焊点的形成有很大的关系。当电流流过的时间延长时，所产生的热量增加，焊点直径和焊接熔深随之增大，焊接部位散发出的热量随着通电时间的延长而增加。

对车身上的防锈钢板进行焊接时，应将焊接普通钢板的电流强度提高10%～20%，以弥补电流强度的损失，一般简单的点焊机如果无法调节电流强度，可适当延长通电时间，一定要将防锈钢材和普通钢材区别开，因为在进行打磨准备焊接时，防锈板上的锌保护层不能和油漆一起被清洗。

三、影响电阻点焊焊接质量的操作事项

在使用电阻点焊机焊接时，除了焊机本身的电流、压力和电极臂等因素影响焊接的质量外，还有下列问题在焊接时会影响焊接的质量。

1. 工件焊接表面的间隙（图4-68）

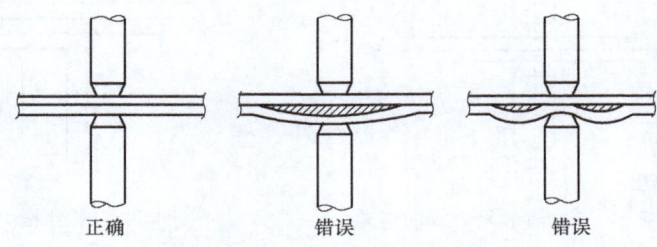

图4-68　工件焊接表面的间隙

两个焊接表面之间的任何间隙都会影响电流的通过。不消除这些间隙也可进行焊接，但焊接部位将会变小而降低焊接的强度。因此，焊接前要将两个金属表面整平，以消除间隙，还要用一个夹紧装置将两者夹紧。

2. 工件焊接表面的清洁（图4-69）

金属板表面上的油漆层、锈斑、灰尘或其他任何污染物，都会减小焊接电流强度而使焊接质量降低，所以在进行焊接时一定要将这些物质从焊接表面上清除掉。

3. 工件焊接表面的防锈处理（图4-70）

在需要焊接的金属板表面上涂上一层导电系数较高的防锈底漆。必须将防锈底漆均匀地涂在所有裸露的金属板上。

4. 点焊操作

1）采用双面点焊的方法。

2）电极和金属板之间的夹角应成90°（图4-71）。

3）当三层或更多层的金属重叠（图4-72）在一起点焊时，应进行两次点焊或加大焊接电流。

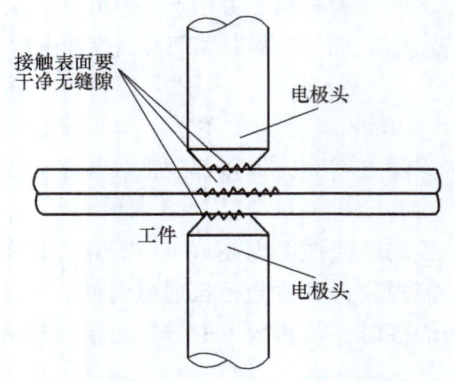

图 4-69 工件焊接表面的清洁

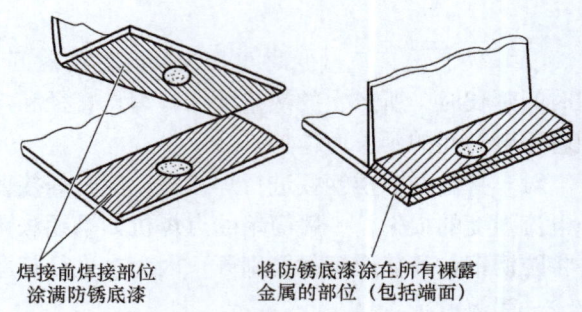

图 4-70 工件焊接表面的防锈处理

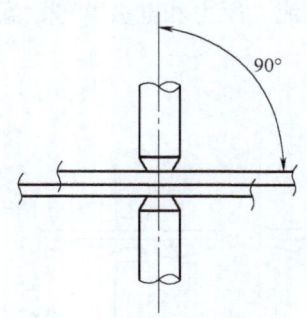

图 4-71 电极和金属板之间的夹角

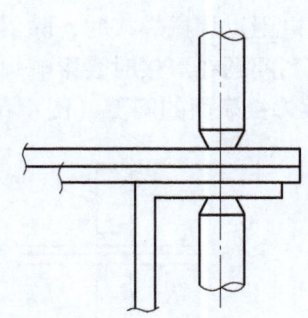

图 4-72 多层的金属重叠

5. 焊点数量

修理用的电阻点焊机功率一般都小于制造厂的点焊机功率，因此，与制造厂的点焊相比，当修理中进行点焊时，应将焊点数量增加30%左右。

检测评价

作业项目	考核内容	评分细则	分　值	得　分
电阻点焊	焊接准备	准备	5分	
		划线工具、量具使用合理，划线清晰	15分	
		下料安排合理符合尺寸要求，裁口整齐	10分	
	焊接操作	焊接平整	20分	
		焊接无缺陷	20分	
		焊接穿透	10分	
		对缝整齐	5分	
		形状规整	5分	
	安全生产	工具、量具使用正确，操作规范	10分	
合　计			100分	

课后测评

一、填空题

1. 电阻点焊的三个主要参数为_____、_____和_____。
2. 电阻点焊机由_____、_____和_____构成。
3. 电阻点焊简称_____,属于_____,它是利用_____两极之间低压电流流过两块金属产生的_____和焊接电极的_____来实现金属板材的焊接。
4. 电阻点焊机适用于焊接整体式车身上要求焊接_____、_____的薄型零部件,如_____、窗洞和门洞、_____以及许多外部壁板等部件。
5. 边缘距离是指电阻点焊_____离_____边缘的距离。边缘距离太小,容易引起_____,也无法保证_____。

二、选择题

1. 两个焊接表面之间较小间隙不会影响_____的通过。( )
   A. 电压　　　　　　　B. 电流　　　　　　　C. 电极
2. 大多数电阻点焊机都带有一个_____,可以产生很大的电极压力来稳定焊接质量。
   ( )
   A. 电极头　　　　　　B. 电极臂　　　　　　C. 加力机构
3. 焊接时不需要去除板件上的镀锌层,焊接后不需要对_____进行打磨。( )
   A. 焊点　　　　　　　B. 接缝　　　　　　　C. 穿透缝
4. 电极臂选择的原则是多个_____都可以焊接某一个部位时,尽量选择最短的电极臂,为了获得最大的焊接压力。( )
   A. 电极头　　　　　　B. 电极臂　　　　　　C. 加力机构

三、简答题

1. 电阻点焊焊接有哪些优点?
2. 如何选择焊点间距和边缘距离?
3. 如何调整电阻点焊机?

项目五

典型车身板件的拆装与调整

项目描述

汽车车身外部由板件覆盖,经常会因为各种原因而损坏导致不能正常维修需更换,这要求汽车钣金从业者能对车身各部件进行相应的拆除和安装调整工作。本项目主要围绕车身上的典型覆盖件的拆装与调整来学习。

任务一　保险杠的拆装与调整

任务目标

知识目标	1) 能描述保险杠的类型 2) 能描述保险杠的结构组成 3) 能描述前照灯的结构组成
技能目标	1) 会进行各类保险杠的拆装和调整 2) 会进行前照灯的拆装与调整

任务描述

在行驶过程中,由于前方车辆出现故障而紧急制动,后车驾驶人反应较快紧跟制动,但仍造成两车追尾,导致后车前保险杠开裂和脱落(图 5-1),未造成重大事故和人员伤亡,但需对后保险杠进行拆装修复。

项目五　典型车身板件的拆装与调整

图 5-1　保险杠损伤图

知识储备

一、汽车保险杠的类型

汽车保险杠又称为防撞梁，位于汽车前方和后方的大部分区域，是吸收缓和外界冲击力、防护车身前后部的安全装置，是为了避免车辆外部损坏对车辆安全系统造成影响，它们具有在高速撞击时减少对驾乘人员伤害的能力。

保险杠按其使用的材料，可分为金属材料保险杠和非金属材料保险杠。金属材料保险杠一般用高强度钢板冲压而成。这种钢板既有较高的强度，又有良好的冲压性能，与一般热轧钢板相比，其厚度可以减薄，从而降低材料消耗和减小质量，一般用于客车和货车。非金属材料保险杠采用模压塑料板材、改性聚丙烯材料，也可用玻璃纤维增强塑料，这些材料的力学性能接近冷轧钢板，密度仅为钢材的1/5。非金属材料保险杠一般用于轿车。

保险杠按其使用功能，可分为非吸能式保险杠和吸能式保险杠。非吸能式是一种最简单的结构形式，在工业发达国家，塑料保险杠在轿车上的装用率急剧增加，这种保险杠只起装饰作用，不起保护作用，一般用于普通轿车上。而吸能式保险杠的安全保险性能好，安全系数高，且与车身造型相协调，多用于高级轿车上。

综上所述，可以将轿车上所用的保险杠分为三大类，一类是由金属材料制成的钢制保险杠，一类是由塑料等非金属材料制成的整体成形树脂型保险杠，最后一类是安全系数较高的吸能式保险杠。

二、汽车保险杠的结构组成

1. 钢制保险杠

钢制保险杠也称为刚性保险杠（图5-2a），常用2mm左右的钢板冲压成形，表面加以镀铬。考虑到安全，也有将保险杠的钢支架安装在车身纵梁等部位，外侧装上合成树脂材料制成的保险杠面罩。普通的钢制保险杠结构简单，但在局部碰撞变形后会影响到整个车身。

2. 整体成形树脂型保险杠

现代轿车中主要采用的是与车身造型一体化的树脂型保险杠，保险杠材料使用聚丙烯树

 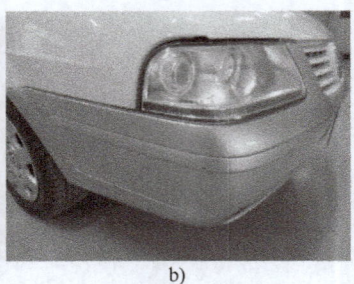

图 5-2 普通保险杠的类型
a）钢制保险杠 b）整体成形树脂型保险杠

脂，重量轻，容易注射成型，所以应用广泛（图 5-2b）。

3. 吸能式保险杠

为了吸收保险杠在碰撞时的冲击能量，使保险杠支架具有吸能功能，形成一种防冲击的装置。吸能式保险杠一般有直接吸能式和筒状吸能式两种形式。

直接吸能式保险杠（图 5-3a）将泡沫塑料或橡胶等吸收冲击能量的材料填充于支架和面罩支架，构成具有一定能量吸收功能的保险杠，当汽车受到轻度冲击时，填充材料受冲击压迫后的瞬间变形直接吸收能量。

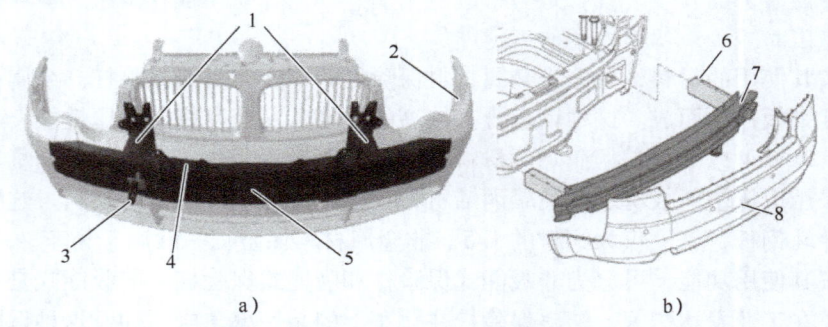

图 5-3 吸能式保险杠的类型
a）直接吸能式保险杠 b）筒状吸能式保险杠
1—铝合金吸能元件 2—保险杠饰板 3—拖钩 4—保险杠横梁 5—泡沫塑料碰撞缓冲器
6—保险杠吸能装置 7—保险杠横梁 8—保险杠面罩

筒状吸能式保险杠是利用活塞中冲入的油和空气，利用液压油的阻尼吸收冲击，以空气弹簧的压缩作为减轻冲击的缓冲器；或利用硅油作为阻尼器，并通过两端套管的面积差起缓冲复原的作用，如图 5-3b 所示。

任务实施

由于前方车辆紧急制动，造成后方车辆的前保险杠严重损坏，在更换之前，需先将损坏的前保险杠面罩、保险杠骨架（保险杠横梁）等一一进行拆卸，再进行保险杠的拆卸和装复。注意由于整体成形树脂型保险杠与车身做成一体，根据不同车型首先观察保险杠与车身的联接螺钉位置。下面以在轿车上应用比较广泛的整体成形树脂型保险杠为例，进行讲解。

一、实施准备

1)场地。汽车一体化车间。
2)安全防护用品。工作服、工作帽、工作鞋、手套、防护眼镜、耳塞。
3)工具材料。整车、各类工作台、拆装工具。

二、前保险杠的拆装

首先准备好呆扳手、套筒扳手、磁棒、拆卸套装、十字螺钉旋具、一字螺钉旋具和手电筒等工具。

1. 打开发动机舱盖开启拉锁(图5-4)

用手轻轻向上拉动开启拉锁,可听到"啪"一声,即为开启。

2. 支撑发动机舱盖(图5-5)

用手拨开发动机舱盖锁扣,用支撑杆支撑发动机舱盖,注意对准位置,以防脱落。

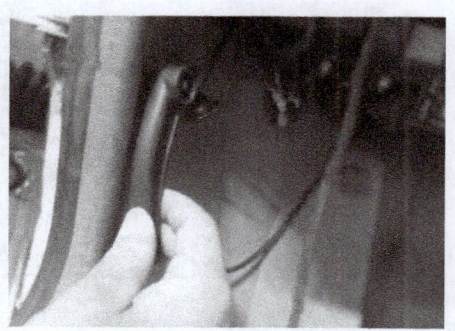

图5-4 打开发动机舱盖开启拉锁

 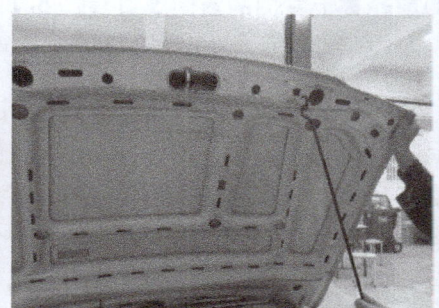

图5-5 支撑发动机舱盖

3. 断开蓄电池连接线(图5-6)

用呆扳手先拆卸负极,后拆卸正极。

4. 拆卸散热器格栅上部螺栓(图5-7)

用十字螺钉旋具拆卸带垫片的螺栓,用梅花头螺钉旋具拆卸带半螺纹的螺栓。

 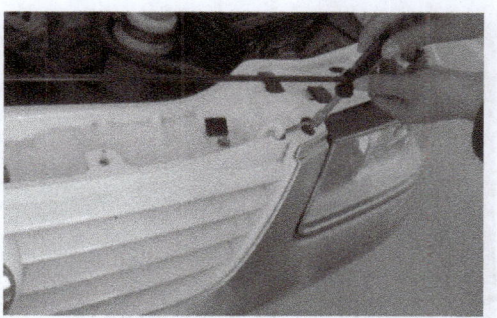

图5-6 断开蓄电池连接线　　　　图5-7 拆卸散热器格栅上部螺栓

139

5. 拧松散热器格栅下部螺栓（图 5-8）

用梅花头螺钉旋具拆卸紧固螺栓。当看不清时，可用手电筒照亮螺栓部位。

6. 用磁棒吸出螺钉（图 5-9）

当螺钉不易取出时，可用磁棒吸出。

图 5-8　拧松散热器格栅下部螺栓

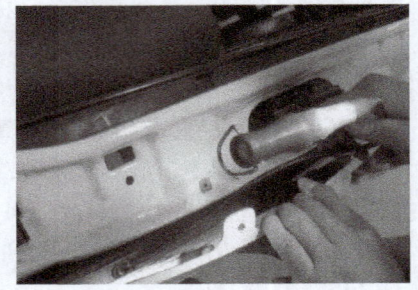
图 5-9　用磁棒吸出螺钉

7. 打转向至右极限（图 5-10）

打转向至右极限目的是为了露出左侧轮罩上的紧固螺栓。

8. 拆卸前轮罩上左侧的紧固螺钉（图 5-11）

用梅花头螺钉旋具拆卸紧固螺钉。

图 5-10　打转向至右极限

图 5-11　拆卸前轮罩上左侧的紧固螺钉

9. 打转向至左极限拆卸前轮罩上右侧的紧固螺钉

用梅花头螺钉旋具拆卸各紧固螺钉，如图 5-12 所示。

10. 拆卸保险杠下部紧固螺栓

用梅花头螺钉旋具拆卸紧固螺栓，如图 5-13 所示。

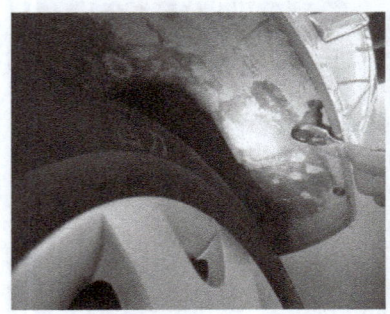
图 5-12　拆卸各紧固螺钉

图 5-13　拆卸紧固螺栓

11. 拆下保险杠罩盖（图 5-14）

两人配合，平行向前从导向件中推出保险杠面罩。注意不要把雾灯的连接线扯断。

12. 断开雾灯连接线插头（图 5-15）

按动插头的固定卡舌，拔出雾灯连接插头。

图 5-14　拆下保险杠罩盖

图 5-15　断开雾灯连接线插头

13. 松开雾灯罩盖与保险杠罩盖上的紧固螺栓

用十字螺钉旋具拆卸十字螺钉，如图 5-16 所示。

14. 拆卸雾灯罩盖（图 5-17）

用一字螺钉旋具撬开卡子，上下各一个，向前推出即可。

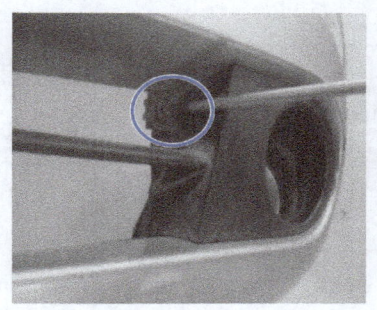

图 5-16　用十字螺钉旋具拆卸十字螺钉

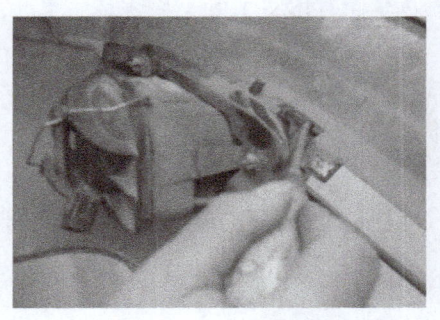

图 5-17　拆卸雾灯罩盖

15. 取下雾灯罩盖（图 5-18）

小心取下雾灯罩盖。

16. 拆卸前雾灯支架及总成（图 5-19）

用梅花头螺钉旋具拆卸紧固螺钉，主要拆下左右的两条自带插片的螺母。

图 5-18　取下雾灯罩盖

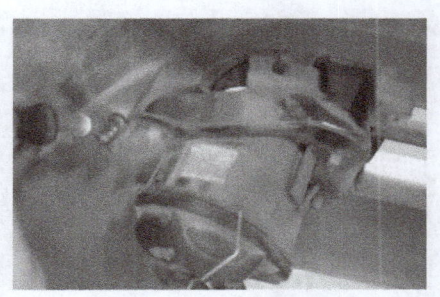

图 5-19　拆卸前雾灯支架及总成

17. 拆卸雾灯支架插片螺母（图5-20）

用一字螺钉旋具撬出两侧的插片螺母。

18. 拆卸保险杠固定条紧固螺栓（图5-21）

用梅花头螺钉旋具拆卸中间螺栓，用梅花头螺钉旋具拆卸两侧的螺栓，注意两侧螺栓上有插片螺母并与导向件相固定。

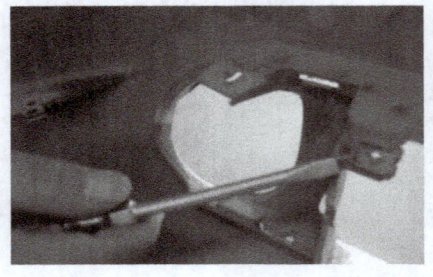

图5-20 拆卸雾灯支架插片螺母

图5-21 拆卸保险杠固定条紧固螺栓

19. 取下保险杠固定条（图5-22）

双手轻轻取下固定条。

20. 拆卸保险杠两侧导向件（图5-23）

用梅花头螺钉旋具拆卸每侧螺栓，并配有相对的膨胀螺母。

图5-22 取下保险杠固定条

图5-23 拆卸保险杠两侧导向件

21. 拆卸前保险杠托架（图5-24）

用套筒拆卸各带垫片的紧固螺栓。

22. 取下保险杠托架（图5-25）

两人配合抬下保险杠托架。

图5-24 拆卸前保险杠托架

图5-25 取下保险杠托架

> **注意事项：**保险杠总成取下后，注意保险杠面罩不得与地面等摩擦因数大的物体相接触，以防止其表面油漆刮伤或有划痕。

三、前保险杠的装复与调整

前保险杠的装复顺序与拆卸顺序相反。注意检查是否有些部件不能重复使用，需更换后再进行装配，并对图 5-26 中的间隙值进行监测。同时要检查雾灯是否能正常点亮，否则检查并重新安装，直至正常点亮为止。

图 5-26　保险杠间隙的调整

四、前照灯的拆卸

对于前保险杠损坏后，需要对其进行拆卸，有的车型在拆卸前保险杠时还需对前照灯进行拆卸，因此，就要求学生需掌握前照灯的拆卸安装方法。

前照灯即俗称的前大灯，装在汽车前部的两侧，用于夜间行车道路的照明。一般常用的前照灯有白炽真空灯、卤素真空灯和氙气真空灯三种类型。目前，我国主要使用的是卤素真空灯和氙气真空灯两种，如图 5-27 所示。

前照灯包括近光灯及远光灯。近光灯是当车辆前方有其他道路使用者时，不致使对方炫目或不舒适而所使用的近距离照明灯具，即会车时使用的灯；远光灯是当车辆前方无其他道路使用者时所使用的远距离照明灯具。

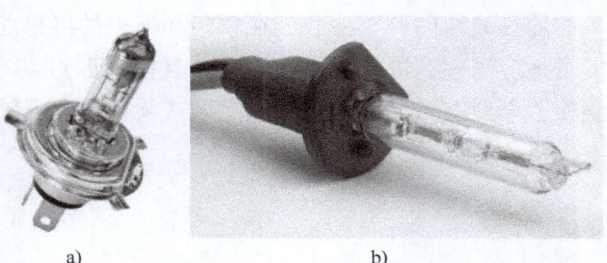

图 5-27　汽车前照灯的种类
a）卤素灯泡　b）氙气灯泡

前照灯由光源、反光镜和配光镜三部分组成，其结构如图 5-28 所示。

前照灯、前雾灯的拆装方法比较简单，只要在断开线束连接插头后，再拆卸其紧固螺栓，即可平行取下前照灯。但需注意在对前照灯进行拆卸时应防止空气进入；安装时注意分清各灯具的线束插头，以免插错位置；在更换灯泡或配光玻璃时手指不要触及反射镜镜面，以免手指上的汗渍或油污污染反射镜而使其失去光泽，降低反射效率。

当反射镜镜面上有灰尘时，应用压缩空气吹净，不宜用布或毛刷擦拭，以免破坏镜面光泽；也不要用口吹气，以免唾液溅到镜面上。当反射镜镜面上有油污时，可按以下方法清

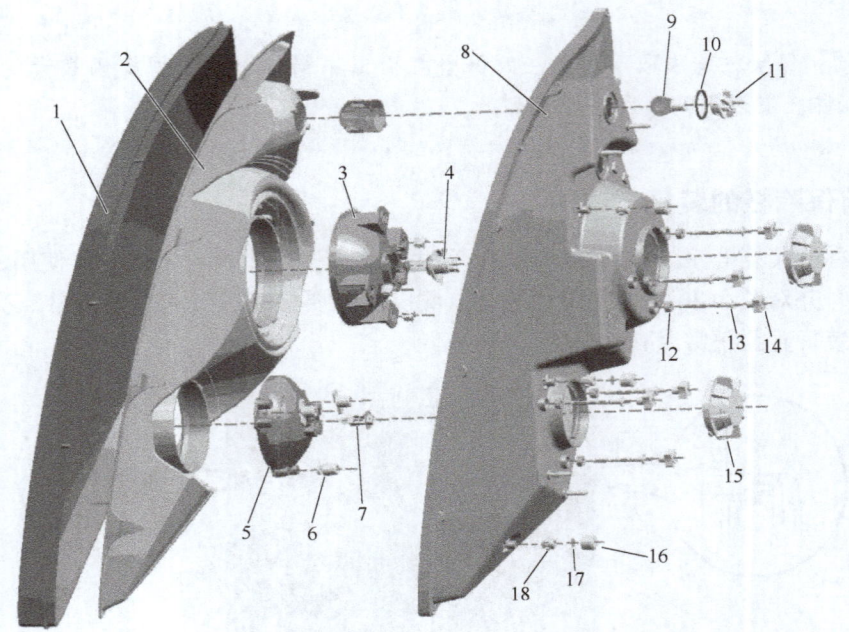

图 5-28 汽车前照灯的结构

1—灯罩 2—装饰罩 3、5—反光镜 4—近光灯泡 6—固定耳 7—远光灯泡 8—灯壳 9—转向灯泡 10、12、18—密封圈 11—旋转后盖 13—近光调节螺钉 14—近光调节手轮 15—后盖 16—出气孔盖 17—透气膜

除：对于镀铅反射镜，可用蘸过酒精的清洁棉纱，由反射镜中心向外部呈螺旋形方向擦拭干净；对于镀银反射镜，其镀层不能擦拭，只能用热水冲洗，晾干后装好使用。

五、前照灯的调整

前照灯光束的调整检验应在较暗环境中的屏幕前进行，或用测量仪检查调整。调整与检查的场地应平整，屏幕与场地垂直，且使前照灯基准中心距屏幕 10m，如图 5-29 所示。被调整检验车应在轮胎气压正常、空载或乘坐一名驾驶人的条件下进行。

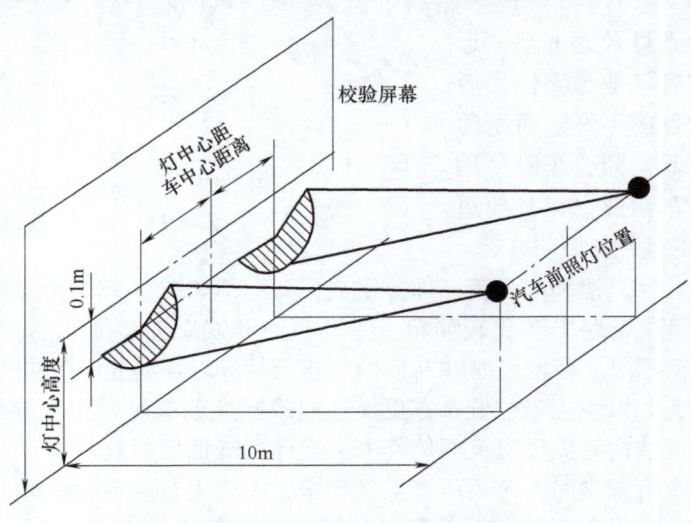

图 5-29 前照灯光束位置

项目五 典型车身板件的拆装与调整

检测评价

接通灯光开关,调整其光束。调灯时以一只灯为单位调整,首先遮蔽其他前照灯,然后拧动上下左右光束调整螺钉,使主光束(光度最高点)处于规定高度,前照灯上下左右调整时,必须拧入调整。若需拧松调节时,应完全拧松后拧入调整。

序 号	作业项目	考核内容	评分细则	分 值	得 分
1	保险杠的拆装与调整	安全、规范操作	符合作业要求	10分	
		保险杠的结构、组成和功用	表述准确	20分	
		保险杠总成的拆装	拆装流程准确	25分	
		保险杠的调整	调整符合相关要求	5分	
2	前照灯的拆装与调整	前照灯的结构、组成和功用	表述准确	20分	
		前照灯的调整	调整符合相关要求	20分	
合 计				100分	

课后测评

一、填空题

1. 汽车_____位于汽车前方和后方的大部分区域,是_____界冲击力、防护车身前后部的安全装置。
2. 保险杠总成取下后,_____不得与_____的物体相接触。
3. _____目的是吸收保险杠在碰撞时的_____,使保险杠支架具有_____,形成一种防冲击的装置。
4. 前照灯即俗称的_____,装在汽车前部的_____,用于_____照明。

二、选择题

1. 前车保险杠开裂和脱落,将其修复,首先需对保险杠总成进行_____。( )
   A. 修复　　　　　　　B. 拆卸　　　　　　　C. 调整
2. 吸能式保险杠的安全保险性能好,安全系数高,多用于_____轿车上。( )
   A. 普通　　　　　　　B. 中型　　　　　　　C. 高级
3. 保险杠按其使用功能,可分为_____保险杠和吸能式保险杠。( )
   A. 普通式　　　　　　B. 非吸能式　　　　　C. 金属式
4. 合理使用前照灯应做到会车时变成_____,回车后及时变成_____。( )
   A. 近光　　　　　　　B. 远光　　　　　　　C. 远近光
5. 当前照灯的反射镜镜面上如果有灰尘时,应用_____。( )
   A. 压缩空气吹净　　　B. 用口吹净　　　　　C. 干净的毛巾擦净

三、简答题

1. 简述汽车后保险杠的拆装工作过程。
2. 简述安装汽车保险杠时需要调整哪些间隙。

汽车钣金

任务二　翼子板的拆装与调整

任务目标

知识目标	了解翼子板的结构形式
技能目标	1）能对翼子板进行拆装与调整 2）会进行翼子板的修复操作

任务描述

图 5-30 所示为一辆事故轿车，在等待信号灯过程中，由于其他车辆在左转弯占道卡位时，致使汽车右前翼子板被其车尾撞击，右前翼子板出现严重凹陷变形，经 4S 店鉴定后无法修复至原先形状，车主要求更换右前翼子板。

知识储备

一、翼子板的结构类型

翼子板是遮盖车轮的车身外板，因旧式车身该部件形状及位置似鸟翼而得名。按照安装

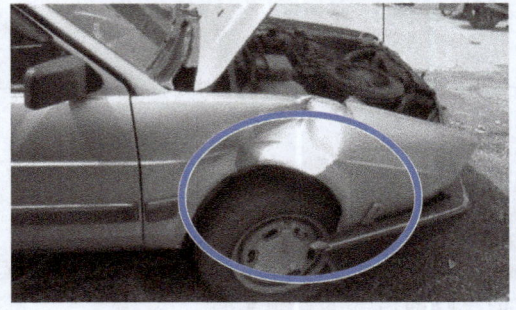

图 5-30　右前翼子板损伤图

位置又分为前翼子板和后翼子板。主要由外覆盖件和内板加强件组成，内板加强件采用树脂或电阻点焊等形式将其连接成一体。

前翼子板（图 5-31a）安装在前轮处，为独立的部件，大多用螺栓和车身壳体相连，后端与前围支柱相连，前端与散热器支架的延长部分及前照灯架相连，侧面与挡泥板相连。因此拆卸时需拆卸很多部件后才可进行前翼子板的拆卸，而部分车辆翼子板的紧固螺栓不可见，因为多被树脂密封胶粘住，拆卸时需先用暖风枪烘烤熔化后才可见紧固螺栓。有些车辆的前翼子板用有一定弹性的塑性材料做成。塑性材料具有缓冲性，安全性较高。

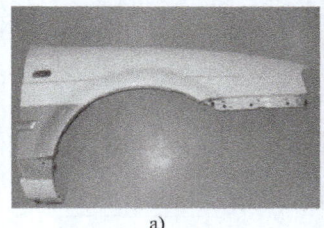 

a) b)

图 5-31　翼子板的类型
a）前翼子板　b）后翼子板

后翼子板是车身后部侧面的外表，又称为后侧围板（图 5-31b），是后部车身两侧最大

的板件，从后车门向后一直延伸至后保险杠位置，构成后部车身的侧面，通常以焊接方式与车身壳体相连，为非独立部件，不可拆卸，损坏时需进行焊点破除，以切割损坏处的方式更换新部件。

二、翼子板的功用

翼子板的作用是在汽车行驶过程中，防止被车轮卷起的砂石、泥浆溅到车厢的底部。因此，要求所使用的材料具有耐气候老化和良好的成形加工性。材料一般使用高强度镀锌钢板，厚度在 0.6~1mm 范围内。

任务实施

一、实施准备

1）场地。汽车一体化车间。
2）安全防护用品。工作服、工作帽、工作鞋、手套、防护眼镜、耳塞。
3）工具材料。整车、各类工作台、拆装工具。

二、右前翼子板的拆装

由于其他车辆在左转弯占道卡位时，造成汽车右前翼子板被其车尾撞击，出现严重凹陷变形，需将损坏的翼子板拆卸，然后更换新的翼子板。

1. 右前翼子板的拆卸

首先准备好呆扳手、套筒扳手、一字螺钉旋具、垫布和暖风枪等工具。

1）拆卸右侧保险杠。
2）断开蓄电池连接线（图 5-6），用呆扳手先拆卸负极，后拆卸正极。
3）拆卸右侧前翼子板上的转向灯。
4）垫上垫布，用一字螺钉旋具从侧面撬出转向灯（图 5-32），以防划伤信号灯灯罩。
5）拔下右侧转向灯线束。拔出右转向信号灯灯罩（图 5-33）。
6）举升车辆至合适位置，拆卸前轮罩紧固螺钉（图 5-34）。转动车轮至合适位置，用

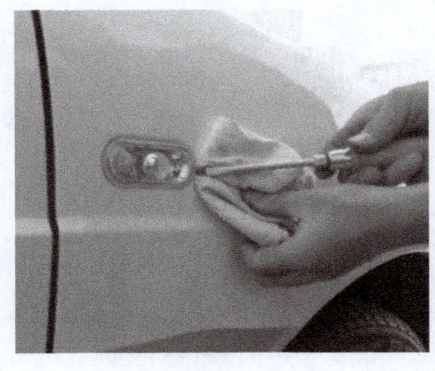

图 5-32　撬出转向灯

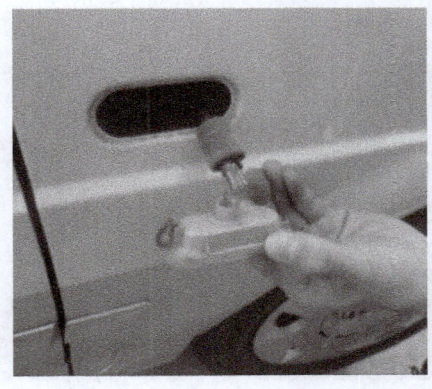

图 5-33　拔出右转向信号灯灯罩

套筒拆卸带肩的紧固螺钉并有相对的膨胀螺母。

7) 取下前轮车轮罩（图 5-35）。

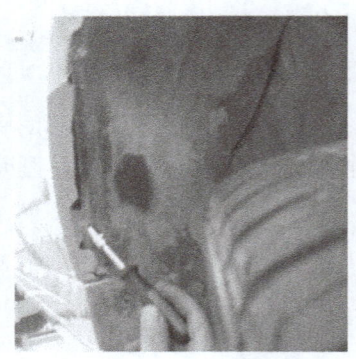 

图 5-34　拆卸前轮罩紧固螺钉　　　　　图 5-35　取下前轮车轮罩

8) 拆卸右前门脚踏板防擦板紧固螺栓（图 5-36）。举升车辆，在车辆右前车门的底部，旋出带垫的十字螺钉。

9) 取下右前门脚踏板防擦板（图 5-37），用螺钉旋具压住固定卡后拉出防擦板。

 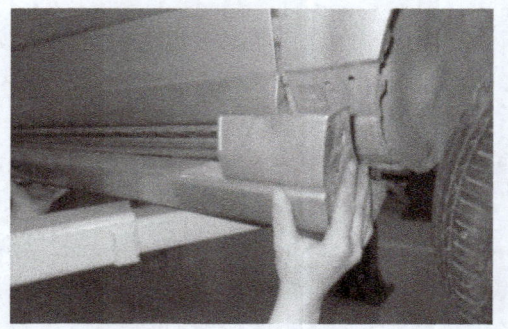

图 5-36　拆卸右前门脚踏板防擦板紧固螺栓　　　图 5-37　取下右前门脚踏板防擦板

10) 拆卸右侧翼子板底部紧固螺钉（图 5-38）。

11) 拆卸右侧翼子板侧面紧固螺栓（图 5-39）。

 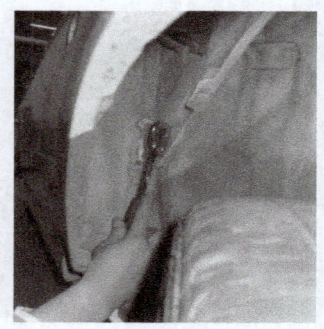

图 5-38　拆卸右侧翼子板底部紧固螺钉　　　图 5-39　拆卸右侧翼子板侧面紧固螺栓

12）熔开右侧翼子板侧面密封胶（PVC 材料）（图 5-40）。在右侧翼子板 A 柱区域用暖风加热，使其变软，取下翼子板。注意：PVC 材料只允许短时间地稍微加热，此时 PVC 的颜色不可发生变化，也不许形成气泡。

13）降下车辆，拆卸右侧翼子板上部紧固螺钉（图 5-41）。

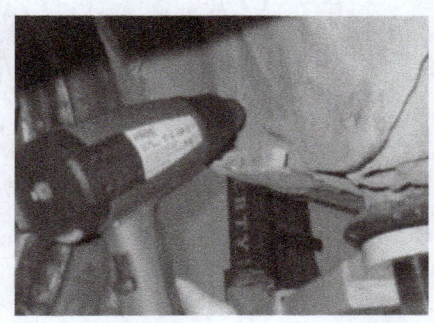
图 5-40 熔开右侧翼子板侧面密封胶

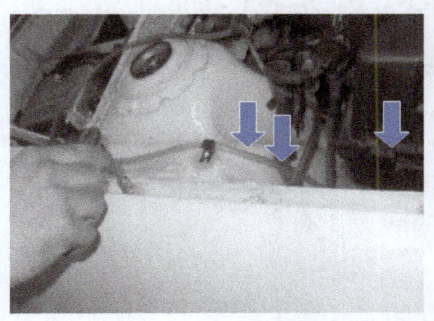
图 5-41 拆卸右侧翼子板上部紧固螺钉

14）拆卸右侧的机盖缓冲块（图 5-42）。

15）熔开右侧翼子板上部的密封胶（图 5-43），用暖风枪烘烤翼子板树脂密封胶，使其熔化。

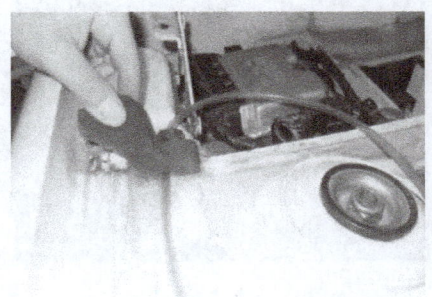
图 5-42 拆卸右侧的机盖缓冲块

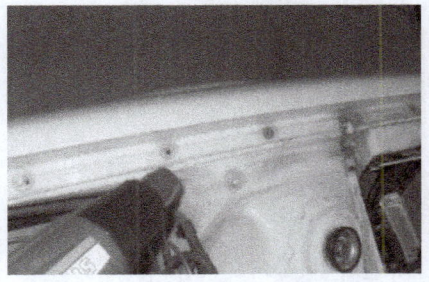
图 5-43 熔开右侧翼子板上部的密封胶

2. 拆卸前照灯

1）拆卸右前照灯的上部紧固螺钉，如图 5-44 所示，上部有两条紧固螺栓，拆卸右前照灯的下部紧固螺钉。

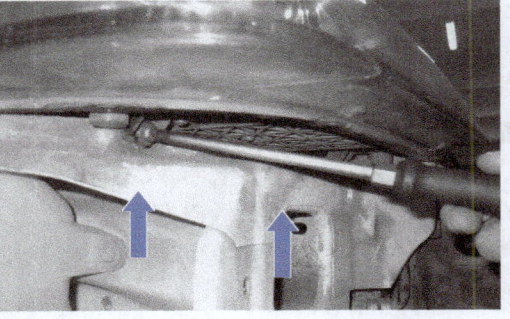
图 5-44 拆卸右前照灯的上部紧固螺钉

2）断开右前照灯线束插头（图5-45）红圈位置，按压卡舌，拔出插头。
3）取下右前照灯总成，水平拉出右前照灯（图5-46）。

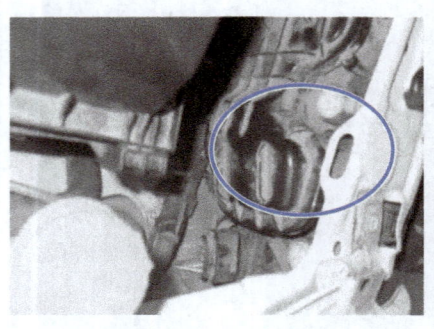 

图5-45　断开右前照灯线束插头　　　　　　图5-46　拉出右前照灯

4）熔开右前翼子板前侧密封胶（图5-47），当暖风枪烘烤时，注意扶住翼子板，以防掉落。
5）取下前翼子板（图5-48），双手水平取下右前翼子板。

图5-47　熔开右前翼子板前侧密封胶　　　　图5-48　取下前翼子板

三、右前翼子板的装复

右前翼子板的装复顺序（图5-49）与拆卸顺序相反，安装时首先清除旧有的树脂密封胶，并注意更换损坏的自锁螺母和新的塑料密封垫。

四、右前翼子板的调整

前翼子板更换或修复完后，应对表面进行处理，再进行位置和间隙的调整，如图5-50所示。前翼子板使用螺栓联接到散热器支架和轮罩上的。松开这些螺栓，翼子板就可以向前或向后，向内或向外移动，使它与车门齐平，并且平行于发动机舱盖。如翼子板超出限度而不能与门齐平，会造成车辆行驶时产生风扰动噪声。应同步调整翼子板与发动机舱盖，使环绕翼子板的所有间隙均匀，如桑塔纳3000轿车翼子板与发动机舱盖的间隙为4mm，翼子板与前照灯的间隙为5.5mm，翼子板与车门的间隙为6mm，翼子板与前保险杠的间隙为5mm。在调整检查间隙时用大众专用工具进行检查。

项目五 典型车身板件的拆装与调整

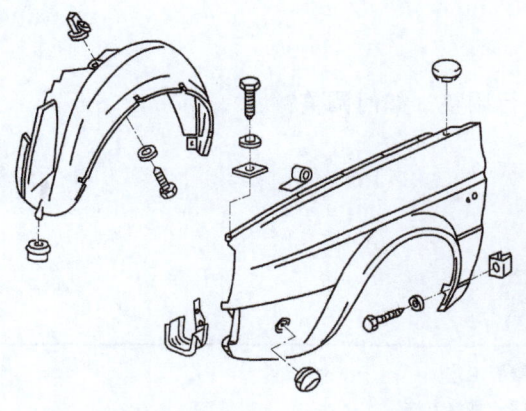

图 5-49 翼子板的安装

图 5-50 右前翼子板间隙的调整

检测评价

作业项目	考核内容	评分细则	分 值	得 分
翼子板总成的拆装与调整	安全、规范操作	符合作业要求	20 分	
	翼子板总成的结构、组成和功用	表述准确	20 分	
	翼子板总成的拆装	拆装流程准确	50 分	
	翼子板总成的调整	调整符合相关要求	10 分	
合 计			100 分	

课后测评

一、填空题

1. 在进行翼子板拆卸和装配时，不得刮碰其他部件的_____和_____。
2. 翼子板更换或修复完后，应先对_____，再进行_____。
3. 翼子板作用是在汽车行驶过程中，防止_____、_____车厢的底部。

二、选择题

1. 前翼子板大多用螺钉与车身壳体相联接，前端和_____的延长部分及灯具架相连接，侧面与_____连接。（   ）
   A. 前围支柱   B. 散热器架   C. 挡泥板

2. 当拆卸前翼子板时，对于树脂密封胶（PVC 材料）应该使用_____工具处理。（   ）
   A. 小刀   B. 氧乙炔焊机   C. 暖风枪

3. 前翼子板在更换后需进行间隙调整，分别是调整翼子板与车门、翼子板与发动机舱盖、翼子板与_____和翼子板与_____的间隙。（   ）
   A. 风窗玻璃   B. 前保险杠   C. 前照灯

三、简答题

1. 试述左翼子板的拆装工作过程。
2. 前翼子板在调整间隙时需对哪些间隙进行调整？如何调整？

任务三　车门的拆装与调整

任务目标

知识目标	1）知道车门凹陷、锈蚀和外板更换的维修工艺 2）掌握使用车身外形整形机对凹陷车门的维修方法
技能目标	1）能操作和调整车身外形整形机设备 2）会进行车身外形整形机对凹陷车门的修复

任务描述

在途经一丁字路口时，由于肇事车辆未能看清两侧行驶的车辆，即进行左转弯且行驶速度较快，正好撞击到直线行驶的事故车辆，导致直行车的右侧车门出现严重损伤变形（图5-51），未造成重大事故和人员伤亡，但需对右侧车门及附件进行拆装修复，以便恢复到原来的形状及强度。

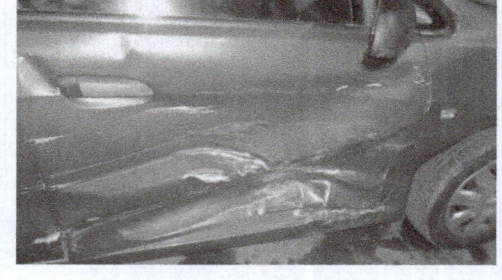

图5-51　车门损伤图

知识储备

一、车门的类型

车门是位于汽车的侧面，它是一个独立的总成，一般是通过铰链将车门安装在车身上。此外车门要反复地开启和关闭，对装配间隙提出了更高的要求。

车门是汽车的主要组成部分，是乘客上下车辆的通道，而在汽车行驶时，又对乘客起到一个保护作用。它的好坏，主要体现在车门的防撞性能、车门的密封性能和车门的开合便利性等。防撞性能尤为重要，因为车辆发生侧碰时，缓冲距离很短，很容易就伤到车内人员。所以说，精确地掌握车门的维修工艺就显得尤为重要。那么首先要熟知车门的结构类型，其大致可分为以下几类：

（1）按车门的开闭方式分类　按车门的开闭方式分类有顺开式车门、对开式车门、推拉式车门、上掀式车门、逆开式车门和折叠式车门等。其中顺开式车门和逆开式车门统称为旋转式车门，顺开式车门应用最普遍，如图5-52所示。

（2）按窗框结构分类　按窗框结构分类可分为有框车门与无框车门（图5-53）。

（3）按车门数量不同分类　根据车门数量的不同可分为两门、三门、四门和五门等形式。

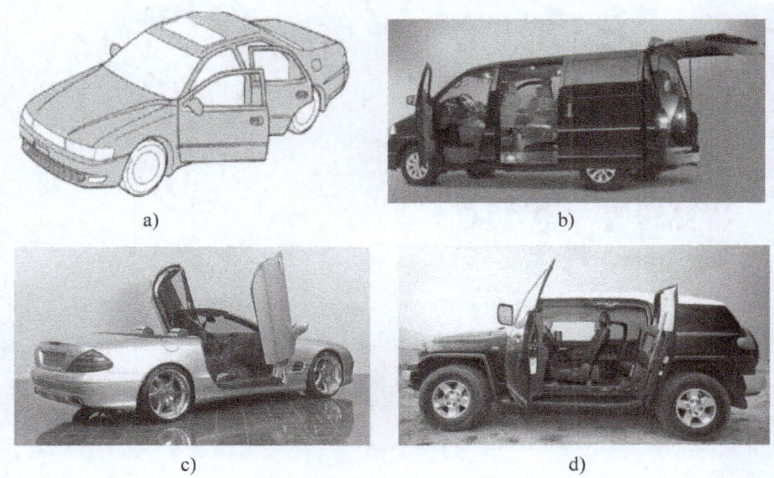

图 5-52 不同类型的车门
a) 顺开式 b) 推拉式 c) 上掀式 d) 逆开式

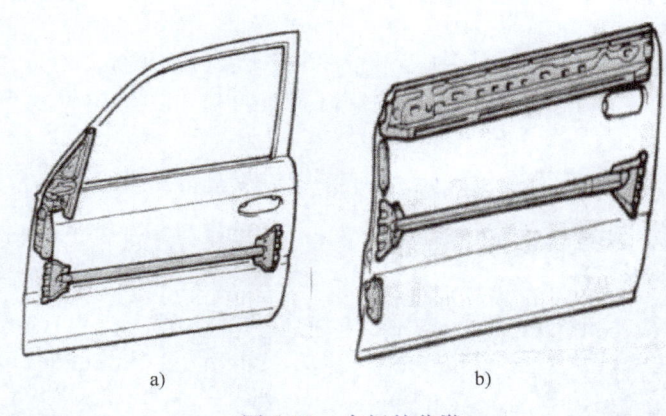

图 5-53 车门的分类
a) 有框车门 b) 无框车门

二、车门的结构组成

轿车的车门一般由门体、车门附件和内饰盖板三部分组成（图 5-54）。门体包括车门内板、车门外板、车门窗框、车门加强横梁和车门加强板。车门附件包括车门铰链、车门开度限位器、门锁机构及内外手柄、车门玻璃、玻璃升降机、密封条、相关的电控装置、按钮及开关等组成。内饰盖板包括固定板、芯板、内饰蒙皮及内扶手等。车门通过车门铰链与门柱相连，车门铰链通过螺栓联接或焊接方式固定在立柱或车门框上。

任务实施

一、实施准备

1）场地。汽车一体化车间。

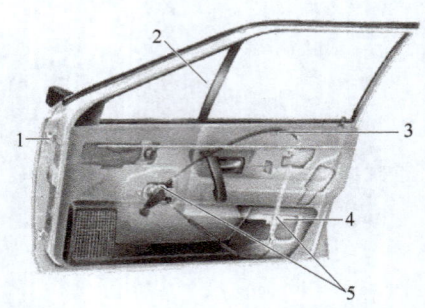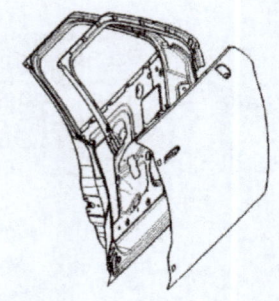

图 5-54　车门的结构

1—车门铰链　2—前车门三角窗　3—钢丝绳　4—车门玻璃托槽　5—前车门玻璃升降器总成

2）安全防护用品。工作服、工作帽、工作鞋、手套、防护眼镜、耳塞。

3）工具材料。整车、各类工作台、拆装工具。

二、右前车门的拆装

检查车门铰链是否发生了扭曲，观察铰链与车门开闭配合情况。根据外板的固定方式确定要拆卸的部件。

1）断开蓄电池（图 5-6）。用呆扳手先拆卸负极，后拆卸正极。

2）拆卸车门内把手饰盖（图 5-55）。一字螺钉旋具对着图示位置的小缺口处撬出内把手饰盖。

3）旋出内把手紧固螺栓（图 5-56）。用十字螺钉旋具拆卸上下支点各一条螺钉。

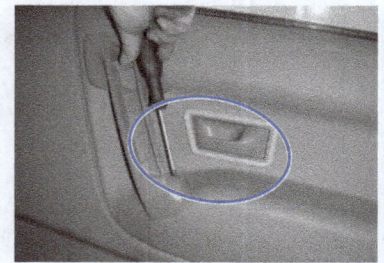

图 5-55　拆卸车门内把手饰盖　　　　图 5-56　旋出内把手紧固螺栓

4）拆下车门内把手饰框（图 5-57）。用一字螺钉旋具在边缘微微撬起，并将手饰框向右侧拉出，撬起时注意不要损伤饰板表面。

5）旋出车门内饰的紧固螺栓（图 5-58）。用十字螺钉旋具拧出图示位置的十字螺钉。

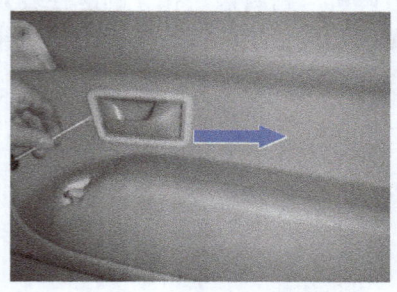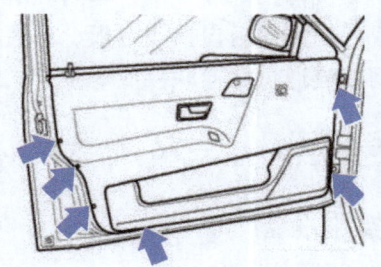

图 5-57　拆下车门内把手饰框　　　　图 5-58　旋出车门内饰的紧固螺栓

6)取下内饰板（图5-59）。从边缘往中间轻轻掰开，轻轻取下内饰板。注意：对左前门，需先拆下外后视镜和门控开关的调节旋钮插头才可取下内饰板。

7)取下车门内饰板并拆下车门杂物箱（图5-60）。拆卸内饰板上图示位置杂物箱的紧固螺栓。

图 5-59　取下内饰板

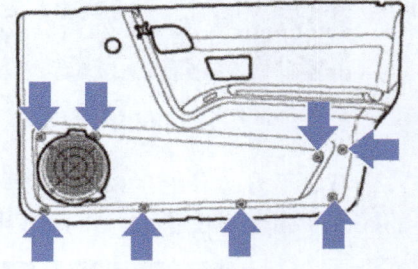

图 5-60　取下车门内饰板并拆下车门杂物箱

8)拆下车门侧低音扬声器（图5-61）。用十字螺钉旋具旋出低音扬声器的紧固螺栓，注意拆卸后，要慢慢扶住，不要拉断扬声器的插头。

9)断开扬声器插头（图5-62）。按动插头的锁止舌，拔出低音扬声器插头。

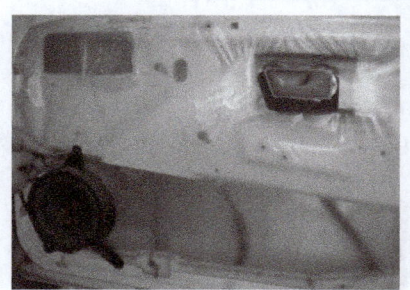

图 5-61　拆下车门侧低音扬声器

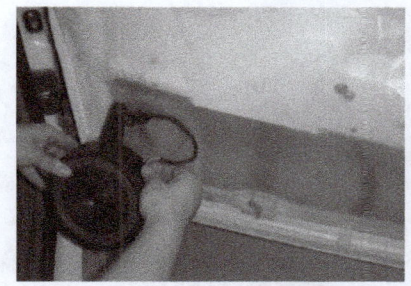

图 5-62　断开扬声器插头

10)拆卸侧支架和底部支架（图5-63）。用冲头向内冲出固定卡子的中心销。

注意事项：底部支架固定卡略有不同。冲头冲下的销头会掉进车门内，注意取出。

图 5-63　拆卸侧支架和底部支架

11)拆卸车门内把手支架（图5-64）。旋出紧固螺栓，取下把手支架。

12)拆下防水密封膜（图5-65）。从边缘慢慢撕下防水密封膜。注意不要撕破。

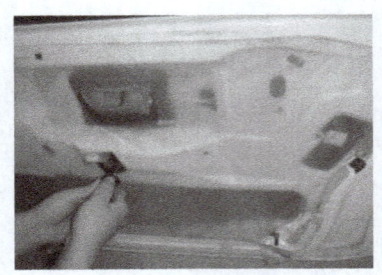 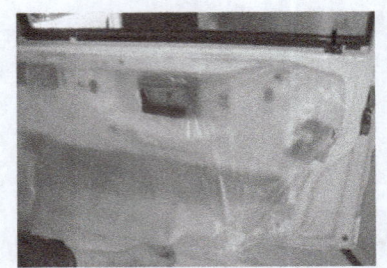

图 5-64　拆卸车门内把手支架　　　　　图 5-65　拆下防水密封膜

13）断开玻璃升降器连接插头及塑料固定夹（图 5-66）。将手置于图示位置，摸到玻璃升降器的插头及固定卡位置，并将其断开。注意：此时玻璃要处在升起状态。

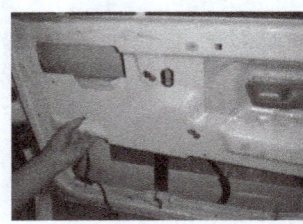 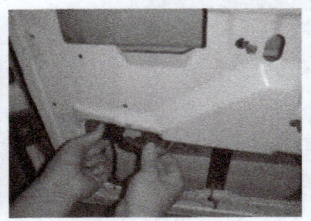

图 5-66　断开玻璃升降器连接插头及塑料固定夹

14）拉出车门门框密封条（图 5-67）。从一侧轻轻拉出车门门框的密封条。
15）拆卸车门限位器前盖（图 5-68）。慢慢拔出车门限位器前盖，注意前盖的安装方向。

图 5-67　拉出车门门框密封条　　　　　图 5-68　拆卸车门限位器前盖

16）拉出车门限位器密封垫（图 5-69），撕下密封垫。
17）拆下车门限位器轴栓锁圈（图 5-70）。用一字螺钉旋具撬起红色标记处后拉出即可。

图 5-69　拉出车门限位器密封垫　　　　图 5-70　拆下车门限位器轴栓锁圈

18）拆下车门限位器轴栓（图5-71）。用十字螺钉旋具从下部往上顶出，取下轴栓。
19）拆下限位器总成（图5-72）。拆下图示位置的两条紧固螺栓。

图5-71 拆下车门限位器轴栓

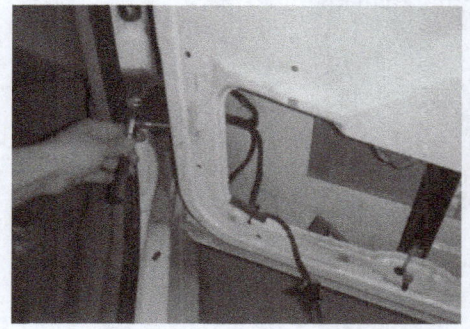

图5-72 拆下限位器总成

20）断开中控门锁连接插头（图5-73）。将手从图示位置穿进拔出中控门锁连接插头。
21）拆下车门外把手紧固螺栓（图5-74）。用十字螺钉旋具旋出门锁紧固螺栓，螺钉为反扣。两侧车门紧固螺栓旋向相反。

图5-73 断开中控门锁连接插头

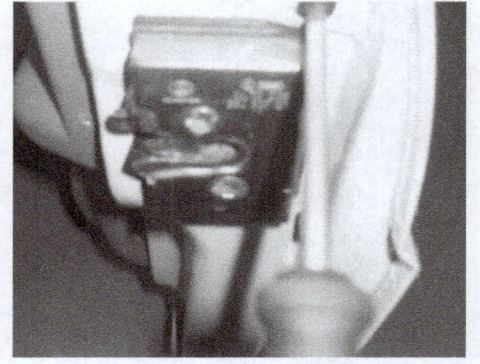

图5-74 拆下车门外把手紧固螺栓

22）取下车门外把手（图5-75）。朝前推向外拉出门把手。

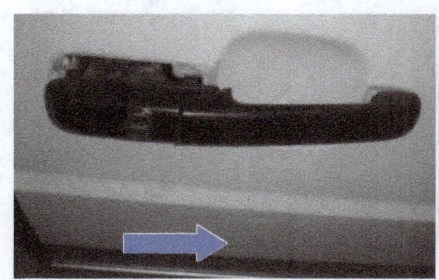

图5-75 取下车门外把手

23）拆卸车门锁紧固螺钉（图5-76）。用内六角扳手拆卸内六角螺栓。
24）拆卸车门内手柄防护垫（图5-77）。取下车门内手柄的防护垫。

图 5-76 拆卸车门锁紧固螺钉

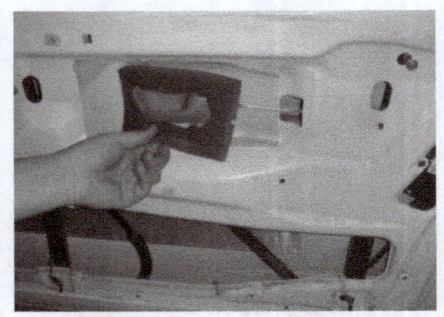
图 5-77 拆卸车门内手柄防护垫

25) 拆卸车门内手柄（图 5-78）。用一字螺钉旋具撬出固定点，向前拉出内手柄。

26) 拆下锁拉杆的连接并取下车门内手柄（图 5-79）。注意拉杆钩子的方向。

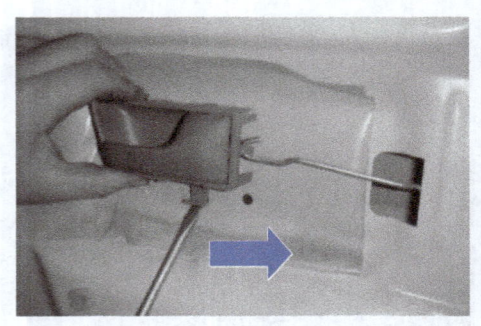
图 5-78 拆卸车门内手柄

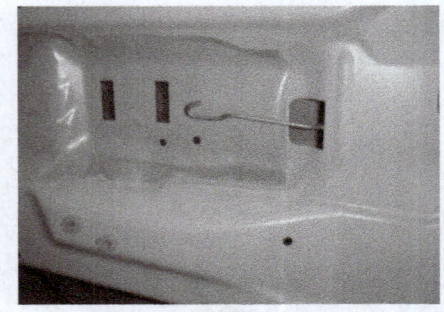
图 5-79 拆下锁拉杆的连接并取下车门内手柄

27) 松开车门锁与塑料接头的连接（图 5-80）。松开塑料接头的连接，注意塑料接头的连接位置。

28) 脱开车门锁与车门内把手横拉杆的连接并取下门锁（图 5-81）。注意拉杆钩子的方向。

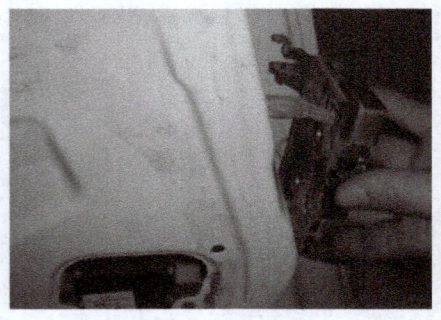
图 5-80 松开车门锁与塑料接头的连接

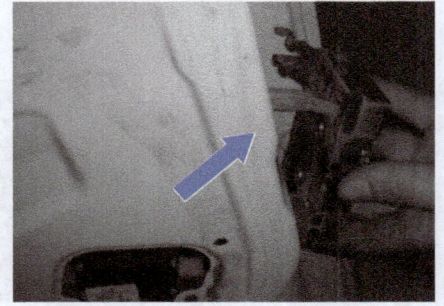
图 5-81 取下门锁

29) 拆卸车门闭锁横拉杆的塑料装饰条（图 5-82）。

30) 拆下中央集控门锁执行器（图 5-83）。拆卸门锁执行器的两条螺栓，取下门锁执行器。

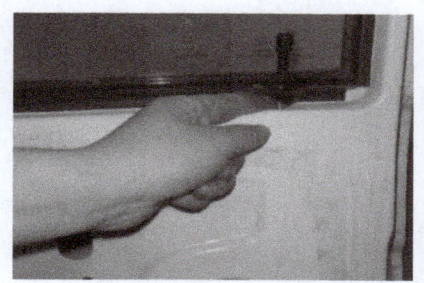 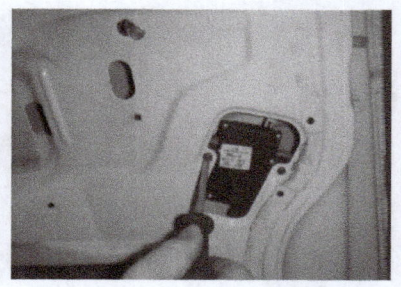

图 5-82　拆卸车门闭锁横拉杆的塑料装饰条　　　图 5-83　拆下中央集控门锁执行器

31）将集控门锁拉杆与车门闭锁横拉杆从塑料连接件上分离并取出连接件（图 5-84）。注意连接件钩子的方向。

32）拆卸玻璃升降器的紧固螺栓（图 5-85）。通电降下玻璃，直至看到两条紧固螺栓，然后拧松即可。

 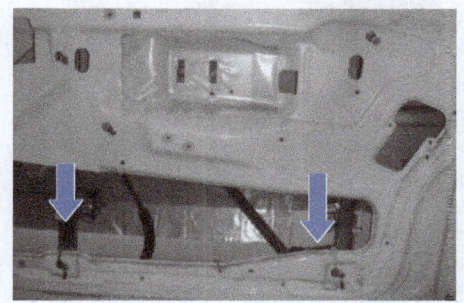

图 5-84　取出连接件　　　　　　图 5-85　拆卸玻璃升降器的紧固螺栓

33）拆下车门外侧导槽（图 5-86）。此时应完全降下玻璃，然后再次断开连接插头。用一字螺钉旋具从导槽外边缘缝隙处撬起并往上提。

34）取出前车门玻璃（图 5-87）。抬高玻璃后侧，从槽中拆下玻璃前侧，抬起门窗玻璃，从车门外侧取出玻璃。

图 5-86　拆下车门外侧导槽　　　　　图 5-87　取出前车门玻璃

35）拆卸电动玻璃升降器（图 5-88）。旋出剩余玻璃升降器的紧固螺栓，电动机的紧固螺栓较其他的紧固螺栓略长，需要多次旋出。

36）取下电动玻璃升降器（图 5-89）。斜方向取出玻璃升降器。

汽车钣金

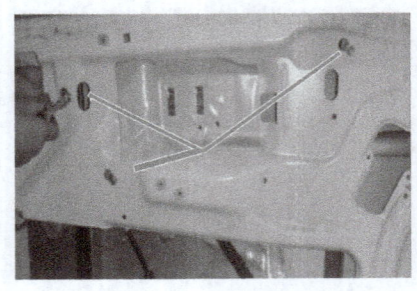
图 5-88　拆卸电动玻璃升降器

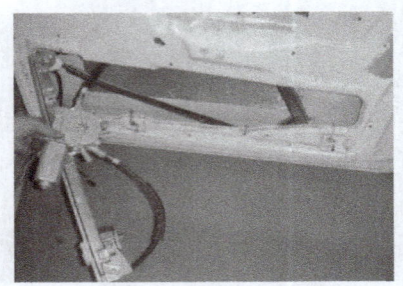
图 5-89　取下电动玻璃升降器

37）撬出外后视镜内饰盖（图 5-90）。用手撬出，注意不要损坏内饰的固定夹。

38）旋出外后视镜紧固螺栓（图 5-91）。旋下紧固螺栓及内饰固定夹。

图 5-90　撬出外后视镜内饰盖

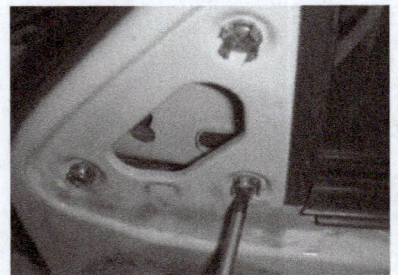
图 5-91　旋出外后视镜紧固螺栓

39）断开后视镜插头（图 5-92）。按动插头的锁止舌，拔出后视镜插头。

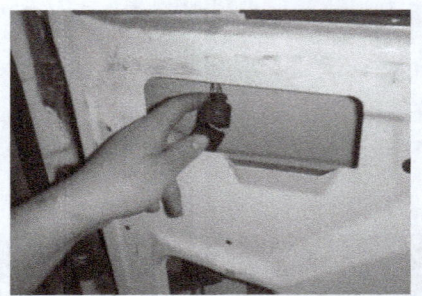
图 5-92　断开后视镜插头

40）拆下后视镜（图 5-93）。拉出后视镜线束，取下后视镜。

图 5-93　拆下后视镜

41）将中控锁线束从车门内侧孔中慢慢拉出（图 5-94）。

42）拆下车门铰链螺栓（图 5-95）。两人协同配合，一人扶住车门，另一人旋出两条紧固螺栓。

图 5-94　拉出中控锁线束

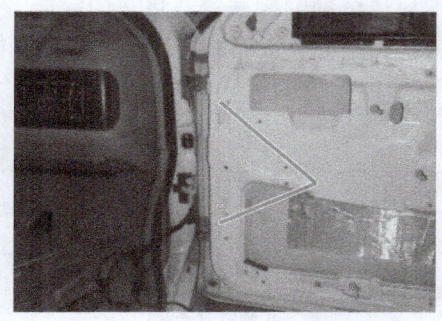
图 5-95　拆下车门铰链螺栓

43）取下车门（图 5-96）。两人配合取下车门。

三、右前门的装复

安装右前门时按拆卸的相反顺序进行装复，注意拆卸时的位置和痕迹，以便调整车门总成内各附件的位置，尤其是固定卡子的位置。安装车门铰链螺栓时注意要交替拧紧。

四、右前门的调整

当安装车门时，要注意前后结构件的间隙，以及车门锁位，如图 5-97 所示。当车门与周边结构件间间隙不正确时，首先要考虑是否和铰链有关，如果间隙相等但车门开关困难，则应考虑锁位与锁扣之间是否错位。检查时，把门关上，检查门前后的间隙是否相等，门与车身线是否平齐，从车门的侧面观察门是否有凹凸的现象等。当安装完毕后，还应观察车内门灯是否熄灭，如果没熄灭，则说明车门配合间隙有问题，要重新调整车门位置。

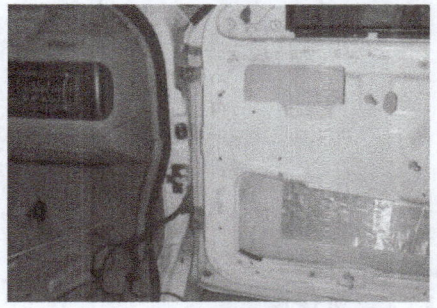
图 5-96　取下车门

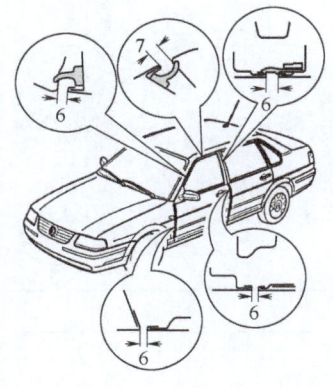
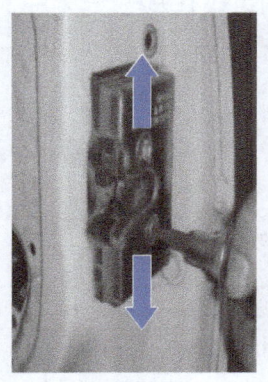
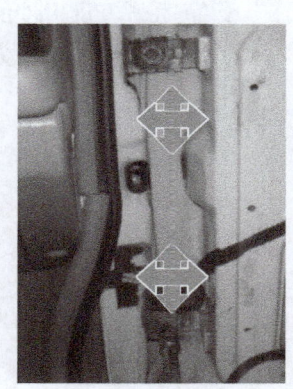
图 5-97　车门间隙的调整

> 汽车钣金

调整车门即是通过调整车门铰链、调整锁座的方式来对车门进行调整。因为车门铰链与车门锁座可以在其加大的孔内移动,所以可以使车门在上下、前后以及内外方向移动,以确保车门的安装位置。

1) 拧松铰链的紧固螺栓,将车门前后、上下调整,使它与车门框装配妥当。
2) 拧松锁座上的紧固螺栓,将锁座向上下或向外调整至与车门锁对齐,啮合良好为止。

检测评价

作业项目	考核内容	评分细则	分　　值	得　　分
车门的拆装与调整	安全、规范操作	符合作业要求	20分	
	车门的结构和组成	表述准确	20分	
	正确进行各车门的拆装	拆装流程准确	50分	
	车门间隙的调整	调整符合相关要求	10分	
合　　计			100分	

课后测评

一、填空题

1. 车门是一个独立的总成,一般是通过_____将车门安装在车身上。
2. 车门的好坏,主要体现在车门的_____、_____和_____等。
3. 车通过车门_____与_____相连,车门铰链通过_____联接或_____方式固定在立柱或车门框上。

二、选择题

1. 轿车的车门一般由门体、车门附件和_____三部分组成。　　　　　　(　　)
   A. 车门铰链　　　　　B. 内饰盖板　　　　　C. 车门加强梁
2. 按车门的开闭方式可分为顺开式车门、_____、推拉式车门、上掀式车门、折叠式车门。　　　　　　(　　)
   A. 逆开式　　　　　B. 旋转式　　　　　C. 滑动式

三、简答题

1. 简述车门及附件的结构组成有哪些。
2. 简述车门调整的方法。

任务四　发动机舱盖的拆装与调整

任务目标

知识目标	了解发动机舱盖的结构形式
技能目标	1) 能对发动机舱盖进行拆装与调整 2) 会进行发动机舱盖的修复操作

任务描述

在行驶过程中，前方货车由于速度较快且其车上的货物固定不牢固，使货物掉落，正好砸中后车的发动机舱盖，导致后车的发动机舱盖出现严重损伤变形（图5-98），未造成重大事故和人员伤亡，但需对发动机舱盖进行拆装修复。

图5-98　发动机舱盖损伤图

知识储备

发动机舱盖是遮盖和保护发动机的一个车身钣金总成，是发动机舱的上盖板。发动机舱盖除了保护发动机外，还要具有隔音、减振和避免与发动机运转声共振的功能。

一、发动机舱盖的结构与组成

发动机舱盖位于汽车的前上部，是遮盖和保护发动机的一个车身板件总成（图5-99）。发动机舱盖多用高强度钢板冲压成网状骨架和蒙皮组焊而成。多数轿车还在夹层之间使用了耐热点焊胶，使之确保刚度，并在其间形成良好的消声胶层。

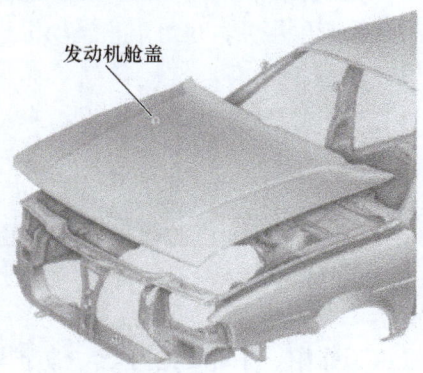

图5-99　发动机舱盖

轿车的发动机舱盖总成主要由发动机舱盖、发动机舱盖隔热垫、发动机舱盖铰链、发动机舱盖支撑杆、发动机舱盖锁、发动机舱盖锁开启拉索以及发动机舱盖密封条等零件组成（图5-100）。发动机作为汽车前部的最大部件，经常会受到撞击变形，比如说，高空坠物会砸伤发动机舱盖，前部遭受碰撞也会使发动机舱盖出现变形，因此在修复前，要清楚到底是要进行凹陷变形损伤的修复，还是进行整体部件的拆装更换，同时修复时要注意避免破坏夹胶的减振与隔音作用。

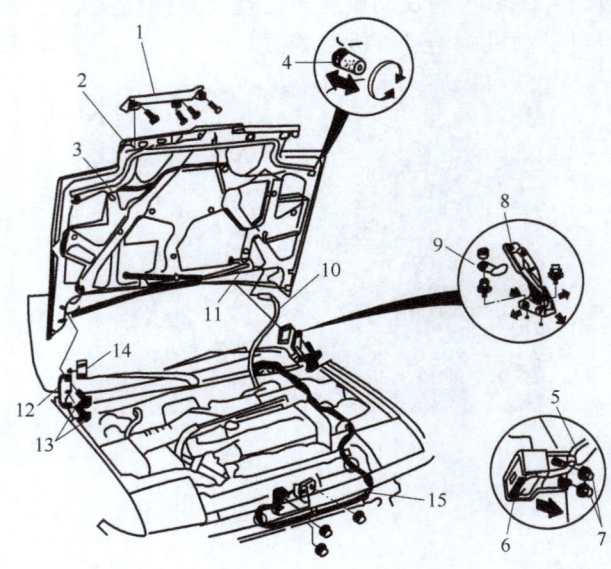

图 5-100　发动机舱盖的组成

1—发动机舱盖边保护器　2—发动机舱盖　3—发动机舱盖绝缘物　4—发动机舱盖边垫　5—起动钢索　6—发动机舱盖起动手柄　7—安装螺母　8、12—发动机舱盖铰链　9—挡块　10—喷洗软管　11—管接头　13—发动机舱盖铰链螺栓　14—铰链垫片　15—发动机舱盖起动钢索

二、发动机舱盖的作用

发动机舱盖除了装饰作用外，还起到隔音、隔热、减振以及阻隔发动机舱内外部件的作用，既可阻止外界因素进入发动机舱产生侵蚀，也可阻止发动机舱内的污浊、湿热空气外泄。

任务实施

一、实施准备

由于前方货车货物掉落，导致后车的发动机舱盖出现严重变形，需对发动机舱盖进行拆卸，而后再对其进行修复、更换和调整。

1）场地。汽车一体化教室。
2）安全防护用品。工作服、工作帽、工作鞋、手套、防护眼镜、耳塞。
3）工具材料。汽车整车两辆、拆装工作台、工具两套、垫布等。

二、发动机舱盖的拆卸

1）打开发动机舱盖开启拉锁（图 5-4）。用手轻轻向上拉动开启拉锁，可听到"啪"一声，即为开启。

2)支撑发动机舱盖(图 5-5)。用手拨开发动机舱盖锁扣,用支撑杆支撑发动机舱盖,注意对准位置,以防脱落。

3)断开蓄电池连接线(图 5-6)。用呆扳手先拆卸负极,后拆卸正极。

4)拔下玻璃清洗器喷嘴软管(图 5-101)。注意软管为橡胶材料,要用力均匀不要拉断软管。

5)拆下玻璃清洗器喷嘴软管固定卡(图 5-102)。用一字螺钉旋具从一侧慢慢撬出。

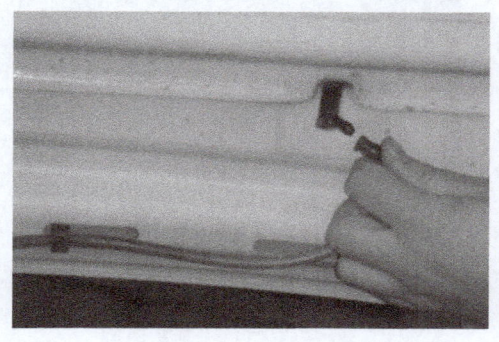
图 5-101 拔下玻璃清洗器喷嘴软管

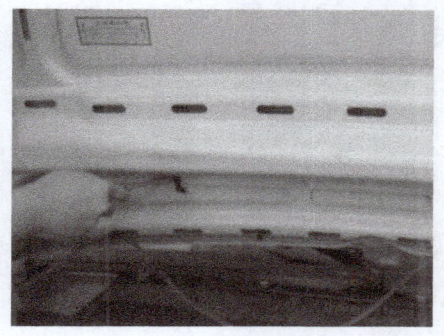
图 5-102 拆下玻璃清洗器喷嘴软管固定卡

6)拆卸清洗器喷嘴(图 5-103)。用手轻轻往前一推,然后往上一提即可取下。

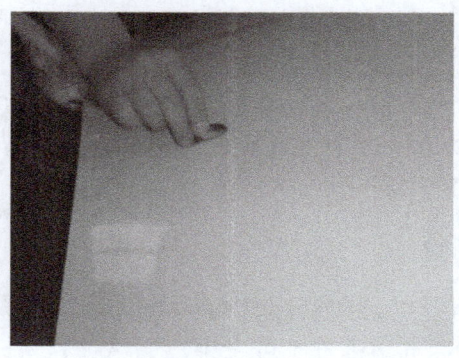
图 5-103 拆卸清洗器喷嘴

7)拆下限位块及饰盖(图 5-104)。将限位块旋转拧下即可;拆卸饰盖时用一字螺钉旋具从一侧慢慢撬开,取下即可。

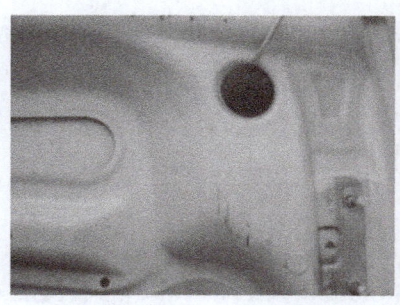 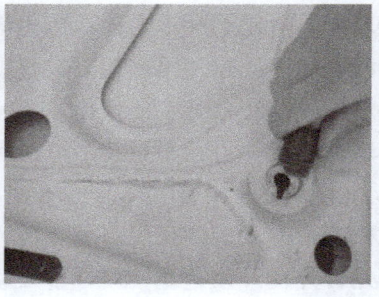
图 5-104 拆下限位块及饰盖

8）拆卸发动机舱盖铰链（图5-105）。拆卸两侧各螺栓及垫片，需两人配合，当一人拆卸时，另外一人扶住发动机舱盖，并注意要分次拧松，以防受力不均匀刮伤涂层及风窗玻璃。

9）拆下发动机舱盖（图5-106）。两人配合作业，慢慢抬下发动机舱盖。

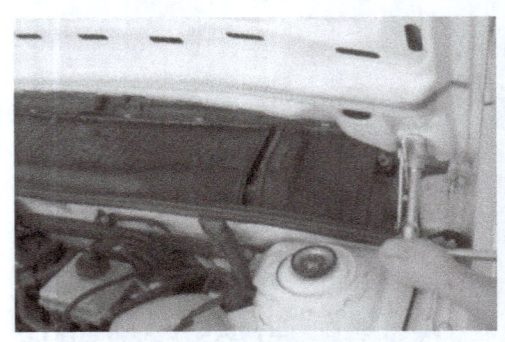

图5-105 拆卸发动机舱盖铰链

图5-106 拆下发动机舱盖

三、发动机舱盖的装复

装复发动机舱盖按与拆卸的相反顺序进行，注意拆卸时的位置和痕迹，以便调整发动机舱盖的间隙和位置。安装发动机舱盖铰链螺栓时注意要交替拧紧，如图5-107所示。当冬天安装玻璃清洗器喷嘴软管时，可用热水烫一下再进行安装，以防损坏橡胶材质软管。

四、发动机舱盖的调整

通常，发动机舱盖在打开时是向后翻转的。当发动机舱盖向后翻转时，与周边部件不可发生干涉。发动机舱盖应可以打开至某一位置并在此固定，以满足车辆维修的需要。当打开至最大开启角度时，与前风窗玻璃至少保留10mm的间距。

图5-107 发动机舱盖的装复

1. 发动机舱盖与翼子板及前围之间的调整

在拧紧发动机舱盖铰链螺栓之前，应先前后、左右调整发动机舱盖。首先调整发动机舱盖与左右翼子板之间的间隙。稍稍松开铰链螺栓，左右移动发动机舱盖，扣上发动机舱盖后使其与左右翼子板间的间隙各为4mm，并且与翼子板对齐，其前端与翼子板的前端、前照灯的前端保留足够的缝隙且光滑过渡，以避免开启时相互干扰（图5-108）。

2. 发动机舱盖高度的调整

对于发动机舱盖高度的调整可以通过两种方法来实现，第一种是通过调节铰链螺栓来实现。具体方法是首先松开铰链螺栓，调整发动机舱盖使其上下对准，然后慢慢关闭发动机舱盖，并根据实际需要抬高或降低发动机舱盖的后部，当发动机舱盖的后部与前翼子板达成水

 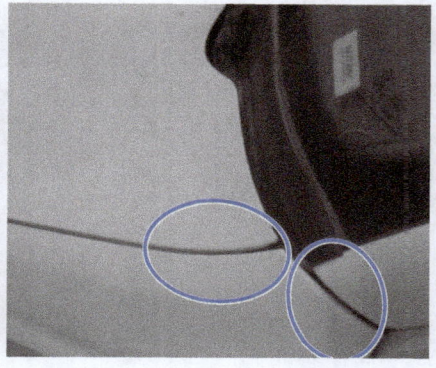

图 5-108　发动机舱盖与翼子板及前围之间的调整

平时，慢慢抬起发动机舱盖并拧紧铰链紧固螺栓（图 5-109）。

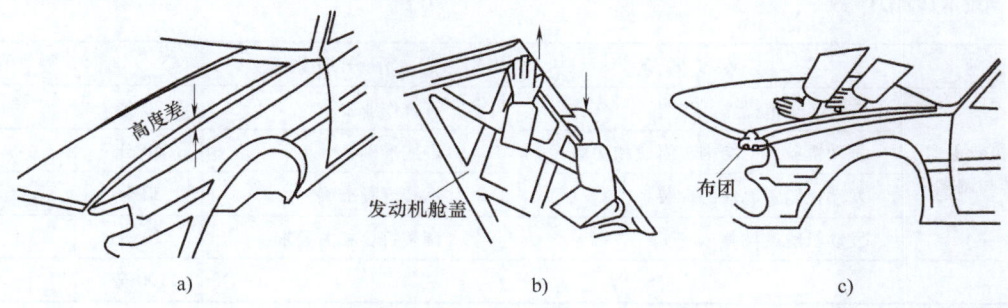

图 5-109　发动机舱盖高度的调整

第二种方法是通过调整限位块来实现。方法是转动限位块，通过限位块调节发动机舱盖与翼子板间的相互高度，使发动机舱盖与前照灯的间隙为 5.5mm，发动机舱盖与格栅的间隙为 7.5mm。

对于新更换的发动机舱盖，可能发动机舱盖边缘曲线变形比较严重，从而使发动机舱盖与翼子板间的高度相差很大，如图 5-109a 所示。此时就无法用上述两种方法来进行调整，遇到此类情况，可用双手扳动拱曲的部位使其复位，如图 5-109b 所示；也可在发动机舱盖的前端垫上布团、软垫之类的物品，然后用双手轻轻压下拱曲部位，使发动机舱盖与翼子板边缘高度一致，注意下压时要小心力度，以防用力过度而发生二次变形，如图 5-109c 所示。

3. 发动机锁扣机构的检查

发动机锁扣机构是用于发动机舱盖正确的关闭与松脱。慢慢合上发动机舱盖，当锁扣与锁闩对正时，发动机舱盖应在正中，不偏向一边，否则要拧松其紧固螺栓，前后左右移动锁扣使之达到要求，如图 5-110 所示。

4. 玻璃清洗器喷嘴的调整

用大头针等细小的针状物调节喷嘴，使其喷射状态保持 $a = 435$mm，$b = 450$mm，$c = 435$mm，$d = 320$mm，如图 5-111 所示。

汽车钣金

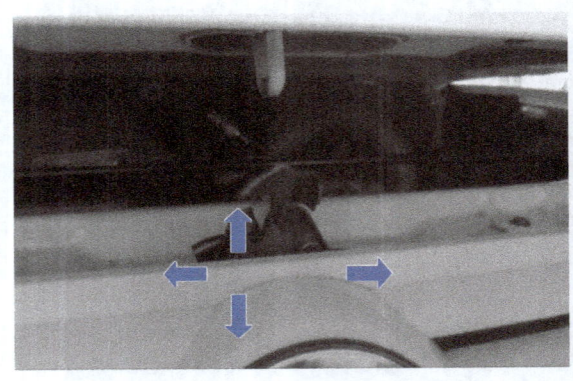

图 5-110　发动机舱盖锁的调整

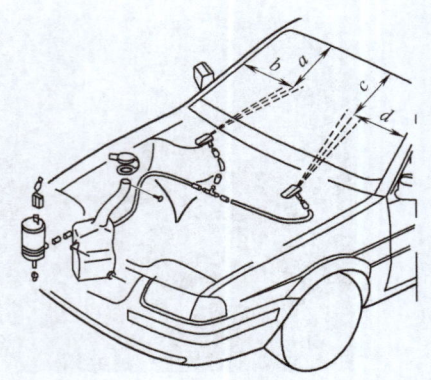

图 5-111　玻璃清洗器喷嘴的调整

检测评价

作业项目	考核内容	评分细则	分　值	得　分
发动机舱盖的拆装与调整	安全、规范操作	符合作业要求	20 分	
	发动机舱盖的结构、组成和功用	表述准确	40 分	
	发动机舱盖总成的拆装	拆装流程准确	30 分	
	发动机舱盖调整	调整符合相关要求	10 分	
合　计			100 分	

课后测评

一、填空题

1. 发动机舱盖除了_____作用外，还起到_____、隔热、减振以及_____的作用。
2. 发动机舱盖打开至_____角度时，与前风窗玻璃至少保留_____的最小间距。
3. 发动机_____用于是发动机舱盖正确的关闭与松脱。

二、选择题

1. 发动机舱盖位于汽车前上部，多用高强度钢板冲压成网状_____和_____组焊而成。　　　　　　　　　　　　　　　　　　　　　　　　　　　(　　)
   A. 骨架　　　　　　　B. 蒙皮　　　　　　　C. 铁皮
2. 当冬天安装玻璃清洗器喷嘴软管时，需要_____后，再进行安装，以防损坏橡胶材质的软管。　　　　　　　　　　　　　　　　　　　　　　　(　　)
   A. 来回折一下　　　　B. 用粗的部件撑一下　　C. 用热水烫一下
3. 调节发动机舱盖的高度可通过_____和_____两种形式。(　　)
   A. 铰链螺栓　　　　　B. 限位块　　　　　　　C. 锤子敲击

三、简答题

1. 简述发动机舱盖由哪些部件组成。
2. 当更换新的发动机舱盖时，发现发动机舱盖变形后，应如何对其调整？

任务五　车用玻璃的拆装与更换

任务目标

知识目标	1）熟悉车用玻璃的结构 2）理解车用玻璃的维修方法和装配形式
技能目标	1）会进行车用玻璃的拆装更换 2）掌握车用玻璃的拆装更换

任务描述

在行驶过程中，前方货车突然紧急制动，致使其所载货物掉落，掉落的货物正好砸中后车的发动机舱盖和前风窗玻璃，导致后车的前风窗玻璃严重破损，未造成人员伤亡，但需对前风窗玻璃进行拆装修复（图5-112）。

知识储备

图5-112　前风窗玻璃损伤图

一、汽车玻璃的类型

汽车玻璃是汽车车身附件中必不可少的，主要起到防护作用。常见的汽车玻璃有钢化玻璃、区域钢化玻璃、夹层玻璃，此外还有着色玻璃、带天线玻璃及除霜玻璃等。

1. 钢化玻璃

钢化玻璃是指将普通玻璃淬火使内部组织形成一定的内应力，从而使玻璃的强度得到加强，在受到冲击破碎时，玻璃会分裂成带钝边的小碎块，对乘员不易造成伤害。

钢化玻璃一般不作为前风窗玻璃，主要是因为钢化玻璃在受撞破裂后，形成的玻璃碎片会很小且呈现粒状结构。玻璃表面形成许多细密的条纹，阻碍驾驶人的视线。

2. 区域钢化玻璃

区域钢化玻璃是钢化玻璃的一种新品种，为了防止钢化玻璃碎裂时产生裂纹，在玻璃加工上采用特殊的处理工艺，即将玻璃部分进行淬火处理，由此就产生了区域钢化玻璃。能够在受到冲击破裂时，其玻璃的裂纹仍可以保持一定的清晰度，保证驾驶人的视野区域不受影响。

3. 夹层玻璃

夹层玻璃是指用一种透明可黏合性塑料膜贴在二层或三层玻璃之间，将塑料的强韧性和玻璃的坚硬性结合在一起，增加了玻璃的抗破碎能力。

国家的法规规定汽车前风窗玻璃必须采用夹层玻璃，因为夹层玻璃安全破裂，在重球撞击下可能碎裂，但整块玻璃仍保持一体性，碎块和锋利的小碎片仍与中间膜粘在一起。为驾驶人和乘客提供了足够的安全，如图5-113所示。因此目前汽车前风窗玻璃主要采用夹层钢化玻璃和夹层区域钢化玻璃，其能承受较强的冲击力，能提供较大的安全性能。

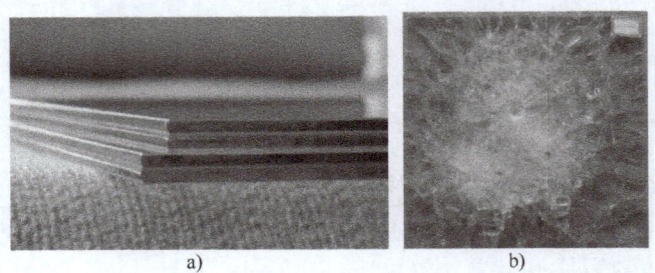

图5-113 夹层玻璃
a) 夹层玻璃破碎前 b) 夹层玻璃破碎后

二、风窗玻璃的固定方式

车用玻璃的安装技术经历了不同的发展阶段，从钢板镶嵌安装方式、橡胶条安装方式，到目前流行的聚氨酯胶直接粘接方式。现在，钢板直接镶嵌安装方式已经被汽车行业淘汰。

风窗玻璃的固定方式主要有两种，即胶粘法固定和橡胶条法固定，如图5-114所示。

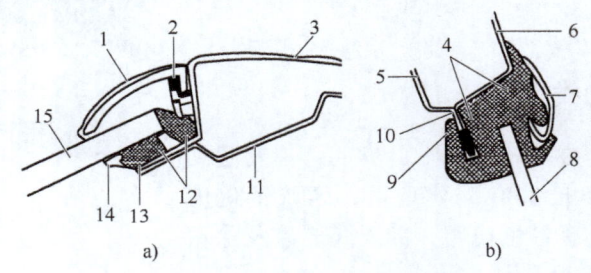

图5-114 玻璃固定类型
a) 胶粘法固定 b) 橡胶条法固定
1、7—镶条 2—卡扣 3、6—顶盖 4—填充胶 5、11—上框 8、15—玻璃
9—密封胶条 10、13—框缘 12—胶粘剂 14—防水胶条

胶粘法固定，一般多用于前风窗玻璃和全封闭车身的侧车窗，其中全封闭侧车窗玻璃多为中空式双层玻璃。当汽车发生碰撞事故时，可确保室内乘客不至于因强大惯性而被抛出窗外，可以弥补为扩大视野使窗柱变细所带来的刚度不足。

防风雨橡胶密封条固定法，可用于前后风窗玻璃的装配，也可用于固定侧窗玻璃。具有足够弹性和强度的橡胶条介于玻璃与车身之间，不仅能消除玻璃与车身之间的装配间隙，而且还能减轻对玻璃的振动。一般用橡胶密封条法装配的汽车玻璃，也要用液体聚硫橡胶之类的玻璃密封剂，在橡胶条周围与车身及玻璃的接口处填充，这样可提高所装玻璃的密封性和可靠性。

三、汽车风窗玻璃的功用

汽车玻璃不仅仅是遮风挡雨的工具，它与安全带、安全气囊合称为汽车安全保障三要素，共同保障驾驶人的安全。安装牢固的风窗玻璃可以在发生碰撞时有效支持安全气囊，限制前排乘员前移距离,降低乘员受到的伤害。同时风窗玻璃还起到支撑和加强车辆结构的作用,在碰撞时减小 A 柱变形,使车门能够自由打开。

任务实施

在行驶过程中,前方货车所载货物掉落,砸伤了后车的前风窗玻璃,导致后车的前风窗玻璃严重破损,因此需现对破损的前风窗玻璃进行拆卸,而后再进行装复。

目前轿车的前风窗玻璃多是采用胶粘法进行固定的,因此以此为例进行讲解。

一、实施准备

1)场地。汽车一体化教室。
2)安全防护用品。工作服、工作帽、工作鞋、手套、防护眼镜、耳塞。
3)工具材料。汽车整车两辆、拆装工作台、工具两套、垫布等。

二、前风窗玻璃的拆卸

1)打开发动机舱盖开启拉锁(图 5-4)。用手轻轻向上拉动开启拉锁,可听到"啪"一声,即为开启。

2)拆卸刮水器摇臂罩盖(图 5-115)。用螺钉旋具从缺口位置撬出两侧刮水器摇臂轴上的罩盖。

3)拆卸刮水器摇臂轴紧固螺栓(图 5-116)。用套筒扳手拆卸两侧的紧固螺栓。

图 5-115　拆卸刮水器摇臂罩盖

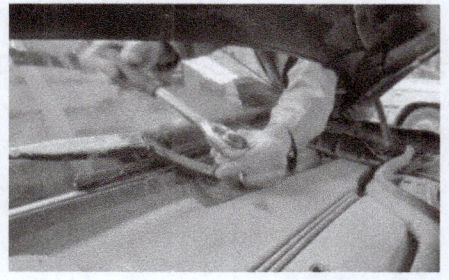

图 5-116　拆卸刮水器摇臂轴紧固螺栓

4)摇动刮水器摇臂,松动后取下摇臂(图 5-117)。注意:取下摇臂时需先将刮水器拉起,再从螺栓中取下。

5)关上发动机舱盖(图 5-118)。

图 5-117　取下摇臂

图 5-118　关上发动机舱盖

6）拆卸两侧前门柱上部饰板（图5-119）。用一字螺钉旋具一次撬开各塑料卡子。

7）拆卸后视镜（图5-120）。按箭头方向向下压，取下后视镜。

图5-119　拆卸两侧前门柱上部饰板

图5-120　拆卸后视镜

8）松开风窗玻璃的密封条（图5-121）。用塑料螺钉旋具从玻璃凸缘处松开，然后拉出密封条即可。

图5-121　松开风窗玻璃的密封条

9）切割风窗玻璃密封胶。

方法一：用切割线进行切割

① 先将玻璃周边的装饰条拆下，将一根细高碳钢丝（直径为0.6mm左右）由里面向外沿玻璃边缘穿出，如图5-122所示；沿玻璃的周边横向左右拉动钢丝，割断胶粘剂层，使玻璃与风窗框完全分离。

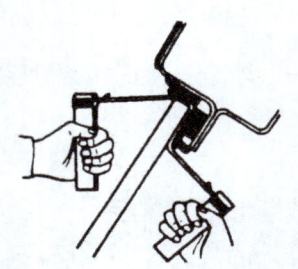

图5-122　用切割线进行切割

注意事项： 切割时一定要用力均匀，不要损伤车体表面。如需要可做保护措施。

② 可以保留风窗框上的胶层。因其与车身的结合十分牢靠，所以可作为新胶粘剂的基底。

方法二：用玻璃切割刀进行切割（图 5-123）
用切割的刀具从上部开始，自上而下依次割开密封胶。注意：此类切割多用在有装饰的金属边风窗玻璃，同时切割时注意小心不要割伤手。

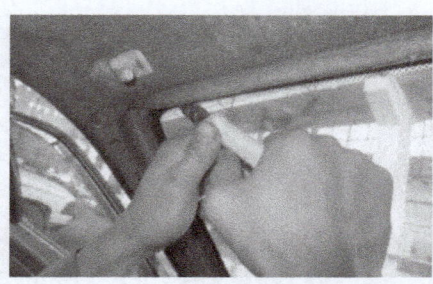
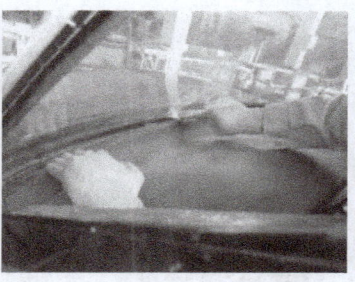

图 5-123　用玻璃切割刀进行切割

方法三：用电动工具进行切割（图 5-124）
选择合适的切割头和合适的速度。

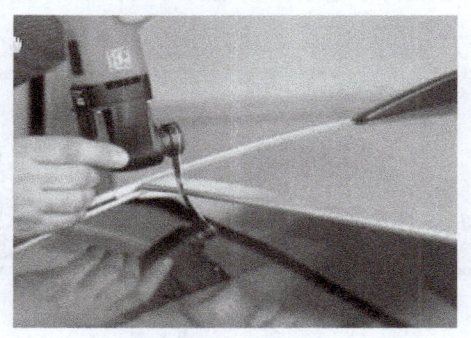

图 5-124　用电动工具进行切割

10）取下风窗玻璃（图 5-125）。两人配合取下或将稳定吸盘置于风窗玻璃外部中间位置，单人取下风窗玻璃。将取下的玻璃置于玻璃固定架或无钢圈的轮胎或软垫上。

图 5-125　取下风窗玻璃

三、前风窗玻璃的装复与调整

前风窗玻璃的装复顺序与拆卸顺序相反。为了确保成功，涂胶前还应将风窗玻璃放到窗口上进行试装，并做出定位标记。需要注意的是以下不同之处：

1) 在拆卸下玻璃后，需对前风窗玻璃安装处和风窗玻璃上旧的密封胶进行清洁。方法是首先用切割刀对旧的密封胶进行切割，然后用抹布对风窗玻璃及其安装处进行清洁除尘，如图 5-126 所示。

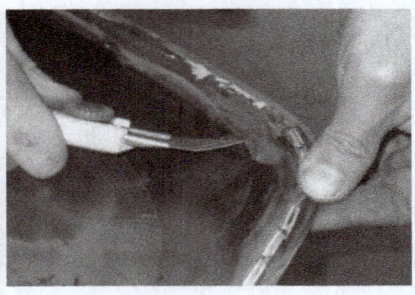

图 5-126　清除旧的密封条

2) 在轿车上前风窗玻璃的安装处（原始密封胶位置）施涂黏合剂。首先将密封胶枪的喷嘴上切割出一个斜口，目的是利于施涂，在施涂时要自上而下垂直进行施涂，并注意手法上要直、稳和齐，如图 5-127 所示。

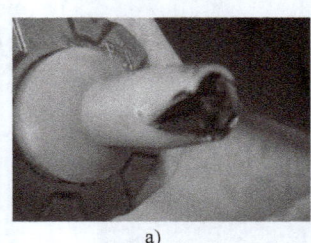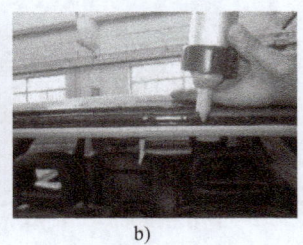

a)　　　　　　　　　　b)

图 5-127　施涂黏合剂
a) 切割斜口　b) 施涂密封胶黏合剂

3) 安装前风窗玻璃。在安装时两人将风窗玻璃抬起置于安装位置上方，先将风窗玻璃的下端穿进发动机舱盖后端，并将其置于下部密封胶的上方，而后以风窗玻璃和车身上的参考记号为依据，从上部边缘轻轻将玻璃压入。用刮刀在玻璃边缘上涂抹黏合剂，用刮刀除去过量的或溢出的黏合剂，如图 5-128 所示。

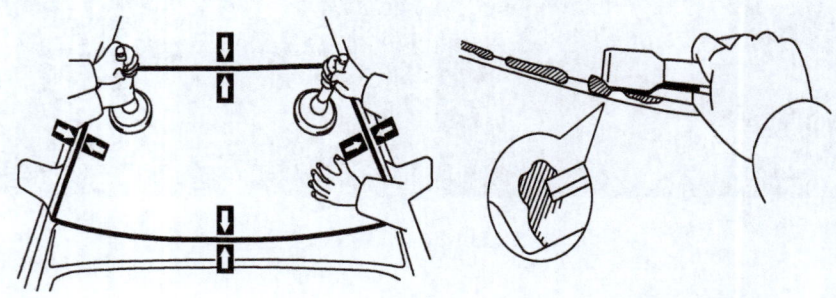

图 5-128　安装风窗玻璃

4) 安装状况检查。用柔和的水流检查安装情况。不要将水直接喷到新涂上的黏合剂上面。让水从玻璃边缘流过。如果发现泄漏，则在泄漏点涂上附加的黏合剂。一般情况下黏合剂在室温下硬化需要 6~8h 以上。

检测评价

作业项目	考核内容	评分细则	分 值	得 分
前风窗玻璃的拆装与调整	安全、规范操作	符合作业要求	20 分	
	前风窗玻璃的结构、组成和功用	表述准确	20 分	
	前风窗玻璃总成的拆卸	拆卸流程准确	30 分	
	前风窗玻璃总成的安装	安装流程准确	30 分	
合　计			100 分	

课后测评

一、填空题

1. 橡胶条固定法具有足够弹性和强度的橡胶条介于_____与_____之间，不仅能消除玻璃与车身之间的_____，而且还能减轻对玻璃的_____。
2. 风窗玻璃起到_____和_____车辆结构的作用。

二、选择题

1. 常见的汽车玻璃有钢化玻璃、_____、夹层玻璃、着色玻璃、带天线玻璃及除霜玻璃。　　　　　　　　　　　　　　　　　　　　　　　　　　　　　　　（　　）
   A. 区域钢化玻璃　　　　B. 加热玻璃　　　　C. 变色玻璃
2. 风窗玻璃的固定方式主要有两种，一种是胶粘法固定，另外一种是_____固定。
　　　　　　　　　　　　　　　　　　　　　　　　　　　　　　　　　　　（　　）
   A. 密封圈　　　　　　　B. 卡扣　　　　　　C. 橡胶条法
3. 汽车玻璃与安全带、_____合称为汽车安全保障三要素。　　　　　　　（　　）
   A. 钥匙　　　　　　　　B. 安全气囊　　　　C. 门锁

三、简答题

1. 简述汽车前风窗玻璃的结构类型。
2. 简述前风窗玻璃的拆装方法及其注意事项。

项目六

车身检验、测量与修复

汽车车身由于外部因素而导致损伤变形,影响汽车的正常使用和行驶安全。如何判断出车辆的损伤情况?如何将车辆恢复到原始状态?本项目将会从车辆损伤检验以及测量校正知识上来介绍。

任务一　车身检验

任务目标

知识目标	1）知道汽车碰撞诊断的基本步骤 2）了解碰撞力分析和碰撞对整体式车身的影响
技能目标	1）学会整体式车身结构的碰撞损伤顺序和车身损伤检视 2）会进行车身整体变形损伤的修复

任务描述

车辆在使用过程中,会出现不同位置、不同类型的损伤,如车辆在行驶中,车辆转弯过急,后面的车辆由于车速较快,制动不及时,造成两车相撞,导致转弯车辆前车门及车身中立柱变形（图6-1）。

图6-1　左前车门及中立柱损伤

知识储备

一、车身分类

按照受力情况分为承载式车身、半承载式车身和非承载式车身三种。

1) 非承载式车身。车身以弹性元件与车架相连,车身除承受自重和货物及乘客的重量引起的载荷以及行驶时的空气阻力和惯性力外,其他的载荷则由车架承受。

2) 承载式车身。承载式车身也称为整体式车身,车身代替车架来承受所有的载荷。

3) 半承载式车身。车身与车架是用焊接、铆接或螺钉联接的,载荷主要由车架承受,车身也承受一部分。

二、轿车车身的分类

轿车按照车身外形分类包括三厢式和两厢式。

1) 三厢式。三厢式是流行的具有代表性的车型,车身为封闭、刚性结构,有四个以上侧窗,两排以上座位,两个以上车门,由发动机舱、乘客室和行李箱三部分组成。

2) 两厢式。轿车后部形状按照较大的内部空间设计,乘客室与行李箱室同一段布置。

注意事项:三厢式与两厢式比较,抗横向风稳定性好。

三、轿车车身壳体结构

通常整个车身壳体按强度等级分为三段,分为 A、B、C 三段,即车身前部、中部及后部,当车身设计时,使乘客室(中部)尽可能地拥有最大的刚度,而前后两部分具有较大的韧性,当发生撞车事故时,前后部应能迅速吸收撞击力,而中部有足够的活动范围与空间安全。

前后"薄弱环节"有意识的预留,是为了良好的吸收冲击力,而中部具有良好的整体性。

1) 前车身(前部)。前车身由前翼子板、前段纵梁、前围板、发动机舱盖、发动机安装支架及其前保险杠组成(图6-2)。

① 发动机舱盖:多由高强度钢板冲压成网状骨架和蒙皮组焊而成,还在夹层之间使用了耐热点焊胶,使之确保刚度并在其间形成良好的消声胶层,车身维修中应有针对性地实施解体方案,不要轻易用火焰法修理,以免破坏夹胶的减振与隔音作用。

② 前围板:用来隔开乘客室与发动机舱,前围板两端与壳体前立柱和前纵梁组焊成一体,使整体刚性好,靠近发动机一侧主要起辅助加强作用,靠近乘客室一侧则用高强度钢板冲压成形,并于两侧涂于沥青、毛毡和胶棉等绝缘材料,以求乘客室振动小、噪声低,热影响小。

③ 前悬架:是承受和传递车轮与车架之间所受各种力和力矩,以及吸收和减缓汽车运

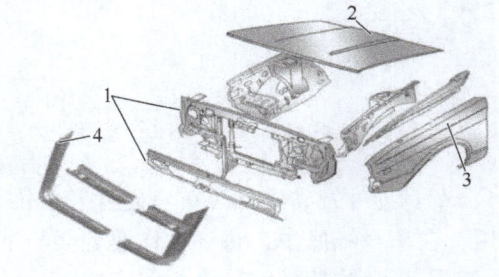

图6-2 轿车前车身部件
1—前围板 2—发动机舱盖 3—前翼子板 4—前保险杠

行过程中的冲击和振动,使车辆行驶具有良好的平顺性和稳定性。

④ 前段纵梁:前车身的主要强度件,直接焊接在车身下部,其上再焊接轮罩,前纵梁前后粗截面不等,截面变化也较为明显,能够提高汽车受冲撞时对冲击能量的吸收。

⑤ 散热器支架及保险杠:散热器支架以点焊的形式连接到纵梁上,以便于安装散热器等,保险杠总成用螺栓联接到车身前端,以抵抗小的撞击。

⑥ 前翼子板:属于车身的主要覆盖件,大多数通过螺栓固定在前悬架支持板上,它不仅起着使车身线条流畅的作用,而且使前车身的整体性更强了。

2)中间车身(中部)。中间车身由车门、侧体门框和门槛板组成,沿周采用高强度钢制成的抗弯曲能力较高的箱形段面,中间车身侧体框架的中柱、边框、车顶边梁和侧体下边梁等结构件也采用封闭型段面结构,车顶、车底和立柱均采用焊接方式组合在一起(图6-3)。

中间车身的立柱起着支撑风窗和车顶的作用,一般下部做得粗大,上部截面的尺寸因考虑到驾驶视野而缩小,立柱包括前柱(A柱)、中柱(B柱)和后柱(C柱)。

① 门槛板:安装在门口底部的坚固板条,通常焊接在车底板和支柱、反冲板或后侧围板上。反冲板是位于前支柱和门槛板之间的小板。

② 车身底板:是中间车身的基础,而且汽车行驶中加给车身的载荷通过车身底板来扩散出去。

③ 车门:是乘员上下车的主要通道,其上还装有车锁、玻璃和玻璃升降器等附属设施。车门定位缓冲器在车锁上附加了定位器的功能,车门关闭时可以减少冲击并定位准确,还可以防止行驶中因车门振动对车锁形成额外的冲击载荷。

3)后车身(后部)。后车身是用于放置物品的部分,可以说是中间车身侧体的延长部分,后车身板件的载荷来自汽车后悬架,尤其是对于后轮驱动的车辆,驱动力通过车桥和悬架直接作用于后车身上(图6-4)。

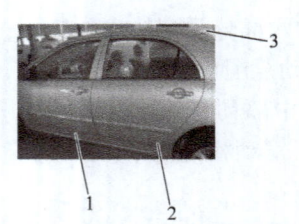 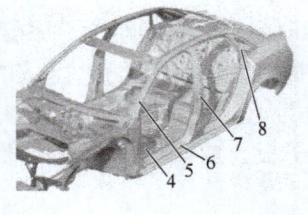 

图6-3 中间车身结构
1—车前门 2—车后门 3—车顶 4—车身底板
5—前柱 6—门槛板 7—中柱 8—后柱

图6-4 后车身结构图
1—行李箱盖 2—行李箱
3—后保险杠 4—后翼子板

4)车身硬件及装饰件。车身硬件及装饰件用来隐蔽粗糙加工的边缘,有些则兼有功能性作用,在车身维修中,每一项作业都会与车身内外装饰件发生关系,汽车装饰件主要有保险杠、前隔板、防擦条、导流板和座椅等。

四、车身常见的损伤形式

车身常见的损伤有:保险杠及前纵梁变形、车身侧面凹陷变形和车身行李箱变形等。

1. 前部碰撞

前部碰撞往往是由于车头撞上另一辆车或其他物体引起的损坏,碰撞力大小取决于车重、车速、撞击物以及撞击面积的大小。如果碰撞较轻，将会造成保险杠后移，使保险杠座、散热器支座、前侧梁、前翼子板和发动机舱盖锁支柱等发生弯曲变形。如果碰撞较严重，前翼子板将撞到前门，发动机舱盖铰链将形成上弯，碰到发动机舱盖，前侧梁折皱，与悬架所在横梁相碰。如果碰撞再增大，前翼子板围裙和前车身支柱将发生弯曲变形，前门还有可能被撞掉。此外，前侧梁折皱加大，就使悬架横梁弯曲，导致发动机与驾驶室之间的隔板和地板也会变弯以吸收碰撞力。如果前部碰撞与整车轴线有一个夹角，还会发生侧向弯曲变形。而且由于两侧纵梁由横梁连接在一起，受碰撞后一侧纵梁上的力将通过横梁传给另一侧纵梁上，如图 6-5 所示。

2. 侧向损坏

当汽车侧面碰撞损伤时，会造成车门、前部侧板、车身中支柱，甚至地板均发生不同程度的变形。如果前翼子板中部受到撞击，前轮将会后缩。碰撞力将通过前悬架所在的横梁，传递给两侧纵梁。如果碰撞力很大，悬架部件造成损坏，前轮定位将发生改变。侧向碰撞还会造成转向装置及其支座发生损坏，如图 6-6 所示。

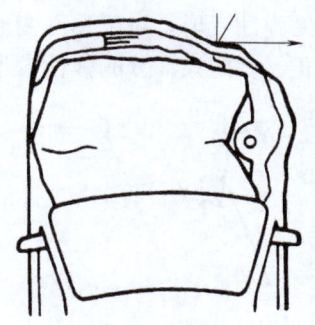

图 6-5　保险杠前纵梁变形

图 6-6　车身侧面凹陷变形

3. 后部损坏

后部损坏是由于在倒车时撞上其他物体或被另一辆车从后面碰上引起的损坏。如果碰撞较轻，后保险杠、行李箱、后车身板和地板等会发生变形，车轮上方的后侧围板也可能鼓起，如图 6-7 所示。如果碰撞较重，后侧围板会上折到车顶，四门车辆的车身中支柱会弯曲，碰撞能使车身上部部件和后部纵梁发生变形。

五、金属材料的性质

金属材料的主要机械加工性质有弹性、塑性（延展性）、加工硬化和热变形等。

1. 弹性变形

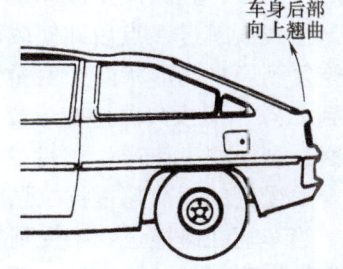

图 6-7　车身行李箱变形

对金属施加外力使其变形，当应力没有超过金属的弹性极限时，金属的变形属于弹性变形，在外力消除后金属的形状会回弹到初始的形状，其强度也没有变化，这种性质称为金属的弹性。金属的弹性有一定的范围，若应力超过此限制范围，金属就会失去弹性而产生永久变形。如图 6-8 所示，弯曲的金属板将其所加的外力除去后而不能完全地恢复原状态，这是超过了弹性极限。

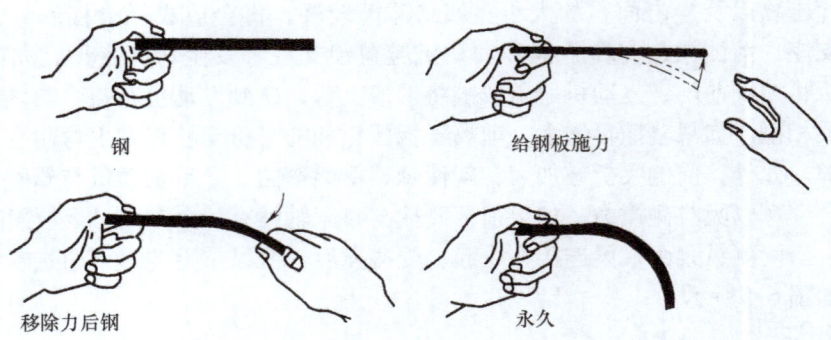

图 6-8 钢板的弹性和弹性极限

在进行车身的修理校正操作时,可以利用金属的弹性变形性质。大多数的车身损伤都以弹性变形的形式存在,它们的变形量主要是受到塑性变形部位的限制,当塑性变形部位的变形量消除后,邻近的弹性变形部位将会回弹到原来的形状。因此在进行车身维修时要分辨哪些部位是塑性变形,哪些部位是由于受到塑性变形的禁锢而产生的弹性变形。对于弹性变形部位不应进行过多的校正,应当首先对塑性变形的部位进行复位校正,促使大部分的弹性变形回弹。

2. 塑性变形

金属大都具有可塑性,在车身制造中,多利用金属材料的塑性将板材加工成各种形状,以满足安全上和结构上的要求。在车身修理过程中,也是利用钢板的可塑性对板材进行矫正或复位的。

塑性可分为延性及展性两种:延性可使金属拉成细丝,展性可使金属碾展成薄片,即在超过弹性极限的外力作用下屈服而产生永久变形。图 6-9 所示为金属的应力-应变曲线。图中 A 点称为弹性极限,如果施加的载荷低于 A 点,当载荷去除后变形将随之消失,金属恢复原来的形状,这就是弹性变

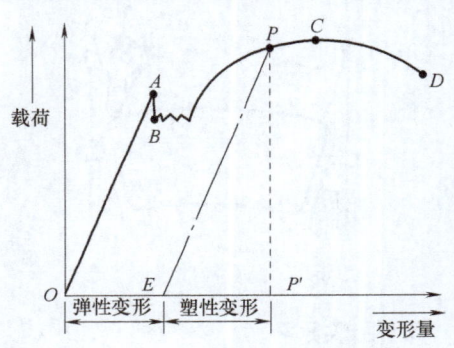

图 6-9 金属的应力-应变曲线

形。当载荷超过 A 点后即使载荷消除,金属的变形也会保留下来,除少许回弹外,金属不能恢复到原来的形状而产生塑性变形。例如,图中从 P 点取消载荷,金属板的延伸量将返回到 E 点,但永久保持变形量 OE。图中的 C 点为该种金属的抗拉强度极限,当载荷高于 C 点时,金属将迅速产生塑性变形直至断裂,图中的 D 点为金属的断裂载荷点,可以看出,当金属受到的载荷超过抗拉强度极限时,再能够承受的力已经非常小了。

当车辆在碰撞过程中受到损伤时,有些部位所承受的应力超过其弹性极限而产生了永久的塑性变形,但其周围的大部分金属只是处于弹性变形状态,由于受到塑性变形的限制而无法回弹。因此,钣金修理的重点应放在塑性变形部位。

3. 加工硬化

金属受到大于其弹性极限的力的作用而产生塑性变形后,虽然外力去除了,但由于金属晶粒的变形会在其内部产生很大的残留应力。残留应力会使金属塑性变形部位的硬度提高,屈服强度(刚度)加大。这种由于金属晶格畸变而造成的刚度增大现象称为加工硬化。

加工硬化作用的实例是将平钢板折曲,再将其折回时则留下当初折曲部分的形状,也会

在其最初折曲部分的两端产生两处新的曲折。这就是钢板的折曲处形成的加工硬化，其结果是使加工硬化部位的强度高于折曲处以外的部分，如图6-10所示。

加工硬化一方面提高了金属变形部位的刚度，车身板件和构件多以冲压的方式给金属板冲成一定的形状来加强其刚度；但另一方面也使金属的抗拉强度降低，尤其是如果反复加工塑性变形部位，会加速金属的疲劳而产生断裂。在车身钣金维修中必须强调加工硬化作用的重要性，因为它实际上就是造成金属损毁的原因。

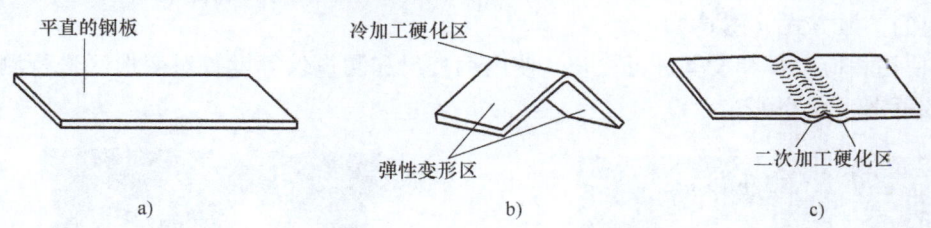

图 6-10 加工硬化
a) 平板 b) 折弯 c) 反向折弯

未受损伤时的车身板件都有不同程度的加工硬化，碰撞造成的损伤又加重了加工硬化程度，使板件校正工作困难重重。而对损伤部位钣金操作更会加重硬化程度，不适当的操作甚至会造成金属的疲劳而产生破坏。因此在进行车身维修校正工作时一定要注意，要将维修造成的二次损伤控制在最小的范围内，不可造成人为损伤。

虽然金属在进行冷加工时会产生加工硬化，给车身修理带来很大的困难，但以加热的方式来成形（弯曲、伸张或压缩）时会变得比较容易。加热可以促进金属晶格的重新排列，从而消除部分残留应力。将普通低碳钢板加热到650℃左右后让其慢慢冷却，即可使其加工性得到一定程度的恢复。在对已经加工硬化了的金属板件进行加热操作时，一定要注意所加工金属的特性，严格控制加热温度和时间，对于不能加热的金属或允许加热温度低于650℃的金属材料，不能用加热的方法恢复其加工性能，否则将会严重影响其强度，造成更大的损失。

任务实施

车身损伤变形，如发生事故时某车被其他车辆相撞，造成车门及中立柱变形，在修复前首先应分析变形板件的结构形式及变形区的受力点及力的扩散方式，再进行板件的拆卸、修复、更换和安装（或不进行拆卸在车身上直接修复）。

一、实施准备

1）场地。汽车一体化车间。
2）工具设备。事故车辆两辆、车身维修常用工具两套。

二、汽车碰撞诊断的基本步骤

汽车碰撞诊断的基本步骤如下：
1）了解受损汽车车身结构类型。如车架式车身和整体式车身等。
2）目测确定碰撞的部位、撞击方向和估算碰撞力的大小。
3）检查可能存在的隐性损坏，确定损坏是否限制在车身范围内，是否还包含功能部件或元件的损坏（如车轮、空调、悬架和发动机等）。

4) 沿碰撞能量传递路线检查部件的损坏，直至没有出现任何损坏痕迹的位置。

5) 测量主要元件的技术尺寸参数。通过比较标准尺寸和实际测量尺寸，检查确定其变形量的大小，以便最终确定修理方案。

三、车身变形区域的识别

1) 目测。用眼睛直接观察损伤区域，确定损伤变形的基本形式，再分析变形区域的受力点及力的扩散方式（图6-11）。

2) 使用相应工具和设备进行检查。使用钢直尺和测量仪等设备对变形区进行测量，确定变形区范围（图6-12）。

图6-11 目测损伤变形

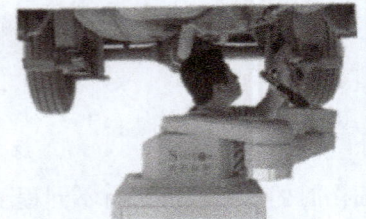

图6-12 XC-EasyArm 设备测量损伤变形

四、车身损伤分析及维修方案确定

根据不同的位置及损伤类型，应首先分析变形区域的类型，再分析损伤区域的受力情况，最终确定维修方案，例如车门损伤分析如下：

1) 分析并确定车门损伤变形时是弹性变形还是塑性变形，如图6-13、图6-14所示。

2) 板件受力变形分析方法如图6-15所示。

图6-13 弹性变形区域

图6-14 塑性变形区域

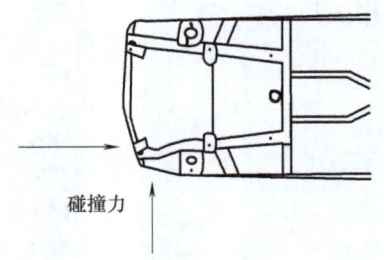

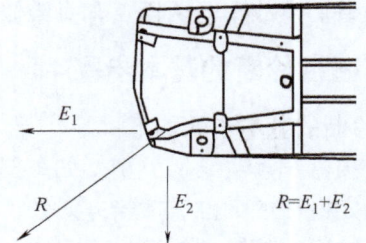

图6-15 板件受力变形分析方法

3）确定维修方案。如以上车门变形为凹陷变形，受力点处为塑性变形区域，其余的变形为弹性变形区域，首先应该进行塑性变形区域的整形修复，因为塑性变形区域修好后，就可以减小变形区域。

车门凹陷变形修复流程为：确定车身损伤类型及位置→修复塑性变形区→修复弹性变形区→检查车门门锁→检查车门玻璃及升降器→检查车门铰链→完成车门修复。

检测评价

作业项目	考核内容	评分细则	分 值	得 分
车身检验	个人防护用品使用情况	防护用品穿戴符合相关要求	15 分	
	安全、规范操作	注意安全	15 分	
	车身的结构、组成和受力分析等知识点的掌握	正确分析	50 分	
	能够叙述修复流程	正确叙述	20 分	
合　计			100 分	

课后测评

一、填空题

1. 对金属施加_____使其变形，当应力没有超过金属的_____时，金属的变形属于_____。

2. 当力的三要素中任何一个要素发生改变时，力对_____效果也随之改变。

3. _____是中间车身的基础，而且汽车行驶中加_____通过车身底板来扩散出去。

4. _____进行塑性变形区域的整形修复，因为_____区域修好后，就可以减小变形区域。

5. _____一方面提高了金属变形部位的_____，车身板件和构件多以冲压的方式给金属板冲成一定的形状来加强其_____。

二、选择题

1. 按车身受力情况分类，车身分为_____三种。　　　　　　　　　　　　（　　）
   A. 承载式车身　　　B. 非承载式车身　　　C. 半承载式车身　　　D. 两厢式

2. 按车身外形分类，分为_____。　　　　　　　　　　　　　　　　　　（　　）
   A. 两厢式　　　　　B. 一厢式　　　　　　C. 三厢式　　　　　　D. 四厢式

3. 力的三要素包含_____。　　　　　　　　　　　　　　　　　　　　　（　　）
   A. 大小　　　　　　B. 方向　　　　　　　C. 力矩　　　　　　　D. 作用点

4. 下列属于板件变形形式的有_____。　　　　　　　　　　　　　　　　（　　）
   A. 塑性变形　　　　B. 弹性变形　　　　　C. 开裂　　　　　　　D. 烧穿

三、简答题

1. 简述车身常见的损伤形式。
2. 简述汽车碰撞诊断的基本步骤。

汽车钣金

3. 简述车身变形区域如何识别。
4. 简述车门凹陷变形修复流程。

任务二　车身测量

任务目标

知识目标	1）了解不同类型的测量方法 2）熟悉不同测量方法和测量系统 3）学会图样的识读
技能目标	1）能熟练操作测量系统测头、测杆的装夹 2）学会车身电子测量的操作技能

任务描述

车辆在使用过程中，会出现不同位置、不同类型的损伤，在修复前应首先对车身进行测量，确定车身变形量的大小，再进行修复，并在修复过程中不断进行测量，以确保修复尺寸的精确度。

知识储备

车身测量是车身修复程序中必须进行的操作，从事故车的损伤评估、校正到部件的更换、安装和调整等工序都要用到测量。

对整体式车身来说，转向系统和悬架是依据汽车装配要求设计的，车身损伤后会严重影响到悬架结构的安装基础。汽车车身上这些构件一旦变形，会使转向器或悬架工作性能失常，例如减振性能恶化，转向操作失灵，传动系统振动或异响，以及造成拉杆端头、轮胎、齿轮齿条、常用接头或其他转向装置的过度磨损。因此，车身测量非常重要。车身结构尺寸如图6-16所示。

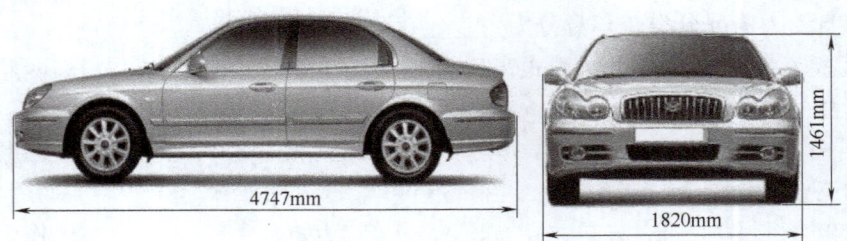

图6-16　车身结构尺寸

一、传统测量

传统测量可以直接获得定向位置上点与点的距离，是最简单、实用的一种测量方法。它主要通过测距来体现车身构件之间的位置状态。传统测量使用的量具主要是钢卷尺和量规，钢卷尺的使用方法简便易行，但测量精度低、误差大，仅适用于那些要求不高的场合，但应用起来非常方便、灵活。

1. 钢卷尺测量

在修理厂里，钣金修理人员常用的基本测量工具有钢直尺和钢卷尺，如图6-17所示，这两种尺可以测量两个测量点之间的距离。因为钢直尺精度差，端部易磨损，无法放在零件直径的正确位置，因此应用较少；而钢卷尺使用方便，应用较为广泛。

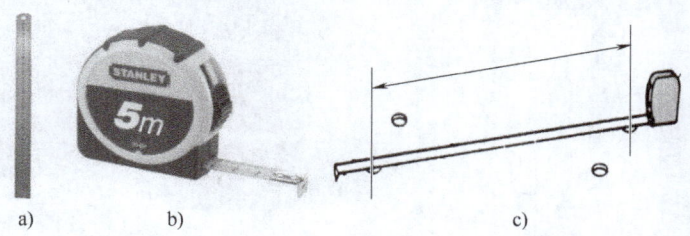

图 6-17　基本测量工具
a）钢直尺　b）钢卷尺　c）钢卷尺测量

2. 量规测量

量规主要有轨道式量规、中心量规和麦弗逊撑杆式中心量规等多种，它们既可以单独使用，也可互相配合使用。轨道式量规多用于测量点对点之间的距离，中心量规用来检验部件之间是否发生错位，麦弗逊撑杆式中心量规可以测量减振器支座是否发生错位。轨道式量规和麦弗逊撑杆式中心量规可作为一个整体使用。

二、车身测量系统

车身测量系统主要分为机械测量系统和电子测量系统两大类。

1. 机械测量系统

常见的机械测量系统有门框式测量系统、米桥式测量系统和定位夹具式测量系统等，如图6-18所示。

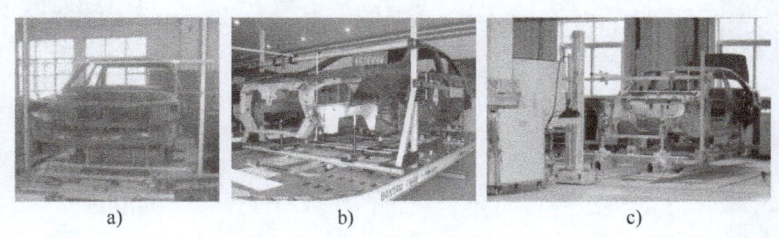

图 6-18　机械测量系统
a）门框式　b）米桥式　c）定位夹具式

2. 电子测量系统

常见的电子测量系统有自由臂测量系统、超声波测量系统和激光扫描测量系统等。

（1）自由臂测量系统　自由臂测量系统即角度传感器式测量系统（图6-19），也叫作机械臂测量系统，可以使自由臂在一个平面内进行360°转动，通过转动可以移动到空间测量任意位置，在连接处有角度位移传感器，转动的任何一个角度会被传输并记录到计算机上。自由臂的每个臂长是一定的，计算机会自动计算出自由臂端部到达空间位置的三维数据尺寸。

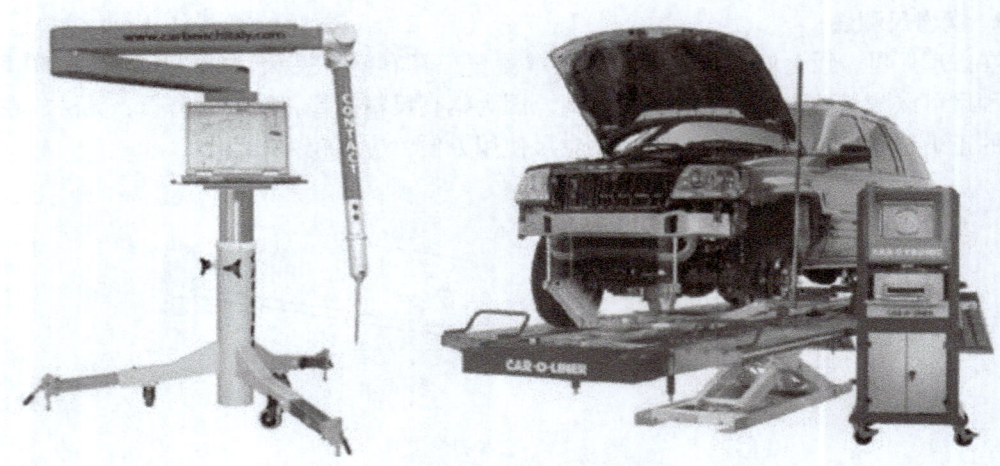

图 6-19　自由臂测量系统

（2）超声波测量系统　超声波测量系统是目前应用较为广泛的测量系统，它的测量精度可以达到 ±1mm 以下，测量稳定、精确。它可以对车辆的预检、修理中测量和修理后检验等工作提供有效帮助，现在也用在一些二手车交易中的车身检验工作（图 6-20）。

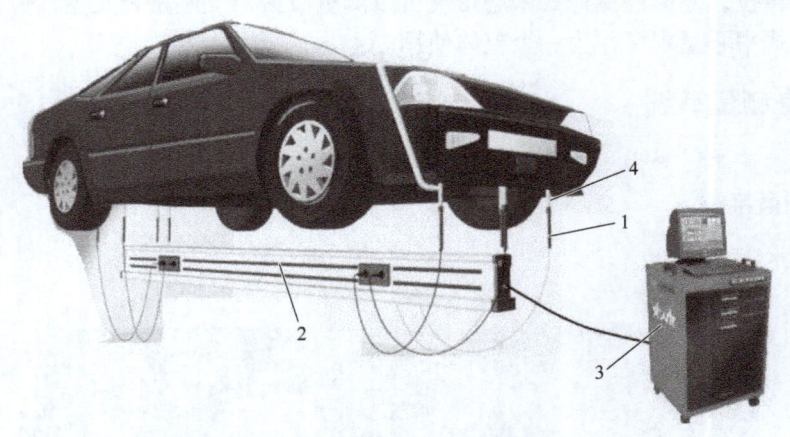

图 6-20　超声波测量系统
1—超声波发生器　2—超声波接收器　3—控制柜　4—测头

（3）激光测量系统　激光测量系统包括两个反射靶、一个激光发射接收器和一台计算机，如图 6-21 所示。现代激光测量系统使用起来相对比较容易而且非常精确。它采用激光测量技术，由两个准分子激光发射器发射激光投射到标靶，每个标靶上有不同的反射光栅，通过接收光栅反射的激光束测量出数据并传输给计算机，由计算机通过计算可以得到测量点的空间三维尺寸。

常见各种车身电子测量系统特点见表 6-1。

项目六 车身检验、测量与修复

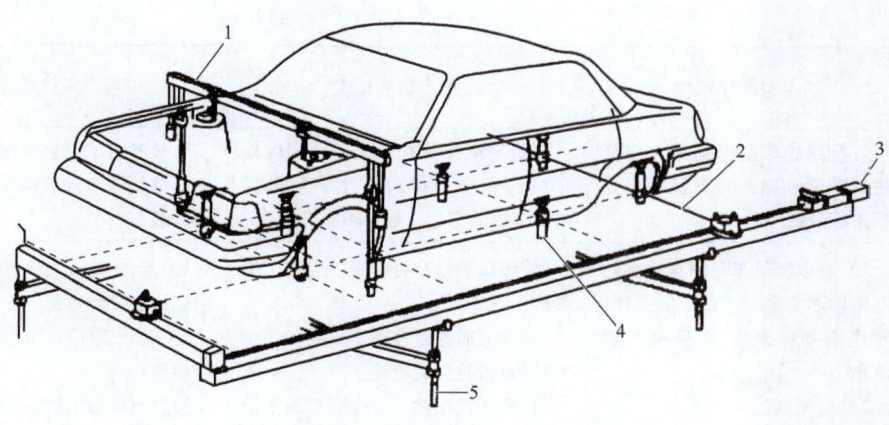

图 6-21 激光测量系统
1—上部尺寸测量架 2—激光束 3—光源 4—塑料标尺 5—底部尺寸测量架

表 6-1 常见各种车身电子测量系统特点

种类 特点	自由臂测量系统	超声波测量系统	激光测量系统
图例			
硬件配置	1）测量滑尺 2）测量长尺（测量车） 3）车身上部测量尺 4）测头 5）PC 机 6）打印机 7）可移动式机柜 8）带导轨移动支架	1）测量横梁 2）发射器 3）测头 4）转换头 5）PC 机 6）打印机 7）可移动式机柜 8）带导轨移动支架	1）激光扫描仪 2）激光反射挂牌 3）螺栓挂件 4）开孔挂件 5）PC 机 6）打印机 7）可移动式机柜 8）激光扫描仪支架
软件特点	1）设计先进，便于操作，仅有三个测量步骤，具有同时进行自动标定车辆中心线和测量的能力 2）具有强大的文档编制功能，用电子邮件可将受损车辆的检测数据及图片发送至定损评估系统 3）中文界面显示 4）可打印测量数据	1）操作软件使用"强迫逻辑"，指导操作 2）可以打印出车身受损报告，作为索赔的依据；可以打印出维修后的测量结果，作为车辆修复竣工的依据 3）为技师提供了每个测量点的拉伸矢量图，指导和监控整个拉伸过程，防止拉伸尺寸不够或过度拉伸，造成车辆二次受损	1）软件操作简单，单击鼠标即可进行多点测试 2）屏幕显示出挂件应放的位置图片 3）软件可计算拆卸的零部件 4）三份可单独打印，简单易懂的维修前、中、后检测报告 5）检测报告可显示使用厂家的徽章标志 6）英文界面显示，部分内容汉化

(续)

种类 特点	自由臂测量系统	超声波测量系统	激光测量系统
数据库	可检测的车型包括绝大部分进口车型和国产合资品牌。数据不断升级	测量系统中储存了上千款国内外车型的标准数据，包含了全世界95%以上的车型，数据不断升级	可检测的车型包括绝大部分进口车型和国产合资品牌。数据不断升级
功能及结构特点	1）可以测量车身任意一点的三维参数。测量方式有三种：常规测量、绝对测量和比较测量 2）蓝牙通信 3）分体式结构（PC机与测量滑尺分开）	1）可以测量车身任意一点的三维参数 2）能同时测量多点 3）可边拉伸边测量 4）分体式结构（PC机与测量滑尺分开） 5）要求噪声低工作环境	1）全自动激光检测系统，只可以测量底盘数据 2）蓝牙通信，维修过程中实时检测 3）分体式结构（PC机与激光扫描仪分开） 4）要求静风工作环境
操作性	操作简便，易于学习	—	—

三、车身测量的基准

就像使用钢直尺测量数据一样，要有一个零点作为测量尺寸的起点。同样，车身测量也必须先要找到长度、宽度和高度的零点，即测量基准。只有找到基准，测量才能顺利进行。

1. 基准面（图6-22）

基准面是一个假想的平滑表面，它与车身底板平行并和它有固定的距离，汽车所有高度尺寸数据就是从基准面测量得到的。

由于基准面是一个假想表面，基准高度可相应增大或减小，以使得测量读数时更方便。因此在实际的测量过程中，只要找到一个与基准面平行的平面，把它作为测量的基准面，而读取高度数值时只要将所有的测量值与标准值相减即可。

2. 中心面（图6-23）

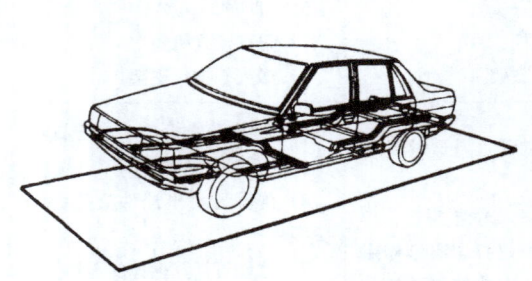

图6-22 基准面

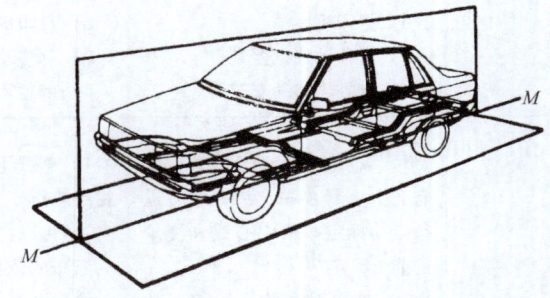

图6-23 中心面

它将汽车分成左右对等的两大部分，是三维测量的宽度基准。对称的汽车所有宽度尺寸都是以中心面为基准测得的。大部分汽车应该是左右对称的，对称意味着汽车右侧尺寸与左侧相应点的尺寸是完全相等的。车身结构的一侧是另一侧完全对称的镜像。

如果汽车不对称，那么测量后得到的尺寸就不同了。因此，校正不对称的汽车车身部件时，要使用车身数据图来不断测量和校正。

3. 零平面（图6-24）

为了正确分析汽车的损坏情况，将汽车看作一个矩形结构，并将其分成前部、中部和后部三部分，三部分的基准面称作零平面，它在汽车的设计中已经形成了，碰撞等外力因素所造成的损伤都会使其受到影响。它可以用来作为观测车身结构对中情况的基础，所有的测量及对中观测数据都与零平面有关。在实际测量中，零平面也称为零点，是长度尺寸数据的基准。

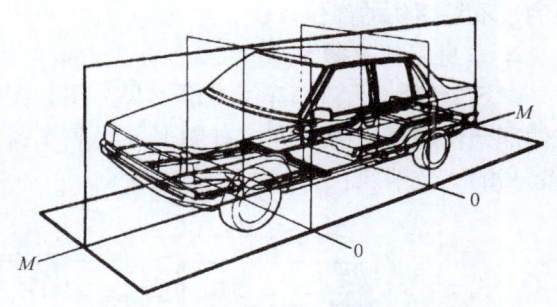

图6-24 零平面

四、车身数据图样的识读

车身数据图样在现代车身维修中越发显得重要，因此车身图样的识读对现代精确修车有着直接的影响。不同公司提供的数据图在形式上可能有所不同，但是基本的数据信息是相同的，都反映出车身上测量点的长、宽、高的三维数据。

1. 车身图样

各汽车公司的汽车都有车身图样及数据，有些公司通过测量来获得数据。不同的数据公司和厂家提供的数据格式可能不同，但所表达的基本内容是一致的，都提供车身主要结构件、板件（车门、发动机舱盖、行李箱、翼子板等）的安装位置，机械装置（发动机、悬架、转向系统等）的安装尺寸，如图6-25所示。

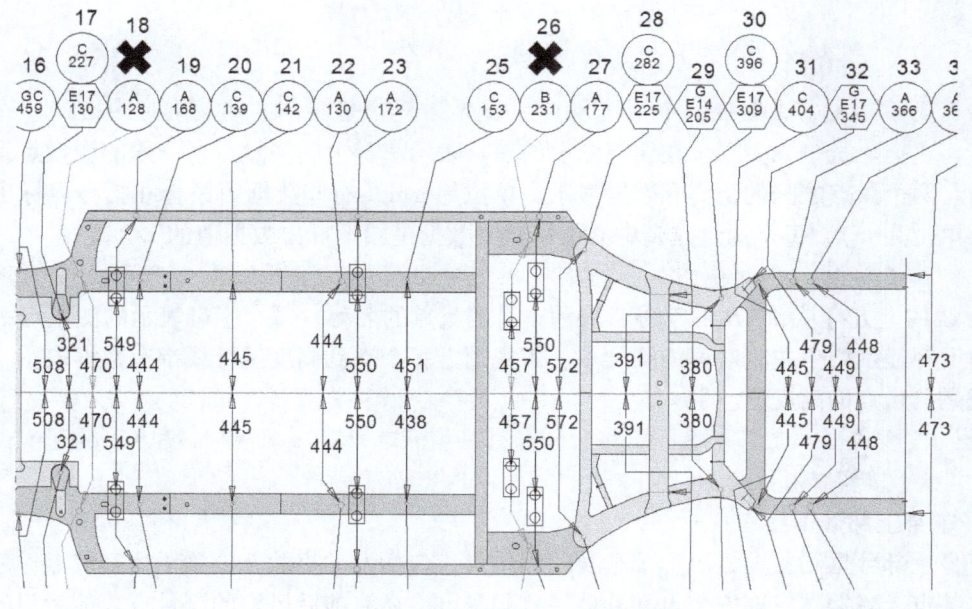

图6-25 某车型图样

在车身图样中，■或✖均表示基准，基准分为前基准和后基准。基准通常都在车身中部，前基准一般在驾驶室与发动机舱交界处，后基准一般在乘客室与行李箱的交界处，是最硬的、不易撞伤的部位。

2. 车身底部数据图

图 6-26 所示为汽车车身底部的尺寸图，图中 a 部分是俯视图，b 部分是侧视图。图的左侧部分代表车身的前方，右侧部分代表车身的后方。要读取数据，首先要找到图中长、宽、高的三个基准。

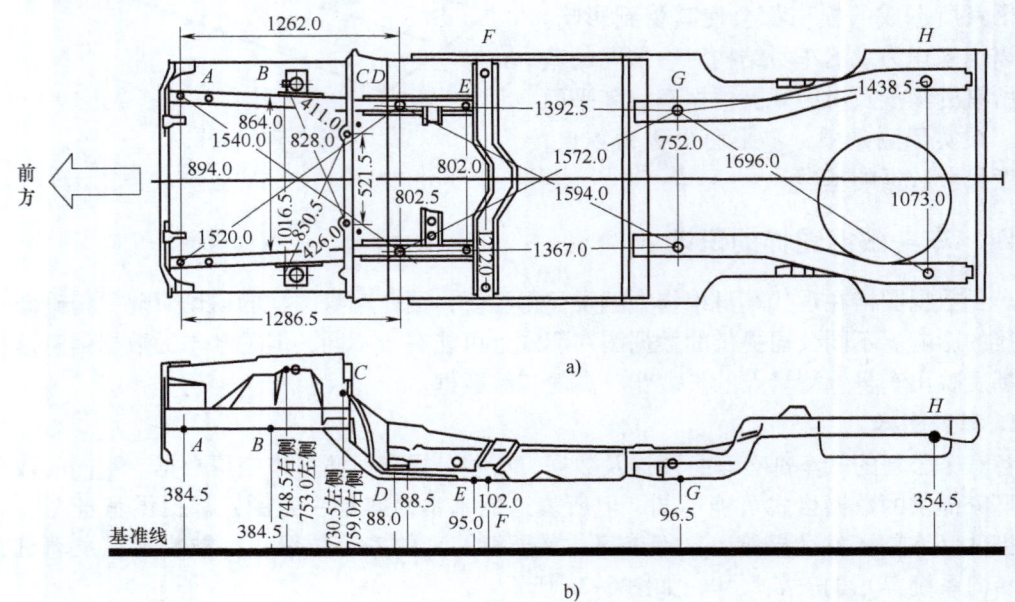

图 6-26 汽车车身底部的尺寸图
a）俯视图 b）侧视图

（1）宽度数据　在俯视图中间位置有一条贯穿左右的线，这条线就是中心面，又称为中心线，它把车身一分为二。在俯视图上的黑点表示车身上的测量点，一般的测量点是左右对称的。两个黑点之间的距离有数据显示，单位为 mm（有些数据图还会在括号内标出英制数据，单位为 in），每个测量点到中心线的宽度数据是图上标出数据值的 1/2。

（2）高度数据　在侧视图的下方有一条较粗的黑线，这条线就是车身高度的基准线（面）。线的上方有从 $A \sim H$ 的字母，表示车身测量点的名称，每个字母表示的测量点一般在俯视图上都显示两个左右对称的测量点。俯视图上每个点到高度基准线都有数据表示，这些数据就是测量点的高度值。

（3）长度数据　在驾驶室下面前后分别有一组点（D 和 G），是长度方向的基准点，即表示长度方向的零点。

3. 车身上部数据图

车身上部数据图主要显示上部车身的测量点，包括发动机舱部位翼子板安装点、散热器框架安装点、减振器支座安装点和其他一些测量点，还有前后风窗的测量点，前后门的测量点，前、中、后立柱铰链和门锁的测量点，行李箱的测量点等。

车身上部数据显示的是车身测量点之间的尺寸数据（图 6-27）。

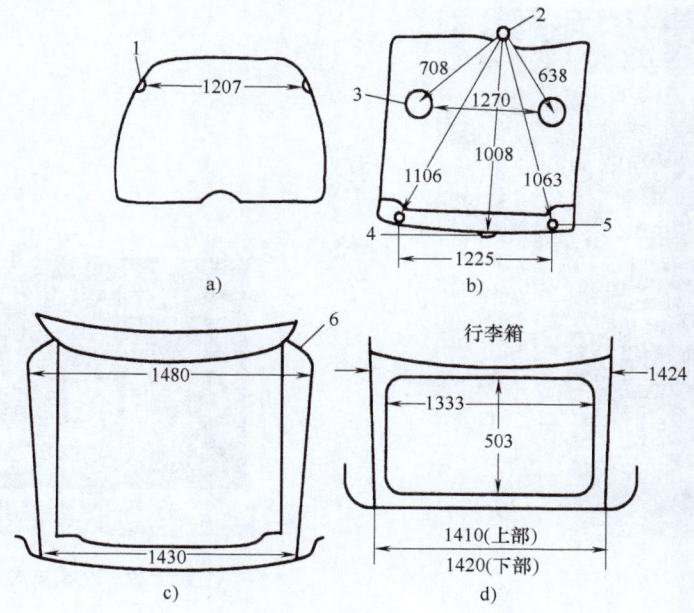

图 6-27 车身上部尺寸规格
a) 发动机舱 b) 汽车前部 c) 发动机舱盖 d) 汽车后部（行李箱）
1—安全带紧固螺栓 2—刮水器枢纽 3—撑杆支柱上的交叉件
4—发动机舱盖碰销 5—发动机舱盖减振孔 6—车颈部位

任务实施

一辆汽车在行驶中发生碰撞事故，由于车速较快加上车辆本身的惯性力作用，造成车身前部变形严重，现来修理。首先应该对其车身附件进行拆解（可能需要初步拉伸后才能顺利进行附件的拆卸），然后进行车身测量，确定变形量；再进行修复作业，最后进行修复后的测量，确保车身各尺寸的准确度，保证车身的正常性能。下面来进行车身变形数据的测量采集作业。

一、实施准备

1）场地。汽车一体化车间。
2）安全防护用品。工作帽、防护眼镜、手套、劳保鞋、防护服。
3）工具设备。事故车辆两辆、车身检测设备仪器两套。

二、操作要点

1）打开计算机，进入测量系统，如图 6-28 所示。
① 进入系统界面，选择语言的种类。
② 选择中文系统，按 F1 进入初始界面和工作界面（图 6-29）。为了方便各国的使用者，系统内安装了包括汉语在内的主要语言种类。

汽车钣金

图 6-28　开机

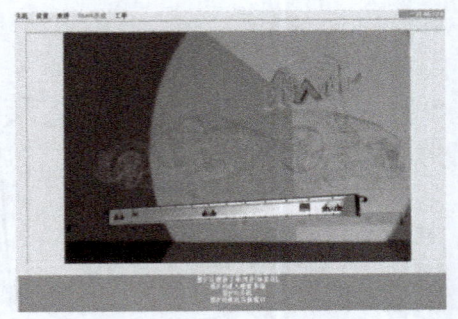

图 6-29　系统进入界面

③ 输入客户信息（图 6-30），按 F1 继续。记录用户信息，包括车辆的信息和车主的信息，这些信息可以与后面测量的结果一起储存，方便以后再次查询。

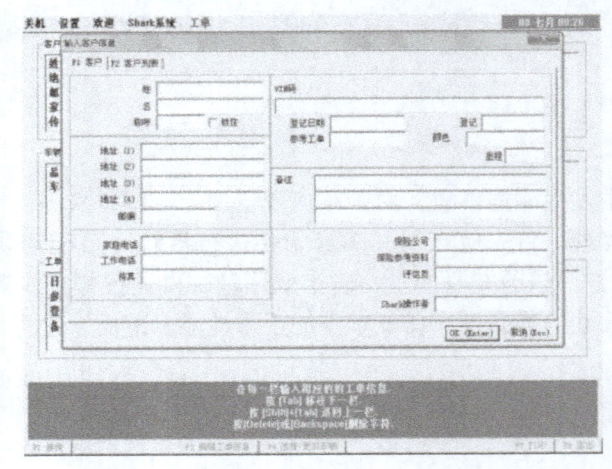

图 6-30　输入客户信息

④ 选择汽车公司、车型和年代、型号（图 6-31），按 F1 继续。根据事故车的类型选择汽车公司、汽车品牌和生产年代，从数据系统内调出符合的车型数据图。

⑤ 打开车身尺寸图样，看有无悬架进行选择，对图样进行识读，如图 6-32 所示。

2）选择测量基准。调整测量系统和车身的基准，安装传感器。由于每个超声波发射器有两个发射源，接收装置也有多个，系统可以自动计算出宽度和高度的基准。根据车辆的损坏情况选择长度基准，若前端发生碰撞则选择后面的基准点作为长度基准；若后端发生碰撞，则选择前面的基准点作为长度基准。车身中部较为坚固，不易受损，但如果车身中部发生碰撞，则先要对中部进行整修，直到中部四个基准点有三点尺寸被恢复后，方可对车身前

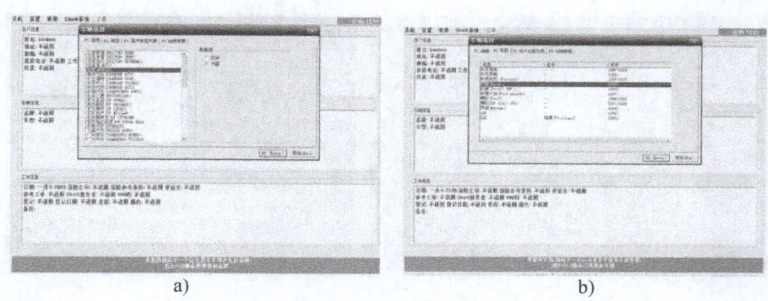

图 6-31 选择汽车信息
a) 选择汽车公司 b) 选择车型和年代、型号

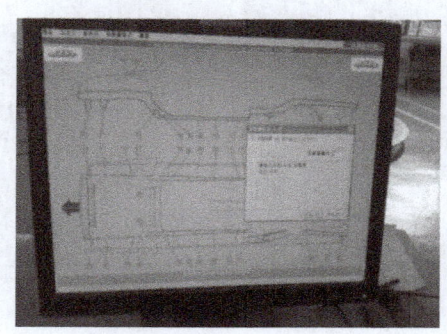

图 6-32 图样识读

部或后部进行测量。

① 选择四个基准点 A 和 B，分别单击图样 A 和 B 字母（字母大写为车身有悬架，小写为无悬架），出现如图 6-33 所示的对话框。

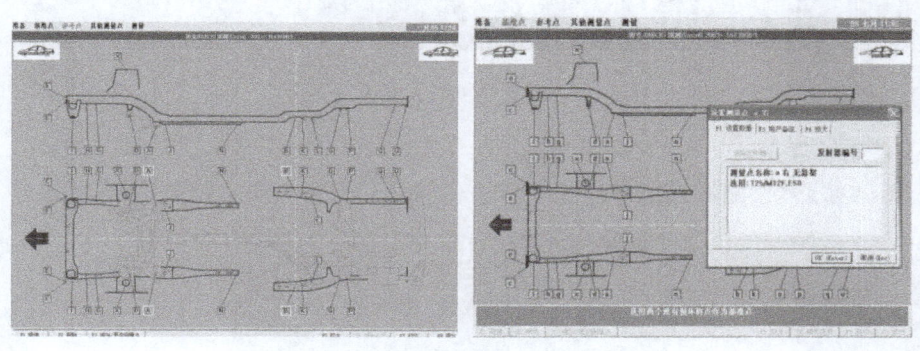

图 6-33 选择基准并输入信息

② 按对话框的提示要求分别选择测头和测杆，如图 6-34 所示。

③ 将测头和测杆分别安装在车身上对应的位置，正确安装传感器，如图 6-35 所示。

3) 选择测量点，安装传感器。根据车身的损坏情况来选择车身上哪些点（每次测量仅能测一组点）需要测量，需要测量的点按照计算机的提示选择合适的安装头，计算机还可以显示要测量点的位置图片。把传感器通过合适的安装头连接到车身，把传感器的连接线接到选定的接口上，如图 6-36 所示。计算机根据需要能自动地把测量的实际值、标准数值和两者差值显示出来。

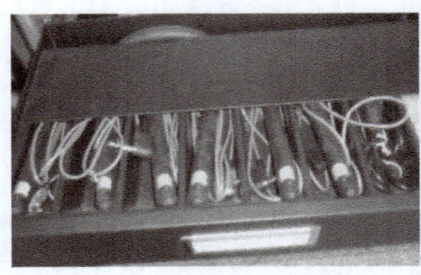

图 6-34 选择测头和测杆

图 6-35 安装测头、测杆和传感器

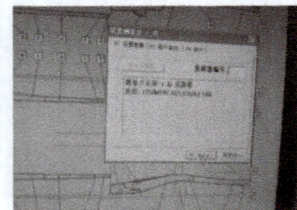

图 6-36 选择测量点，安装传感器

4）记录测量数据。

① 按 F1 继续，让测量系统进行数据传输和调整车身的基准，如图 6-37 所示。

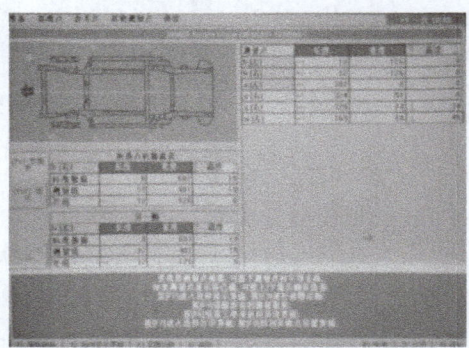

图 6-37 数据传输、测量

② 根据图样要求的测量点逐点进行测量，把指定需要测量的测量点数据测量完毕后，

记录在数据表上（图6-38）。

测量点		长度测量值	宽度测量值	高度测量值
第一组点	左侧			
	右侧			
第二组点	左侧			
	右侧			
第三组点	左侧			
	右侧			
第四组点	左侧			
	右侧			
第五组点	左侧			
	右侧			
第六组点	左侧			
	右侧			

开始时间_____ 结束时间_____ 成绩_____

教师签名_____ 复核签名_____

图6-38 记录测量数据

5）得出所测量数据报告。根据与标准数据对照情况，判断测量点损伤情况。

6）结束测量后，退出测量系统，把计算机恢复到原始界面，把各个部件放回原处，防护用品放回原处。

7）清洁、清理场地。

检测评价

作业项目	考核内容	评分细则	分 值	得 分
车身测量	个人防护用品使用情况	防护用品穿戴符合相关要求	10分	
	工具使用情况	正确使用各种工具	10分	
	基准的找正	找对基准点	50分	
	测量点的选择和测量	正确选择测量点	20分	
	操作完成后要把设备、工具放回原处，摆放整齐	工具摆放原处和摆放整齐	10分	
	合 计		100分	

课后测评

一、填空题

1. 传统测量主要通过测距来体现_____之间的位置状态。传统测量使用的量具主要

汽车钣金

是_____和_____，钢卷尺的使用方法_____，但测量精度_____、误差_____，应用起来非常_____、灵活。

2. 量规主要有_____、_____和_____等多种。

3. 车身测量系统主要分为_____测量系统和_____测量系统两大类。

4. 常见的机械测量系统有_____测量系统、_____测量系统和_____测量系统等。

5. 常见的电子测量系统有_____测量系统、_____测量系统和_____测量系统等。

二、选择题

1. 自由臂测量系统即角度传感器式测量系统，也叫作机械臂测量系统，可以使自由臂在一个平面内进行_____转动，采集相关数据。（　　）
   A. 90°　　　　　　B. 180°　　　　　　C. 360°　　　　　　D. 720°

2. 超声波测量系统是目前应用较为广泛的测量系统，它的测量精度可以达到_____以下，测量稳定、精确。（　　）
   A. ±1mm　　　　　B. ±2mm　　　　　C. ±3mm　　　　　D. ±5mm

3. 超声波测量系统主要安装_____通过超声波发生器和超声波接收器将测量信息进行传输。（　　）
   A. 机械尺　　　　B. 测头　　　　　C. 信号线　　　　D. 测杆

4. _____多用于测量点对点之间的距离，中心量规用来检验部件之间是否发生错位。（　　）
   A. 轨道式量规　　　　　　　　　　B. 中心量规
   C. 麦弗逊撑杆式中心量规　　　　　D. 电子量规

三、简答题

1. 车身测量的基准是什么？
2. 超声波测量系统如何进行车身测量？
3. 车身测量图样如何识读？

任务三　车身校正

任务目标

知识目标	1）熟悉车身校正设备的组成及使用注意事项 2）了解车身校正设备的使用方法及工作原理
技能目标	1）熟练运用电子测量设备在车身校正中作用 2）熟练运用车身校正设备进行拉伸校正作业

任务描述

当汽车发生严重碰撞，车身整体受损，底板严重变形，两侧面、汽车顶盖、发动机舱盖和行李舱盖几乎没有一处好的地方,当判定为车身整体无法修复时,可进行整车车身的更换;换用新的轿车车身总成和需要更换的全部零件,按照整车装配工艺重新予以装配。但如此处理,车身的更换费用和各总成的更换费用很高,甚至可达到购买新车的费用,所以需要汽车修理厂使用现代化的先进设备对受损车辆进行高质量的维修,不仅使其恢复到原有的质量标准,而且降低维修费用。

知识储备

随着汽车设计、制造技术的不断进步,以及汽车新材料的广泛使用,汽车维修技术发生了巨大的变化。现代整体式车身多由高强度钢制成,汽车发生碰撞损坏后,必须采用全方位拉伸方法进行,越来越多的维修企业采用了大梁校正仪来对事故车辆进行修复,将被撞部位修复到原始强度、形状和尺寸。

一、车身校正应用的重要性

车身校正的重点是"精确地恢复车身的尺寸与状态"。因为车身(特别是整体式车身)是车辆的基础,汽车的发动机、悬架和转向系统等都是安装在车身上,如果这些部件安装点的尺寸没有校正到原尺寸,那么就会影响车辆的性能。

车身碰撞后,虽然被修复好,但使用一段时间后,出现轮胎偏磨、跑偏,前翼子板安装处有扩大的裂纹等,这些原因往往是车身内部损伤没有完全修复好。车辆受到严重撞击后,车身的外覆盖件和结构件钢板都会发生变形。车身外覆盖件的损伤可以用锤子、垫铁和外形修复机来修理,但车身结构件的损伤修理仅仅使用这些工具是无法完成的。车架式车身的车架和整体式车身结构件是非常坚固与坚硬的,强度非常高,只有利用车身校正仪才可以快速精确地修理这些变形损坏的构件,因为车身校正仪可以产生巨大的液压力量来进行拉伸校正。

二、车身校正的基本原理

当校正(拉伸)车身时,有一个基本原则,即按与碰撞力相反的方向,在碰撞区施加拉伸力,如图6-39所示。当碰撞区很小,损伤比较简单时,这种方法很有效。

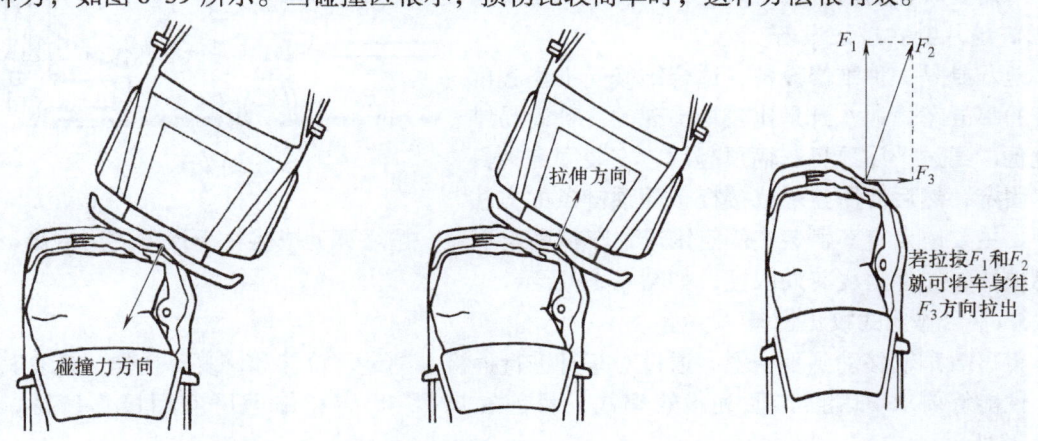

图6-39　按照与碰撞力相反的方向施加拉伸力

但是当损伤区有折皱，或者发生了剧烈碰撞，构件变形就比较复杂，这时仍采用沿着一个方向拉伸就不能使车身恢复原状。因为变形复杂的构件，在拉伸恢复过程中，其强度和变形也随着改变，因此拉伸力的大小和方向就需要适时改变，如图6-40所示。

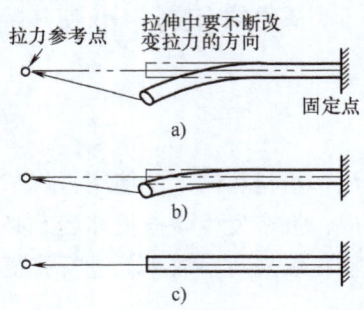 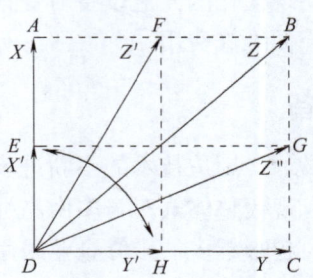

图6-40　力的大小、方向改变过程

三、车身修复对校正设备的要求

1）配备高精度、全功能的校正工具。
2）配备多功能的固定器和夹具。
3）配备多功能、全方位的拉伸装置。
4）配备精确的三维测量系统。

四、车身校正设备分类

汽车由于受到碰撞、追尾和倾覆等原因，引起车身和车架变形，通过校正设备将其拉伸，使其恢复原始性能、形状和尺寸。用于车身校正的设备有固定钢架式、地八卦式、平台作业式和新型带定位夹具式等多种形式。

1. 固定钢架式校正设备

将车辆用链条或钢夹锁固定在这种牢固的钢架上或柱子、大树等物体上，然后再用手工或液压千斤顶对需要矫正的部位进行矫正，如图6-41所示。

2. 地八卦式校正设备

地八卦是一种维修设备，适合维修受损伤程度较轻的事故车。地八卦是比较早出现的一种简易维修设备，通过千斤顶将车辆顶起后，安装固定夹具把车固定，然后使用拉塔或接杆千斤顶链条的方法拉伸，主要缺点有车辆装夹固定困难，车辆固定不稳，拉塔移动或接杆千斤顶使用困难，地轨易损坏，拉伸角度有局限性，如图6-42所示。

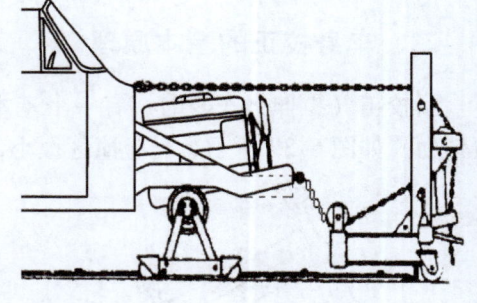

图6-41　固定钢架式

3. 平台作业式校正设备

将事故车辆移动到平台上，通过对车身进行拆检、测量、拉伸和修复等操作，恢复其尺寸、性能等要求。因操作便利、效率高，目前在广大4S店和修理厂应用极为广泛，如图6-43所示。

项目六 车身检验、测量与修复

图 6-42 地八卦式

图 6-43 平台作业式

4. 新型带定位夹具式校正设备

带定位夹具的大梁校正仪是通过定位夹具来固定、定位和测量车身底盘部位重要的点，不仅可以将校正设备移动到修理车身下方，将其举起，而且还可以直接进行测量、定位和拉伸，如图 6-44 所示。

五、平台作业式设备

车身平台式校正仪主要包括工作平台、升降支架、塔柱、塔柱连接机构、液压泵和附件等。通常将事故车身移动到平台上，并进行有效的固定，采取一定的手段措施和合理的维修工艺对车架、纵梁、横梁、门柱及下边梁等骨架部位进行修复。

以奔腾平台作业式校正仪为例（结构详见图 1-45），这种平台结构简单，维修快捷、耐用。事故汽车（车身）可方便地移动平台，且工作平台可以自由地下降和举起，塔柱可在工作台的外周边 360°移动。

图 6-44 新型带定位夹具式

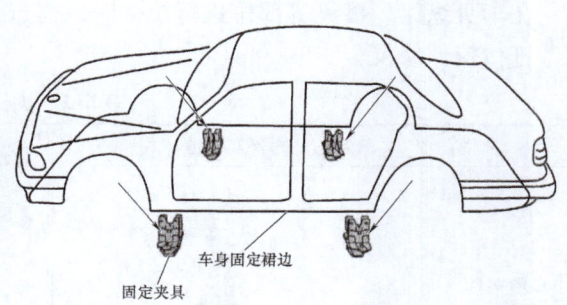

图 6-45 车用夹具的位置图

根据事故的实际情况，有选择性地选择不同的夹具（图 6-45），结合塔柱的方向，链条将受损部位进行矫正和修复，恢复其原始尺寸和形状。

维修前，需将车身固定在车身校正仪上，选择主夹具将车辆紧固，车辆、平台和主夹具成为一个刚性的整体，车辆在拉伸操作时不能移动。为满足不同车身下部固定位置的需要，主夹具结构有多种，双夹头夹具可以夹持比较宽的裙边部位，防止拉伸中损坏夹持部位；单夹头夹具的钳口开口很宽，能够夹持车架。车身校正仪各类夹具如图 6-46 所示。

在修理过程中，根据修复部位的位置、刚度和受力方向，选择车身校正仪附件里的夹紧夹具、拉伸夹具、拉钩、尼龙绳和链条等进行组合，如图 6-47 所示。

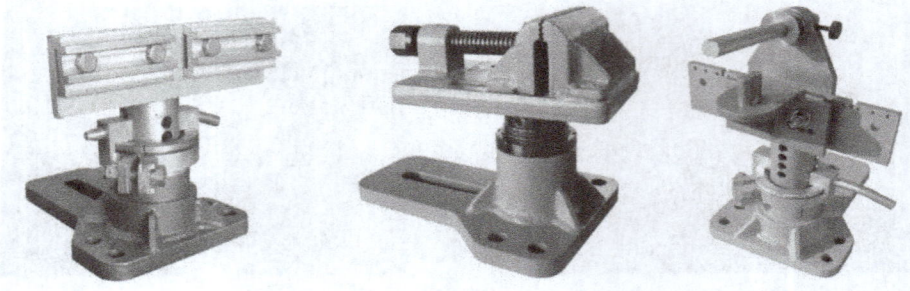

图 6-46　车身校正仪各类夹具

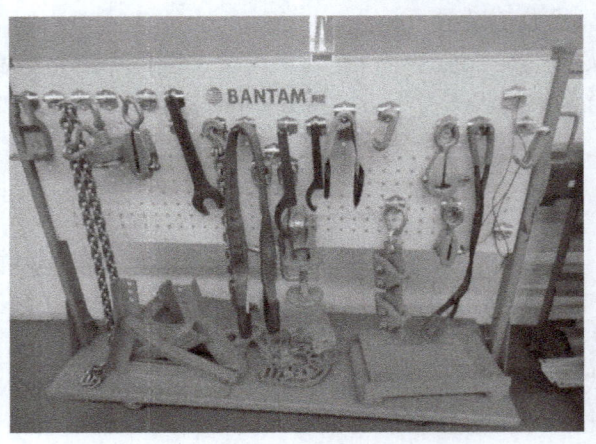

图 6-47　车身校正仪附件图

在车身纵梁、横梁等部位进行拉伸时，需选择合适的夹具，见表 6-2，夹紧所拉伸的部位，进行拉伸修复。

表 6-2　夹具类图

附 件 名 称	附件实物图	附 件 名 称	附件实物图
C 形夹具		自紧夹具	
90°拉伸工具		下拉式夹具	

在车身立柱、孔和行李箱等许多部位进行拉伸时,夹具无法夹紧,此时需选择合适的拉钩,见表6-3,受力在所损伤部位,进行拉伸修复。

表6-3 拉钩类图

附件名称	附件实物图	附件名称	附件实物图	附件名称	附件实物图
大型重力拉钩		链条锁紧连接钩		小型挂钩	
大型直角钩		拉钩（带链条）		孔用拉钩（带链条）	

在车身修复过程中,遇到有些部位不能刚性受力,避振器受损伤或底盘受到损伤,还经常使用到尼龙带、钢丝绳、各链条、避振器拉伸座和导向轮等附件,安全、可靠地使车身恢复原始的尺寸和性能,如图6-48所示。

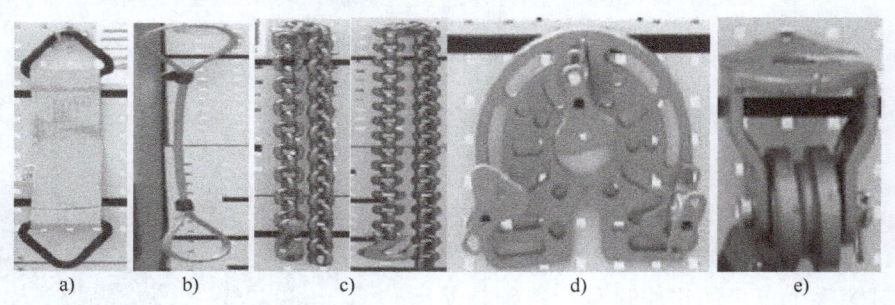

图6-48 其他附件

a）尼龙带 b）安全钢丝绳 c）链条（带钩子） d）避振器拉伸座 e）导向轮

六、带定位夹具式大梁校正仪

带定位夹具的大梁校正仪是通过定位夹具来固定、定位和测量车身底盘部位重要的点。在带定位夹具的车身大梁校正仪上,除了固定夹具固定车身外,可以提供很多定位夹具去固定测量定位需要校正的点,如前后桥的固定支撑点、发动机的装配点、散热器或保险桥固定点、底盘车身设计的工艺点。有了这些定位夹具,就不用担心在拉伸变形部分会影响到其他点的变形。

因为可以事先将没有变形的点都先固定下来，这样再做其他变形点拉伸时，这些点并不会跟随走位。而且，拉伸到位的点随即固定下来，进行其他点的校正时，该点也不会再变形，这样修复车身底盘上点的工作就可以一次拉伸成形。

定位夹具又分为专用型和通用型两种形式。专用型定位夹具是指一套夹具只能维修一种车型，如需维修其他车型，就需要再购买其他车型定位夹具，现在汽车工业迅猛发展，新车型不断下线，目前市场上现有的车型就有几千种，如果选择使用专用型定位夹具的大梁校正仪，在购买夹具上将是一笔很大的费用，并且要随着新车型的不断下线而反复购买增加费用；带通用型定位夹具的大梁校正仪除了提供一套车身固定夹具外，还提供了一套模块式的定位夹具系统，可以通过不同车型的三维数据图组合成世界上所有车型的底盘模型，并且设备制造商也会不断地补充新下线车型的三维数据图，因此它可以满足所有现有车型和以后新车型的定位修复需求，避免了反复投资购买定位夹具，为客户节省费用。不仅可提高事故汽车维修精度和维修质量，而且可大大提高事故汽车维修效率。

1. 结构

带定位夹具式大梁校正仪（图6-49）主要由移动式平台、测量组尺、支撑杆、塔柱、液压泵及附件（图6-50）组成。

图6-49 带定位夹具式大梁校正仪
1—移动式平台 2—测量组尺 3—支撑杆 4—塔柱 5—液压泵

2. 夹具选用

车辆上到平台后，首先是找好车身与测量系统的基准，其次就是在校正平台上定位。因为测量工作要贯穿整个车身的维修过程，特别是使用机械式测量系统时，车辆在固定前必须要找好测量的四个基准。车辆在拉伸的过程中是不能有移动的，否则，测量基准一旦发生变化，只有在重新找到测量基准后才能进行测量。测量的基准找到后，就可以对车辆进行固定，整体式车身在固定时至少需要四个以上的固定点。主夹具、车身固定好后，车身、主夹具和校正平台相互之间没

图6-50 带定位夹具式大梁校正仪附件

有位移。在对车身紧固部件进行拉伸操作时，最好在拉伸的相反方向设置一个辅助牵拉装置，以抵消拉伸的力量，防止夹持部位部件损坏，如图6-51所示。

图 6-51　夹具的安装

任务实施

一、实施准备

1）场地。汽车一体化车间。
2）工具设备。事故车辆两辆、大梁校正仪两套和常用工具两套。

二、大梁校正仪的操作流程

1）穿戴个人防护用品。
2）车身上校正仪。事故车如果可开动,则开上校正仪;如不可开动,则采取拖动方式拉上校正仪(图 6-52)。

图 6-52　事故车上校正仪的方法

事故车拖到校正仪过程中,注意左右位置适中,同时置空档,驻车制动,车后不可站人。

3）平台举升。根据事故车修理的实际情况,将液压泵拉锁打开到"平台升降"位置,并打开液压泵控制开关,举升校正仪平台到合适位置(图 6-53)。

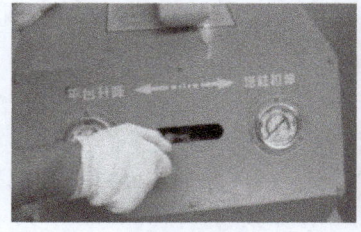

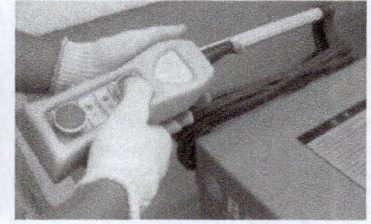

图 6-53　平台举升

4）上夹具。由于车身要进行拉伸和测量操作，需进行车身定位和夹具固定（图6-54）。

图6-54　夹具固定

5）拉伸操作。

① 了解事故车辆损坏情况，确定受力大小、方向和面积。牵引方向与相撞方向相反。移动塔柱到受力反方向位置，并进行固定。如有需要则将另一塔柱置校正仪对称位置起固定作用（图6-55）。

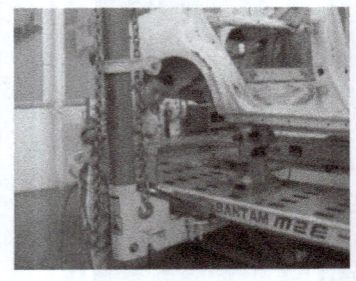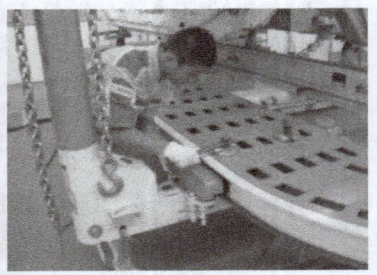

图6-55　塔柱定位

接通塔柱液压管路，并打开液压控制开关ON位置（图6-56）。

② 将测量数据与维修手册（原始数据）对照，确定维修方案。

③ 工量具的准备，固定夹具。根据事故车身受力点位置和受力面积，选择拉伸夹具，确定维修方向。图6-57a所示为车身纵梁的拉伸受力点的选取。

根据塔柱和车身受力点之间的距离，选择链条的长度。选择夹具，将

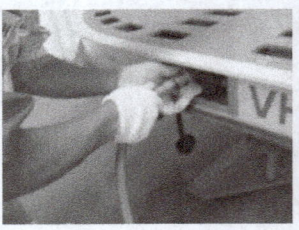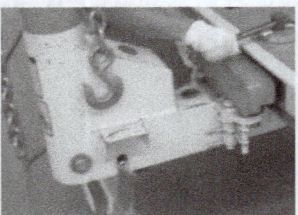

图6-56　接通管路

链条、夹具和车身系统上保险（图6-57b、c）。保险即为将链条、夹具和车身三者连接起来带螺栓螺母的细钢丝，作用是防止在拉伸校正过程中脱落、伤人。

④ 根据测量系统上的数据，确定拉伸程度。

⑤ 拉伸维修、检查和调整。将液压泵开关打开到"塔柱拉伸"位置（图6-58a），打开升降开关ON（图6-58b），升起塔柱，不断对链条施力，对受力点或面进行正确拉伸修复（图6-58c）。

在拉伸过程中，需边进行测量，边进行拉伸，以防拉"过"。在拉伸完毕后，按相反的

项目六 车身检验、测量与修复

 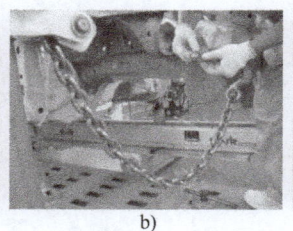 

a) b) c)

图 6-57 受力点的选取

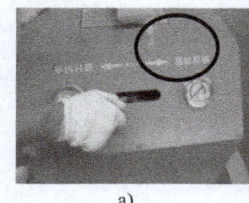 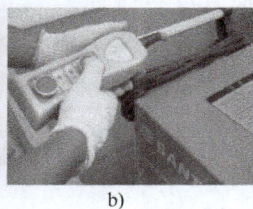 

a) b) c)

图 6-58 塔柱拉伸

流程顺序依次拆卸校正仪各附件和关闭相关开关。

三、使用注意事项

1）当维修车辆时，汽车必须挂空档且驻车制动必须拉下，以防车辆滑动。

2）在升起或下降工作平台时，一定注意不要压着所有的工具、液压管路和空气管路等。液压油管保持完整，不得有任何形式的损伤，不允许使用火烤。

3）时刻注意检查液压系统的密封性，如果密封不严，立刻维修或更换。

4）在拉伸操作前，碰撞事故车必须夹紧牢固，不允许在事故车的拉伸过程中出现滑动。

5）钣金工具附件必须牢固夹紧在车身表面上，保证拉伸过程中不会脱落。

6）在拉伸过程中，不允许使用液压千斤顶作为汽车的支撑，不允许操作人员在车底下工作。

7）当升降平台操作时，人员不允许站在车的后面，车开上或开下平台时，一定要有人在旁边协助指导方向。在拉伸过程中，不允许站在张力的链条和拉伸钣金工具后面。

8）在使用链条前，必须保证链条没有扭曲、弯折和打结，链条应定期检查有无刻痕或凹槽扭曲或弯曲拉长以及附件有无损坏。

检测评价

作业项目	考核内容	评分细则	分 值	得 分
车身校正	安全、规范操作	安全操作符合作业要求	10 分	
	大梁校正仪的正确使用	能正确使用校正仪	50 分	
	车身变形区域应力的消除	正确分析应力并能消除	20 分	
	车身校正流程	说错扣 5 分	20 分	
合 计			100 分	

课后测评

一、填空题

1. 汽车由于受到_____、_____和_____等原因,引起车身和车架变形,通过校正设备将其拉伸,使恢复其_____、_____和_____。
2. 用于车身校正的设备有_____式、_____式、_____式和_____式等多种形式。
3. 当校正(拉伸)车身时,原则需按与碰撞力_____的方向,在_____施加拉伸力。
4. 车身外覆盖件的损伤通常用_____、_____和_____来修理。
5. 带定位夹具的大梁校正仪是通过定位夹具来_____、_____和_____车身底盘部位重要的点。

二、选择题

1. _____主要缺点有车辆装夹固定困难,车辆固定不稳,拉塔移动或接杆千斤顶使用困难,地轨易损坏,拉伸角度有局限性。（   ）
   A. 固定钢架式　　B. 地八卦式　　C. 平台作业式　　D. 新型带定位夹具式
2. _____因操作便利、效率高,目前在广大4S店和修理厂应用极为广泛。（   ）
   A. 固定钢架式　　B. 地八卦式　　C. 平台作业式　　D. 新型带定位夹具式
3. _____大梁校正仪是可直接进行测量、定位和拉伸。（   ）
   A. 固定钢架式　　B. 地八卦式　　C. 平台作业式　　D. 新型带定位夹具式
4. _____校正仪主要包括工作平台、升降支架、塔柱、塔柱连接机构、液压泵和附件等。（   ）
   A. 固定钢架式　　B. 地八卦式　　C. 平台作业式　　D. 新型带定位夹具式
5. 在车身立柱、孔和行李箱等许多部位进行拉伸时,夹具无法夹紧,此时需进行选择合适的_____,受力在所损伤部位,进行拉伸修复。（   ）
   A. 工具　　B. 量具　　C. 拉钩　　D. 定位夹具

三、简答题

1. 简述车身对修复设备的要求。
2. 定位夹具车身校正系统与平台式车身大梁校正仪有何不同?
3. 定位夹具车身校正系统的校正原理是什么?

参 考 文 献

［1］ 吴军. 汽车钣金维修一体化彩色教程［M］. 北京：机械工业出版社，2016.
［2］ 张启森. 汽车钣金维修［M］. 北京：中国劳动社会保障出版社，2015.
［3］ 邱英杰. 汽车钣金·涂装·装潢与美容［M］. 北京：机械工业出版社，2014.
［4］ 刘建华. 汽车钣金基本工艺与设备［M］. 北京：机械工业出版社，2013.
［5］ 中国汽车维修行业协会. 汽车钣金常见维修项目实训教材［M］. 北京：人民交通出版社，2011.
［6］ 韩星. 汽车车身修复技术［M］. 北京：人民交通出版社，2009.
［7］ 中国汽车维修行业协会. 车身修复［M］. 北京：人民交通出版社，2008.
［8］ 贾逸钧. 汽车碰撞估损与修复［M］. 北京：机械工业出版社，2007.
［9］ 屠卫星. 汽车维修钣金工实用技术手册［M］. 南京：江苏科学技术出版社，2006.